RENATE TÖLLE-KASTENBEIN

DAS ARCHAISCHE WASSERLEITUNGSNETZ FÜR ATHEN
UND SEINE SPÄTEREN BAUPHASEN

Zaberns Bildbände zur Archäologie

Band 19

VERLAG PHILIPP VON ZABERN · GEGRÜNDET 1785 · MAINZ

RENATE TÖLLE-KASTENBEIN

Das archaische Wasserleitungsnetz für Athen

und seine späteren Bauphasen

VERLAG PHILIPP VON ZABERN · MAINZ AM RHEIN

IV, 120 Seiten mit 177 Schwarzweißabbildungen und 9 Plänen

Umschlag: Prostyle Krene des Priamos-Malers. Hydria Würzburg, Martin-von-Wagner-Museum L 317

Gedruckt mit Unterstützung der Gerda Henkel Stiftung

Inhalt

Vorwort

Athen wagte in spätarchaischer Zeit zwei Großbauprojekte: den dipteralen Riesentempel für Zeus Olympios und das weitausholende Wasserleitungsnetz. Der Bau des Olympieion wurde wenige Jahre nach Beginn eingestellt, der Nutzbau zur Wasserversorgung der Hauptstadt Athen wurde hingegen zu Ende geführt. Das größtenteils unterirdisch verlegte Leitungsnetz mit einer Länge von wenigstens 9,5 km wurde noch im 6. Jh. v. Chr. in Betrieb genommen, die Athener sahen sich an mehreren Stellen der Stadt mit frischem Wasser versorgt – so verkündeten es der damaligen Welt zahlreiche Vasenbilder.

Um diese grandiose Ingenieurleistung wiederzugewinnen, Zusammenhänge zu finden und archaische Anlagen von nacharchaischen Maßnahmen zu trennen, mußten Befunde sehr unterschiedlicher Natur aufgenommen und untersucht werden. Durch die kollegiale Hilfsbereitschaft der griechischen Archäologen wurde dies möglich. In diesem Sinne danke ich Th. Karagiorga-Stathakopoulou, A. Kokkou, M. Kyrkou, K. Tsakos und I. Dekoulakou. Die im Bereich der Agora gefundenen Rohre und Krene-Bauglieder machte mir J. M. Camp, unterstützt von J. Diamant, in liberaler und diskutierfreudiger Weise zugänglich, und H. A. Thompson gab mehrere Auskünfte zu seinen Grabungen. Ihnen gebührt mein Dank, und das gilt in gleicher Weise für die Mitarbeiter des Deutschen Archäologischen Instituts. G. Jöhrens und Th. Schäfer setzten sich archivarisch und photographisch für diese Arbeit ein. U. Knigge und A. Schöne stellten alles Material der Kerameikos-Grabung in entgegenkommender Weise zur freien Verfügung.

Für eine derartige Thematik ist die Zusammenarbeit mit anderen Disziplinen weiterführend. Insofern bin ich dem Geologen D. K. Richter besonders dankbar, daß er das Gebiet um den Leitungsbeginn am Hymettos hydrogeologisch begutachtete und seine Ergebnisse in einem eigenen Beitrag zusammenfaßte. Ferner hat sich H. Fahlbusch als Spezialist bereit erklärt, den Wasserdurchfluß, d. h. die Leistungsfähigkeit dieser Leitung zu bestimmen. Für seine Berechnungen mußte er das Manuskript durchsehen, versah es mit einigen nützlichen Hinweisen und Fragezeichen, die gelegentlich klärend wirkten. Hierfür und für seinen Beitrag am Ende des Bandes sage ich H. Fahlbusch Dank.

Die Tuschezeichnungen der Leitungsrohre nach Bleivorlagen verdanke ich M. Seifert, die der vier Bauglieder von der Pnyx-Krene J. Quensel. G. Gardlo danke ich für reprographische Arbeiten.

Alle Arbeiten zum Wasserleitungsnetz Athens wären ohne die Förderung der Gerda Henkel Stiftung nicht durchführbar gewesen, die damit einen wesentlichen Abschnitt auf dem Weg zu «Athen in archaischer Zeit» ermöglichte. Daher fühle ich mich dieser Stiftung und H.-J. Ulbrich zu größtem Dank verpflichtet.

Einleitung

Das weiträumige Wasserleitungsnetz, mit dem Athen im späteren 6. Jh. v. Chr. mit fließendem Trinkwasser versorgt wurde, fand in der antiken Literatur keinen Niederschlag. Nicht ein einziges schriftliches Zeugnis bezieht sich auf dieses wasserbringende Großbauprojekt, während die spätarchaischen Wasserleitungen für Samos und Megara bei antiken Autoren erwähnt werden. [1] In Athen wurde durch viele Jahrhunderte hin immer wieder die Kallirrhoe, die schönfließende, im Ilissostal südöstlich der Akropolis entspringende Quelle genannt. Diese wurde nach Thukydides[2] von den Tyrannen in einer Krene[3] namens Enneakrounos gefaßt, die somit als Quell-Krene bestimmt ist. Im Gegensatz dazu maß die Forschung in diesem für die Topographie und die Wasserversorgung Athens wesentlichen Punkt Pausanias größere Glaubwürdigkeit bei, der 600 Jahre später eine mit Leitungswasser versorgte Krene im Süden der Agora als Enneakrounos bezeichnete und der aus seiner Sicht zwischen Wasserentnahmestellen an einer Quelle und solchen an einer Wasserleitung nicht zu unterscheiden brauchte.

Pausanias folgend, suchte man die Krene Enneakrounos nicht nahe der Quelle Kallirrhoe im Ilissostal, sondern im antiken Zentrum der Stadt, zunächst am Ostfuß des Pnyx-Hügels (s. u. S. 106 f.), später an zwei Stellen auf der Agora (s. u. S. 73), jeweils in sogenannten Brunnenhäusern, in Krene-Bauten mit Leitungsanschluß. Das zog gleichsam automatisch nach sich, daß die Zuleitungen zu diesen Krenai als «peisistratidisch» eingestuft wurden und daß Begründungen hierfür überflüssig erschienen – war doch die Enneakrounos laut Überlieferung ein Bauauftrag der Peisistratiden.[4]

Entfällt dieser Bezug, dann bleibt die Datierung der älteren Leitungen und der zugehörigen Krenai aus literarischer Sicht offen. Die realen Befunde aber bieten in Übereinstimmung mit den Krene-Darstellungen auf schwarzfigurigen Vasen (s. u. S. 88 ff.) genügend Kriterien, um die erste Großanlage zur Wasserversorgung Athens in spätarchaische Zeit zu datieren (s. u. S. 101 ff.). In «spätarchaisch» muß aber nicht eingeschlossen sein, daß das gesamte Leitungsnetz

zur Zeit der Peisistratiden (560–510 v. Chr.) oder der Peisistratos-Söhne (527–510 v. Chr.) geplant, ausgeführt, fertiggestellt und in Betrieb genommen wurde.

Auf die spätarchaische Erstanlage (Bauphase I) folgen – von den zu allen Zeiten notwendigen Wartungen und kleineren Instandsetzungen abgesehen – durchgreifende Erneuerungen, Umbauten und Erweiterungen in perikleischer und in spätklassischer Zeit. Die Summe der Maßnahmen sowohl des 5. als auch des 4. Jhs. v. Chr. stellt sich als so umfangreich heraus, daß von einer eigenen Bauphase II und III gesprochen werden muß. Letzte Renovierungen wurden während der römischen Kaiserzeit durchgeführt, die sich an einzelnen Stellen durch neue Materialien in der Wasserbautechnik zu erkennen geben; Erweiterungen aber wurden zu dieser Zeit nicht mehr vorgenommen. Die zeitlichen Ansätze der drei griechischen Bauphasen werden im einzelnen im letzten Kapitel (s. u. S. 101 ff.) behandelt; vorab aber erscheint ein zusammenfassender Hinweis darauf notwendig, um in den einzelnen Leitungsabschnitten die relative Abfolge zu kennzeichnen und um archaische und nacharchaische Strecken des Netzes zu unterscheiden.

Alle Gebiete, durch die sich die archaischen und nacharchaischen Leitungsstränge hinziehen, werden vom modernen Athen dicht überbaut – bis hinaus zum Leitungsbeginn im heutigen Stadtteil Papagos (Plan 2). Durch die Bautätigkeit wurden Schächte zerstört und je nach Höhenlage Stollenabschnitte gestört oder verfüllt. Darüber hinaus wurden die Stollen über weite Strecken durch derart brüchige Zonen aufgefahren, daß sie stark einsturzgefährdet sind (Abb. 27). Besonders gefahrvoll sind die von W. Dörpfeld untersuchten und von F. Gräber publizierten Stollen und Doppelstollen im Westabschnitt des Südstrangs. Das waren sie bereits zur Zeit der Erstanlage, denn eben aus diesem Grund legte man streckenweise zwei Stollen übereinander an (s. u. S. 32 ff.). Daher sind Untersuchungen in den erhaltenen Stollenabschnitten ebenso riskant wie lebensgefährlich. Zur Verminderung dieser Gefahr wären Ausbauten mit modernen technischen Mitteln

erforderlich. Diese würden aber die antiken Stollenwände zusetzen, den einstigen Zustand unkenntlich machen und einen nicht zu rechtfertigenden Aufwand verursachen. Aus diesen Gründen müssen sich alle weiteren Beschäftigungen mit dem spätarchaischen Wasserleitungsnetz Athens auf die Forschungen von Ziller und Gräber stützen.[5] Zur Auswertung der damaligen Befunde können heute indessen dank dem Forschungsfortschritt auf dem Gebiet der Wasserversorgung und der Wasserbautechnik weit mehr Kriterien und Parallelen als damals eingesetzt werden.[6]

Auf der anderen Seite gibt es aber auch Stellen, an denen man mit kleineren Grabungen ansetzen könnte. Überdenkt man alle Möglichkeiten, so ergeben sich so viele Ansatzpunkte, daß deren Realisierung innerhalb des modernen Athen nicht durchführbar erscheint. Zudem würde die Klärung einzelner Örtlichkeiten oder kurzer Abschnitte zwar von punktuellem Wert sein, in dem Gesamtgefüge aber zunächst nicht größere Bedeutung besitzen als ein einzelner Stein aus einem Mosaik. Da aber auch in Jahrzehnten nicht zahlreiche Mosaiksteine über Gesamtlängen von mehr als 15 000 m zusammenzubringen sind, wird hier der Versuch unternommen, die Grundzüge des Leitungsnetzes zu erfassen. Wenn durch spätere gezielte Grabungen oder durch Rettungsgrabungen, etwa durch den Athener U-Bahn-Bau veranlaßt, Korrekturen notwendig werden, so würde dies der weiteren Erforschung dienen.

Aus historischer Sicht kann die Bedeutung dieser sehr frühen und weiträumig durchgeführten Anlage kaum überschätzt werden. Das dokumentieren bereits in spätarchaischer Zeit die Vasenbilder (s. u. S. 88 ff.). Durch dieses Medium wurde der damaligen Welt kundgetan, daß der Bevölkerung Athens ständig fließendes Trinkwasser zur Verfügung stand. Das bis dahin zu diesem Zweck genutzte stehende Wasser in Brunnen und Zisternen konnte von nun an den Bedarf an Brauchwasser decken und als Reserve dienen – entsprechend den Empfehlungen des Aristoteles (pol. 1330b):

«Eine gut geplante Stadt soll soweit als

möglich eine Menge an Quellen und sonstigem Wasser besitzen. Ist das nicht der Fall, so muß man es durch die Anlage zahlreicher und großer Zisternen für das Regenwasser ersetzen, so daß es nie an Wasser mangelt, wenn man durch Feinde vom offenen Land abgeschnitten sein sollte. Zudem hängt die Gesundheit der Einwohner zum einen von einer guten Lage und Orientierung des Ortes ab, zum anderen aber vom Vorhandensein gesunden Wassers; und daher darf man diesen

Punkt keineswegs vernachlässigen. Denn was wir für den Körper am meisten und häufigsten benötigen, das ist auch für die Gesundheit am wichtigsten. Dazu gehört eben die Beschaffenheit des Wassers und der Luft. Daher muß in gut regierten Poleis, in denen das Wasser nicht überall gleich gut und in gleicher Menge vorhanden ist, dafür gesorgt werden, daß das Trinkwasser von demjenigen zum sonstigen Gebrauch gesondert gehalten wird.»

Aristoteles, Platon und andere antike Autoren, die grundsätzliche Überlegungen zum Stellenwert des lebensnotwendigen Wassers äußern, weisen hingegen noch nicht expressis verbis darauf hin, daß eine gute Wasserversorgung über den Dienst am Menschen hinaus auch die wirtschaftliche und politische Entwicklung einer Stadt und eines Stadtstaates begünstigt. Gutes Wasser ist Grundlage allen Lebens und von Entwicklungen aller Art.

Streckenführung und Gefälle

Die außerstädtische Fernleitung

Die erste Frage muß sich auf den Wasserursprung und auf die hydrogeologischen Voraussetzungen richten.[7] Die einzelnen Befunde an zahlreichen Stellen des antiken Stadtgebietes, die verschiedenen Leitungsstrecken mit ihren großen Rohrdurchmessern und die Krene-Bauten mit jeweils mehreren Ausflüssen bezeugen, daß eine bemerkenswert große Wassermenge der Stadt zugeführt wurde und diese auch für die Aufteilung auf mehrere Stränge ausreichte.

Innerhalb der Stadt und der Bannmeile Athens gab es auch in archaischer Zeit kein entsprechend großes Wasserangebot; denn andernfalls hätte man die Hauptzuleitung nicht anlegen müssen, die, von Osten kommend, den heutigen Nationalpark diagonal unterläuft (Plan 1, L – M – K)[8] und die in ihrer Zugehörigkeit und ihrer frühen Zeitstellung zu Recht nicht angezweifelt wurde. Dieser rund 1500 m lange Abschnitt belegt zudem, daß zur Wasserversorgung Athens eine Fernwasserleitung notwendig war, weil die stadtauswärts anschließenden, noch weitgehend ebenen Gebiete aus geologischer Sicht keine reichen Wasservorkommen boten. Die Planung dieser Wasserleitung mußte daher weiträumig ausgreifen, um ein ergiebiges Frischwassergebiet anzapfen zu können, nämlich bis zu den östlich oder nordöstlich von Athen gelegenen Bergketten.

Hierzu stehen – theoretisch gedacht – nur wenige Möglichkeiten zur Disposition: der südliche Penteli und der nördliche oder der mittlere Hymettos. Die südwestlichen Abhänge des Pentelikon, die in Erwägung gezogen wurden[9], scheiden als mögliches Gebiet mit ausreichendem Wasserangebot weniger wegen der großen Entfernung[10] als durch das Fehlen entsprechender Leitungsbefunde aus. Dasselbe gilt auch für die mittleren, Athen zugewandten Hymettos-Abhänge im näheren und weiteren Umkreis des Klosters Kaisariani. Außerdem fallen dort die unteren Ausläufer steiler ab als am nördlichen Hymettos (Plan 1).[11]

Die geomorphologischen Strukturen der nördlichen Hymettos-Hänge und des oberen Ilissostals bieten die günstigsten Gegebenheiten für eine Wasserleitung und deren Gefälle. Ausschlaggebend mußten in archaischer Zeit die hydrogeologischen Verhältnisse sein. Diese hat dankenswerterweise der Geologe D. K. Richter begutachtet und für diese Publikation zusammengefaßt (s. u. S. 108 f.).

Über die geologischen Ergebnisse und die unten zu nennenden Befunde hinaus erfährt der Leitungsbeginn am nordöstlichen Hymettos (Plan 1 bei B) eine weitere Stütze. Um möglichst große Wassermengen zu gewinnen, mußte man bis zum Quellgebiet des Ilissos ausgreifen. Weiter unterhalb war eine Ableitung des Flußwassers aus zwei Gründen nicht ratsam. Zum einen konnte das Flußwasser verunreinigt und dann nicht mehr als Trinkwasser genutzt werden; zum anderen ging durch das lockere Kiesbett des Ilissos bei niedrigem Grundwasserspiegel zuviel Wasser verloren.

Vor diesem geographischen Hintergrund sind die Arbeiten von E. Ziller zu sehen und zu bewerten, der in mehreren Jahren vor 1877 die gesamte Umgebung Athens in wasserbautechnischer Hinsicht untersuchte und der den archaischen Leitungsstollen im mittleren und oberen Ilissostal bis in eine Höhe von gut 250 m über NN nachging. Da Ziller seine umfangreichen Beobachtungen nur zusammenfassend veröffentlichte, wurde die Zusammengehörigkeit der außerstädtischen Fernleitung und des innerstädtischen Leitungsnetzes gelegentlich als ungesichert betrachtet, ohne Angabe von Gründen.[12] In diesem Fall bestätigen die geologischen Untersuchungen und die heute bessere Kenntnis antiker Wasserleitungen die Ergebnisse von Ziller; und zudem kann eine andere Linienführung der Fernleitung ausgeschlossen werden. Mehr noch, ohne die Arbeiten von Ziller wären manche Leitungsabschnitte und damit das System der Wasserversorgung des alten Athen für immer verloren.

Der eigentliche Leitungsbeginn war schon im vorigen Jahrhundert unauffindbar. Die neuzeitliche Suche nach der Quelle oder den Quellen am Hymettos (Abb. 1), die die Athener Fernrohrleitung speisten, mußte ergebnislos bleiben, weil die dortigen Quellen bereits in späthellenistischer Zeit temporär trocken lagen: *«Der Kephissos ist im Winter ein gut strömender Fluß, im Sommer aber versiegt er vollständig. Das ist noch ausgeprägter der Fall beim Ilissos.»*[13] Diese Tatsache wird für die spätantike Zeit bekräftigt[14] und geht einher mit einer zunehmenden Verkarstung dieser wie anderer Gebirgsketten.

De facto hat Ziller die Leitung durch das obere Ilissostal bis zum südwestlichen Fuß des heute Lithari, früher Gur-i-Korakut genannten Hügels verfolgt, bis zu jenem markanten, kegelförmigen Hügel (Abb. 1) vor dem rund 1,5 km entfernten, hier um 600 m hohen Hymettos-Kamm. Dieser Hügel erhebt sich um 360 m über dem Meer und gut 100 m über dem Ilissostal (Plan 1).

Am Südhang dieses relativ steil ansteigenden Hügels verzeichnen Curtius und Kaupert in ihrer um 1880 aufgenommenen Karte eine Quelle (eine Seltenheit zu dieser Zeit im Hymettos) eben in dem Bereich, in dem noch heute ein kleiner Zufluß zum Ilissos beginnt (Plan 1). Zudem liegen am Südfuß eine früher verfallene, heute wiederhergestellte Kapelle (C) und antike Grundmauern. Oberhalb der Kapelle (C) befindet sich ein viereckiges, in den Felsen gehauenes Wasserreservoir (B).[15]

Da in jedem Fall das für eine Leitung bestimmte Quellwasser zunächst in einem Quellbecken, das gleichzeitig als Absetzbecken dient, oder – wie auf Samos[16] – in einem geschlossenen Quellhaus gesammelt wurde, um von dort in Rohre oder Rinnen gelenkt zu werden, ist es möglich, daß mit diesem Wasserreservoir (B) der Anfang des athenischen Leitungssystems gefunden, aber nicht erkannt wurde. Zumindest entspricht die Lage des Beckens dem von Ziller verzeichneten Leitungsverlauf; und die Distanz zwischen dem Punkt, bis zu dem Ziller vordrang, und dem Becken (B) ist nur gering. Eine letzte Entscheidung über die Zugehörigkeit des heute unauffindbaren Beckens zur athenischen Leitung ist nicht mehr möglich.

Der Leitungsbeginn muß in diesem Bereich gelegen haben, denn hier bildet der Hymettos eine theaterähnliche Cavea, und an der Stelle einer Skene wurde neuzeitlich ein nordsüdlich verlaufender

Abb. 1   Athen, Quellgebiet am Hymettos, um 1935.

Damm angelegt, um das Wasser vom Hymettos aufzufangen und in einen Kanal zu lenken. Westlich des modernen Dammes, also stadtwärts, wurde das Gelände in unserer Zeit für militärische Zwecke und für einen Verkehrsübungsplatz teilweise planiert. Man erkennt aber immer noch, daß es sich hier um eine natürliche kleine Hochebene handelt und daß der Leitungsbeginn nicht außerhalb dieses theaterhaften Raumes gesucht werden kann, weil die Anlage eines Sammelbeckens im steil ansteigenden Gebirge weniger effektiv gewesen wäre.

Wo der eigentliche, wohl für immer verlorene Leitungsanfang ganz exakt gelegen hat, ist weniger entscheidend als die Tatsachen, daß die archaische Leitung im Quellgebiet des Ilissos, am Fuß des Steilanstiegs des Hymettos ihren Ausgang nahm und von hier aus durchlaufend dem Tal des Ilissos folgte.[17] Bereits kurz vor der ersten Ilissos-Unterquerung (D) wurde sie in Form eines tiefgelegenen Stollens aufgedeckt, der durch Schächte in kurzen Abständen zugäng-

lich war.[18] Hier und auch im weiteren Verlauf außerhalb der Stadt wurden die ursprünglich auf der Stollensohle verlegten Wasserleitungsrohre aus Ton nicht mehr angetroffen.

Die Notwendigkeit, das obere Flußbett des Ilissos zweimal (bei D und G) und einmal einen Nebenfluß nahe seiner Mündung (bei F) unterlaufen zu müssen, wird aus den Höhenverhältnissen ersichtlich. Zwischen D (nahe der heutigen Brücke) und F steigt nämlich das Gelände auf der nordwestlichen Seite des Ilissos merklich an; auf der gegenüberliegenden Seite hingegen konnte man in sanften Windungen den Höhenunterschied von übertägig +240 auf +220 m mit weniger tiefen Schächten leichter überwinden.

Etwas unterhalb zwingen die vom Hymettos herabkommenden Nebenflüsse und die sich zum Ilissos vorschiebenden Höhenrücken dazu, den Ilissos bei G noch einmal, diesmal von Süd nach Nord zu schneiden. Gerade in dem ersten Abschnitt der Fernleitung, in den drei Flußunterquerungen, zeigt sich in aller

Deutlichkeit einer der Vorzüge der Stollenbauweise, für die oberflächennahe Formationen kein Hindernis darstellen.

Südlich der Strecke D–F nennt Ziller weitere Quellen und eine Leitung. In Vorausschau auf die Befunde bei H (s. u.) kann davon ausgegangen werden, daß auch im ersten Leitungsabschnitt mit ergänzenden Zuleitungen gearbeitet wurde. Wahrscheinlich handelt es sich nahe dem Kloster des Hl. Ioannis Theologos (bei E) nicht um eine lokale Leitung[19], sondern ursprünglich um eine zusätzliche Wasserzufuhr. Dies wird gestützt durch eine Eigentümlichkeit, die auf die Anfänge des griechischen Wasserleitungsbaus hinweist: die Schächte stehen nicht auf, sondern neben dem tiefgelegenen Stollen (Abb. 41).

Von G aus, vom letzten Schnittpunkt mit dem Ilissos, konnte der Leitungsstollen durchlaufend bis in das Stadtgebiet auf der rechten Seite des Ilissos geplant und vorangetrieben werden. Unterhalb der Goudi (Mörser) genannten Quellen (H) beim Kloster des Hl. Thomas münden zwei Nebenstollen in den Hauptstollen. Obwohl die hier erfolgten Untersuchungen des vorigen Jahrhunderts nicht publiziert wurden[20], läßt sich doch soviel festhalten: hier wurde Wasser einerseits von den südöstlich von H gelegenen Hymettos-Abhängen, andererseits aus dem oberen Tal jenes Nebenflusses zugeleitet, der bei I in den Ilissos mündet und der noch im vorigen Jahrhundert der stärkste Nebenarm des Ilissos war. Diese beiden Zuleitungen müssen jedoch nicht zur ersten Leitungsanlage gehören.

Im weiteren Verlauf folgt die Planung dem leichten Ilissos-Bogen Richtung Südwesten; die Wasserleitung verläuft wenig nördlich der Odos Ilision und unterquert bei I unmittelbar westlich des jetzigen Energie-Ministeriums an der Kreuzung Odos Papadiamantopoulou/Michalakopoulou den bereits genannten, relativ starken Nebenfluß des Ilissos kurz vor dessen Mündung.[21] Von dort aus durchquert die Leitung parallel zum Ilissos eine leichte, langgestreckte Senke, deren

Mulde sich im Bereich des Hilton und der davorliegenden Kreuzung bei K erstreckt. In dieser Senke genügte es, für die Tonrohrleitung im Tagebau einen schützenden Kanal anzulegen und diesen oben abzudecken.[22] Dieser mußte bald unter dem Garten des Byzantinischen Museums (früher Rizarion) wieder in einen Stollen übergehen, der sich nun erstmals vom Ilissostal löst und sich über eine längere Strecke, bis weit in den Nationalpark hinein, an der jetzigen 100-m-Höhenlinie orientiert.[23]

Der nördliche und tiefere Schacht im Nationalpark bei L (Abb. 42) zeigt mit seiner Tiefe von 13,98 m, daß hier das Leitungsniveau dicht bei +86,02 m lag. Östlich und südwestlich dieses Schachtes bei L wurden weitere Schächte angetroffen, jedoch nicht aufgenommen oder kartiert.

Am Westrand des Nationalparks wurde der Stollen erneut bei M untersucht, und zwar in Höhe jenes Abzweigs, der 1852 in nordwestlicher Richtung unter der rus-

sischen Kirche und unter der Odos Nauarchou Nikodemou verfolgt wurde.[24] Dieser Nebenarm wird im allgemeinen mit der Zuleitung der Südost-Krene auf der Agora in Verbindung gebracht. Vier Gründe, die unten bei den Nebenleitungen genannt werden, sprechen jedoch gegen eine Identifizierung mit dem Beginn des Nordstrangs an dieser Stelle.

Der Abzweig bei M liegt noch außerhalb der themistokleischen Stadtmauer (Plan 3, 4) und damit auch außerhalb des spätarchaischen Stadtgebiets, selbst wenn sich in diesem Bereich die Anlagen des Lykaion erstreckten. Erst zwischen den Punkten M und N beginnt das eigentliche Stadtgebiet; und daher wird im folgenden unter außerstädtischer Fernleitung die gesamte Länge zwischen Quellgebiet (B) und der Gabelung in Nord- und Südstrang verstanden.

Angesichts dieses vom Ilissos geprägten Verlaufs stellt sich zur Kontrolle die entscheidende Frage, ob die Fernleitung vom ersten aufgefundenen Stollenab-

Fernleitung

		Gelände-Höhen in m	Leitungslänge in m	Höhendifferenz in m	Gefälle im Gelände
B	Wasserbecken, höher als				
C	ehemalige Kapelle	+274,30	min 650		
D	Unterquerung des Ilissos	um +246,00			
E	Kloster des Hl. Ioannis Theologos	+262,40	um 805	um 35,30	um 4,38%
F	Unterquerung Nebenfluß	+210,70			
			um 1035	um 28,70	um 2,77%
G	Unterquerung des Ilissos	um +182,00			
H	Quelle Goudi	+130,80	um 2040	um 57,00	um 2,79%
	Leitungslinie etwas tiefer	um +125,00			
			um 765	um 18,00	um 2,35%
I	Unterquerung Nebenfluß	+107,00			
K	Senke, Mitte	+ 91,44	um 1675	um 7,00	um 0,42%
L	Nationalpark, Schacht im NO	+100,00			
			um 420	um 9,75	um 2,32%
M	Nationalpark, Westseite, Abzweigung	um + 90,25			
N	Verteiler		um 290		
			um 150		
O	archaische Gabelung				
	Gesamtlänge der Strecke B – N		um 7680 m		
	B – O		um 7830 m		

schnitt (nordöstlich von D) bis zur innerstädtischen Aufteilung (O) ein wasserbautechnisch vertretbares Gefälle aufwies. Das Oberflächenrelief bietet dafür auf voller Länge geeignete Voraussetzungen, wie aus Plan 1 (oben) und aus den Daten der Tabelle S. 7 hervorgeht.

Für einen guten Leitungsdurchfluß mußten krasse Unterschiede im Gefälle vermieden werden, um der Gefahr eines Rückstaus zu begegnen; denn ein Stau verursacht eine Druckbeanspruchung der Rohre von innen, und das kann zu Brüchen in den Tonrohren führen. Die Gegebenheiten im Ilissostal waren für die Planung eines realisierbaren Gefälles äußerst günstig. Das naturgemäß hohe, aber noch praktikable Gefälle im oberen Abschnitt (D–F) zeigt zudem an, daß der Leitungsstollen nicht wesentlich früher oder höher begonnen haben kann, als es in Plan 1 und 2 nach Ziller verzeichnet ist. Das mittlere Gefälle des Geländes zwischen der Nebenflußunterquerung bei F und den Zuleitungen bei H ist mit 2,77 bis 2,79 % über eine Länge von mehr als 3000 m beachtlich konstant und vermindert sich im folgenden Abschnitt H–I nur um wenig auf 2,35 %.

Bis hin zum Nationalpark (I–L) bezeugt dann ein Oberflächengefälle über mehr als 1600 m im Mittel von 0,42 %[25], daß sich der Gefällewert der Kanalstrecke hier in der Senke in ähnlicher Größenordnung bewegt haben muß. Lag die Kanalsohle hier wie allenthalben bei Athener Kanälen üblich gut 2 m unter der Oberfläche (+91,44 m), so errechnet sich bis zum Schacht bei L im Nationalpark mit einer Stollensohle bei +86,02 m auf diese Strecke von rund 730 m Länge ein Gefälle von 0,41 %; und dieses annähernde Gefällemaß entspricht recht genau dem im Wasserleitungstunnel auf Samos.

Die Stollensohle wurde nirgends exakt eingemessen, wohl aber festgehalten, daß die Sohle zwischen den Punkten F und G nicht tiefer als 11 m unter der Erdoberfläche liegt. Die maximale Schachttiefe von 11 m im oberen Ilissostal, von 13,98 m im Nationalpark (L) und von 14 m im Südstrang (S6) entspricht den in griechischer Zeit gängigen Tiefen von Leitungsschächten, d. h. denen auf der Peloponnes, auf Samos oder auf Sizilien.[26]

Bei zeichnerischem Einsatz dieses Höchstwertes von 11 m ergibt sich, daß eine tiefere Anlage des Stollens an keiner Stelle bis hin zum Nationalpark notwendig war und daß eine höhere Lage wegen der Unterquerung des Ilissos bei G und der leichten Senke unterhalb der Goudi-

Quellen (H) nicht möglich war. Ferner konnte so auf eine Länge von fast 4 km (F–I) ein einheitliches Leitungsgefälle von höchstwahrscheinlich 2,66 %, von 8 Fuß auf 300 Fuß, geplant und eingehalten werden – begünstigt durch die Stollenbauweise.

Alle zerstreuten und lückenhaften Nachrichten fügen sich zu einem einheitlichen Bild der ersten Athener Fernleitung zusammen und weisen insgesamt auf eine konsequente Planung hin (Plan 1). Diese spiegelt sich in der durchlaufenden Orientierung am Ilissostal, in dem Unterlaufen von Höhenschwankungen mittels des Stollenbaus und in dem Streben nach einem möglichst gleichmäßigen Gefälle über lange Strecken, das ein Hauptnivellement erkennen läßt.

Griechische Fernwasserleitungen transportierten üblicherweise Quellwasser. Erst in der römischen Kaiserzeit führte man einzelnen Städten Oberflächenwasser aus Flüssen, Seen oder Talsperren zu, jedoch vergleichsweise selten und nur in Ermanglung von ergiebigen Quellen. Das zu allen Zeiten der Antike zur Trinkwasserversorgung bevorzugte Quellwasser[27] wurde in archaischer und klassischer Zeit durch geschlossene Tonrohrleitungen gelenkt, die in bergmännisch vorgetriebenen Stollen oder in oberflächennahen Kanälen jeweils unterirdisch verlegt wurden.[28] Diesem Bild, das für griechische Wasserleitungen charakteristisch ist, entspricht die Athener Fernleitung, die, wie die erhaltenen Rohrstrecken zeigen, auf voller Länge mit Leitungsrohren ausgestattet war.[29]

In Einschätzung dessen hätten sich Dörpfeld und Gräber ihre Arbeiten wesentlich erleichtern können. Sie maßen nämlich den aufgefundenen Stollenstrecken außerhalb und innerhalb der Stadt eine doppelte Funktion zu: die Aufnahme einer Tonrohrleitung und die Sammlung von Sickerwasser. Die griechischen Anlagen zur Nutzung des Grundwassers in Form von Sickergalerien aber unterscheiden sich unverwechselbar von Leitungsstollen.[30] Diese Art der Wassergewinnung, die von der Wasserergiebigkeit des Gesteins abhängig ist und die Möglichkeit der Wasserbevorratung einschließt, ist an bestimmte hydrogeologische Voraussetzungen gebunden. Solche kennzeichnen die Korinthia, nicht aber die attischen Hymettos-Abhänge; dementsprechend wurden im Stadtgebiet von Athen Zisternen mit Verbindungsgängen angelegt, nicht aber spezifische Sickergalerien.

Archaische Hauptleitungen im Stadtgebiet

Senke und Gabelung

Der weitere Verlauf der Hauptleitung und die beiden Bögen, mit denen die Leitung die Akropolis nördlich und südlich umfährt (Plan 3, 4), sind durch die Pläne von Judeich und Travlos[31] besser im Bewußtsein der Forschung als die Streckenführung außerhalb des antiken Stadtgebietes.

Die kritischste Zone des gesamten Leitungsnetzes bildet eine Senke (Plan 3, 4) in dem mit O gekennzeichneten Bereich. Die geographische Formation gleicht hier dem eingebuchteten Rücken eines zur Akropolis gewandten Pferdes: im Westen der Steilhang der Akropolis, im Osten der leichte Anstieg zum Nationalpark, im Norden der sanfte Abfall Richtung Metropolis und im Süden die Talsenke zwischen Akropolis und dem in griechischer Zeit deutlich ausgeprägten Olympieion-Hügel.[32] Durch diese Senke, deren tiefster Punkt heute an der Kreuzung Odos Adrianou/Kydathenaion/Thespidos liegt, konnte die Leitung nicht unterirdisch geführt werden, denn das Leitungsniveau liegt in der Hauptzuleitung (Plan 3) bei L nahe +86,02 m, bei M zwischen +85,50 und +86 m und auf der anderen Seite der Senke, 600 m weiter westlich, bei +84,09 m[33] (Plan 7); die Senke aber ist heute nur +83 m hoch.[34]

In vielen anderen Bereichen des antiken Athen und auch bei manchen der hier zu nennenden Höhenlagen ist davon auszugehen, daß das Niveau in griechischer Zeit erheblich niedriger lag als das heutige. Das ist nicht in gleichem Ausmaß bei dieser Senke anzusetzen, weil sich von hier aus die kaiserzeitliche Terrassierung des gesamten Gebietes um das Olympieion[35] und die Einebnung der Talsenke zwischen Akropolis und Olympieion-Hügel vollzog. Davon zeugen unter anderem der Hadriansbogen mit seinem Durchgangsniveau kaum unter dem der heutigen Straße und das südwestlich der Senke erbaute Lysikrates-Denkmal, dessen Euthynterie-Unterkante in Höhe der jetzigen Odos Selle 'Y' liegt (Abb. 2).

Aber selbst dann, wenn in griechischer Zeit die Senke ebenfalls um +83 m hoch oder auch wenig tiefer war, lag diese unter den oben genannten Niveaus östlich und westlich der Senke. Es ist schwer zu sagen, wie diese Senke bautechnisch überquert wurde. In vorhellenistischer Zeit ist an Bögen wie bei Aquädukten

nicht zu denken. Eine massive Mauer wie
in Olympia[36] oder Patara[37] ist erwägens-
wert, aber nicht belegt. Es bleibt nur eine
massive Unterkonstruktion für die Tonrohrleitung, eine oberirdisch erstellte
Substruktion zur Einhaltung des Leitungsniveaus, sei es als Damm, sei es als
Mauer. Welche Bauweise auch immer
eingesetzt wurde, diese Strecke steht derzeit im Rahmen der vergleichbaren vor-
hellenistischen Wasserleitungen ohne
Parallele da. Bei langen Stollenleitungen
wurden derartige, weil gefährdete Zonen
nach Möglichkeit vermieden, auch wenn
eine solche wie in Athen innerhalb der
späteren themistokleischen Stadtmauer
lag.

Die einzige Alternative zu einer über-
tägigen Substruktion wäre eine kurze
unterirdische Druckstrecke, vergleichbar
einem Düker. In nacharchaischer, vielleicht in römischer Zeit wurde diese
Senke tatsächlich mit einer nicht sehr langen Druckleitung unterfahren. Das belegt die Fundstelle unter der Kreuzung
Odos Adrianou/Kydathenaion (S1 in
Plan 4)[38] mit der tief, unter +83 m gelegenen Tonrohrleitung. Ein Düker[39] zur
Unterquerung von Straßen wie in Olympia[40], kürzere oder längere Druck-
strecken innerhalb einer Gefälleleitung
setzen nicht nur die Kenntnis des Gesetzes der kommunizierenden Röhren, sondern auch die Anwendung und Erpro-
bung dieses Gesetzes in der Praxis voraus. Bei Wasserleitungen wurde der
älteste bekannte Versuch um 400 v. Chr.
erfolgreich in Olynthos durchgeführt[41],
mit einer Wassersäule von wenigstens
10 m. Danach wäre in Athen der Einsatz
einer Druckstrecke frühestens in der dritten Bauphase, in der des 4. Jhs. v. Chr.
denkbar.[42] Dennoch ist auch für die spätarchaische Zeit eine Druckstrecke unter
der Senke nicht von vornherein gänzlich
auszuschließen. Dann aber würde sich
das bisherige Bild zur Entwicklung und
zum Einsatz von Druckrohrleitungen
ändern und um gut hundert Jahre weiter
zurückverfolgen lassen. Unabhängig von
der Zeitstellung gilt, daß für den relativ
geringen Druck in Athen wie in Olynthos
Tonrohre eingesetzt werden konnten, die
bei entsprechender Auslegung auch einem
höheren Druck als dem in einer Gefälleleitung standhalten.[43]

Die Gabelung der Hauptleitung in zwei
Stränge, die die Akropolis nördlich und
südlich umfahren, wurde bislang außer-
halb der themistokleischen Stadtmauer
bei M (Plan 4) angenommen und mit der
Abzweigung in Richtung zur russischen
Kirche in Verbindung gebracht. Mehrere
Gründe, die unten S. 20 erläutert wer-

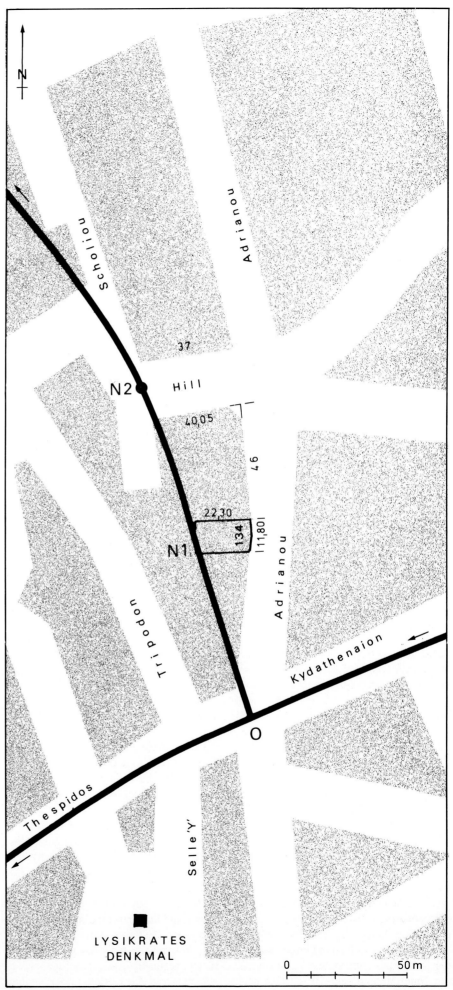

Abb. 2　Athen, Gabelung in Nord- und Südstrang.

den, erlauben es jedoch nicht, in diesem Abzweig den Beginn des Nordstrangs zu sehen, der bis zur Südost-Krene auf der Agora führte.

Positiv ist der Punkt der Gabelung in Nord- und Südstrang bis auf einen minimalen Spielraum bekannt. Der erste Abschnitt des Nordstrangs wird durch die beiden Fundstellen N1 und N2 überliefert (Abb. 2, Plan 4), die bislang unpubliziert blieben. Diese Rettungsgrabungen ließen sich mit Hilfe von M. Kyrkou genau lokalisieren, und die in situ gefundenen, dann magazinierten Tonrohre konnten aufgenommen werden (Abb. 59–66), Höhenangaben aber fehlen. Dennoch lassen N1 und N2 erkennen, daß der Nordstrang an der oben genannten Kreuzung Odos Adrianou/Kydathenaion einsetzte (bei O in Plan 4). Das bedeutet zum einen, daß die Gabelung sich innerhalb der späteren themistokleischen Stadtmauer, nicht außerhalb wie der Abzweig bei M, befand, und zum anderen, daß die Gabelung im Bereich der Senke installiert wurde.

Wasserbautechnisch würde man einen Verteiler eher östlich vor der Senke vermuten, die Lage und die Befunde von N1 und N2 aber besagen unbeugsam, daß in spätarchaischer Zeit der Nordstrang nahezu rechtwinklig bei O abgezweigt wurde (Abb. 2). Wenige Generationen später, im 5. Jh. v. Chr., wurde die Akademie-Leitung (s. S. 24) unter der heutigen Plateia Philomousou von der Hauptleitung abgeführt (bei N in Plan 4), abgerundet 150 m östlich von der archaischen Gabelung bei O, vor der Senke und innerhalb der themistokleischen Stadtmauer gelegen. Für diese Zeit ist es gut denkbar und leitungstechnisch sinnvoll, bisher aber nicht ergraben, daß man nicht zwei, sondern nur eine Verteileranlage betrieb, nämlich die östliche vor der Senke, und an diesem Punkt N sowohl die Akademie-Leitung als auch den Nordstrang anschloß, der dann etwa bei der Fundstelle N2 die archaische Stollenführung erreichte.

Nordstrang

Die oben begründete Lage der archaischen Gabelung bei O in die beiden Hauptleitungen nördlich und südlich der Akropolis gewährleistet zudem für die Linienführung des Nordstrangs (Plan 4) eine Verfolgung des Hanges zwischen der akropolisseitigen 85-m-Höhenlinie und der stadtseitigen 80-m-Höhenlinie. In dieser Höhe berührt der Stollen noch nicht die zur Metropolis-Kirche führende

leichte Senke, und er kann diese Hanglage bis hin zum Bereich der römischen Agora beibehalten.

Von dem Leitungsverteiler bei O wendet sich der Nordstrang als Stollen westlich der Odos Adrianou (N1) und unter der Odos Scholiou (N2) nach Nordnordwesten (Abb. 2). Von N2 aus führt die höhenmäßig beste und direkteste Verbindung zur Südost-Krene durch den Bereich der Odos Lysiou (Plan 4), die wie die antike Tripodenstraße den Kern des alten Athen mit kultischen und administrativen Anlagen durchzieht.[44] Die Leitung beschrieb unterirdisch wohl einen ähnlichen, von den Nordabhängen der Akropolis vorgegebenen Bogen wie die Tripodenstraße, nur etwas nördlicher als diese, möglicherweise unter einer antiken Parallelstraße.

Die leichte, aber spürbare Neigung des Geländes zur Agora zwischen N4 und N5, zwischen den heutigen Höhen +80 und +70 m bewirkte, daß der westlichste Abschnitt des Nordstrangs als Kanal erstellt werden konnte. Da dieser Kanal von der Südost-Krene aus ungefähr 100 m nach Osten verfolgt wurde, ohne daß sein Anfang aufgefunden wurde, muß der Wechsel von Stollen zu Kanal im Raum der Odos Dioskourion, die zur Südwestecke der römischen Agora führt, oder wenig östlich dieser Straße vollzogen worden sein, etwa 50 bis 75 m östlich der aufgedeckten Kanalstrecke.

Der Kanal unterquert die Odos Dioskourion (die nordsüdliche und die ostwestliche) und erreicht nördlich des Eleusinion in Höhe des spätantiken Mauertores das Gelände der griechischen Agora. Er verläuft unter dem kleinen Heiligtum an der Kreuzung der antiken Südstraße mit dem Panathenäen-Weg und verbleibt weiter westlich unter dem Südteil der Südstraße (südlich der Münze) und biegt von dort aus zur Südost-Krene nach Norden um (Abb. 46, 115).

Da das letzte erhaltene Tonrohr vor der Südost-Krene in einer Höhe zwischen +67,93[4] m und +67,99[9] m liegt[45], stellen sich im Nordstrang hinsichtlich der absoluten Höhen keine Gefälleprobleme. Im Gegenteil, der von N aus betrachtete, weil bei O Höhenangaben fehlen, insgesamt um 765 m lange Nordstrang fällt von errechnet +85,58 m unter der Plateia Philomousou (N) auf +67,97 m (MW) kurz vor Eintritt in die Südost-Krene ab. Der beachtliche Höhenunterschied von 17,61 m ergibt im Mittel ein Gefälle von 2,30%. Berücksichtigt man dabei das geringere Gefälle im Kanalabschnitt, so ist das Gefälle in der Stollenstrecke noch etwas stärker und bewegt

sich in einer Größenordnung, die außerhalb der Stadt über knapp 4 km die Fernleitung (F–I) bestimmt und die im Nationalpark (L–M) wiederkehrt (s. S. 7).

Darüber hinaus konnte der sich an der Oberfläche rasch vollziehende Abfall von +80 auf +70 m gemildert werden, nämlich dann, wenn der Stollen in entsprechender Tiefe aufgefahren wurde, eben weil ein Stollen unabhängig vom Oberflächenrelief ist. Dieser Vorteil ist gerade nordöstlich und nördlich der Akropolis mit ihren unebenen Hangrücken von besonderer Wirksamkeit.

Südstrang

Westlich der oben diskutierten Senke bei O (Plan 4) wurde die Leitung zu Beginn des Südstrangs wieder als Stollen unter der hier schnell nach Westen ansteigenden Odos Thespidos geführt. In dieser Straße findet sich zwischen den Häusern Nr. 17 und 20 ein Schacht, der neuzeitlich tiefer zu einem Brunnen abgeteuft wurde. Die Strecke von hier aus, 57 m östlich des Odeion des Perikles, bis in den Bereich südlich und südwestlich des Herodes-Atticus-Odeion ist ein außergewöhnlich dunkler Abschnitt des gesamten spätarchaischen Leitungsnetzes, denn alle Fundstellen südlich der Akropolis gehören nacharchaischen Bauphasen an und schließen sich zu einer Streckenführung zusammen, die eine Verlegung des Südstrangs nach Süden in spätklassischer Zeit belegt (s. S. 25).

Faßbar wird der Südstrang in seiner archaischen Anlage erst wieder in seinem westlichen Teil, am Ostende der Dörpfeldschen Grabungen (Plan 7). Dort vereinigen sich zwei Leitungsstränge, ein nördlicher (T) und ein südlicher. Aufschluß über die Stellung dieser beiden Leitungsabschnitte zueinander bietet die Grabung von I. Miliades[46] südlich des Herodes-Atticus-Odeion im Heiligtum der Nymphe. Die Befunde wird M. Kyrkou[47] publizieren, die mir dankenswerterweise den Verlauf des dort gefundenen Stollens samt Rohrleitung nördlich der späten Zisterne angab (Abb. 4). Der ostwestlich durch kreideähnliches Gestein streichende Stollen mit mittleren Maßen von 1,10 x 2,50 m, der über 30 m verfolgt wurde, war sowohl durch einen Schacht als auch über einen rampenähnlichen Schrägstollen zugänglich.[48]

Mit dieser Lage des neugefundenen Teilstücks, das nach 480 v. Chr. mit neuen Rohren ausgestattet wurde (Abb. 77), ist dessen Zugehörigkeit zu dem nördlichen Stollen (T) im Ostabschnitt

Nordstrang

		Gelände-Höhe m	Leitungs-Höhe m	Leitungslänge m	Höhendifferenz	Leitungsgefälle
L	Nationalpark, Schacht im NO	um +100,00	nahe +86,02			
				um 420	*0,26*	*0,06%*
M	Nationalpark Westseite, Abzweig	um + 90,25	+85,76			
				um 290	*0,18*	*0,06%*
N	Verteiler	um + 87,50	+85,58			
N1	Fundstelle Odos Adrianou	um + 82,00				
N2	Fundstelle Odos Scholiou	um + 80,50				
				um 705	*17,08*	*2,42%*
N3	Odos Lysiou, Osten	um + 82,50				
N4	Odos Lysiou, Westen	= + 80,00				
N5	60 m östlich der Südost-Krene	= + 70,00	*etwa* +68,50			
				60	*0,53*	*0,88%*
N6	Südost-Krene		+67,97			

Gesamtlänge des Nordstrangs:	N – N 6	um 765 m
	O – N 6	um 695 m

kursiv = interpoliert

der Dörpfeld-Gräber-Pläne evident (Plan 7). Zugleich erweist sich damit die nördliche Strecke als die ältere von beiden. Eine Verbindung dieses Stollenabschnitts mit jenem unter der Odos Thespidos zeigt darüber hinaus, daß der Südstrang ursprünglich näher am Akropolisfuß verlief – eine Linienführung, die die dortigen Höhenverhältnisse nahelegen (Plan 6). Für den Bereich des Heiligtums für Dionysos Eleuthereus ergibt sich daraus: da das ältere Theater weiter südlich lag als der spätere Steinbau, da die ältere Orchestra unter dem jüngeren Skene-Gebäude gefunden wurde und der ältere Zuschauerraum kaum weiter nach Norden reichte als die erhaltene Orchestra (Abb. 3), war es von der Bebauung aus betrachtet durchaus möglich, die spätarchaische Leitung hinter dem frühen Dionysos-Theater langzuführen. Erst die spätere Vergrößerung des Theaters und die Ausstattung mit steinernen Sitzreihen zwang zur Aufgabe dieser Strecke, denn diese

Südstrang (ältere Führung)

		Leitungs-Höhe m	Leitungslänge m	Höhendifferenz	Leitungsgefälle
L	Nationalpark, Schacht im NO	nahe +86,02			
			um 420	0,26	0,06%
M	Nationalpark Westseite, Abzweig	um +85,76			
			um 290	0,18	0,06%
N	Verteiler	um +85,58			
			um 775	1,49	0,19%
S5	Nymphen-Heiligtum südl. Herodes-Atticus-Odeion				
S6	Zusammenführung	+84,09			
			= 33	0,03	
S7	Anfang Doppelstollenstrecke				
			= 152	0,17	0,10%
S8	Ende Doppelstollenstrecke	+83,90			
			= 18	0,01	
W1	Ende Stollen, Anfang Kanal	+83,89			

Gesamtlänge des Südstrangs:	N – W 1	um 978 m
	O – W 1	um 828 m

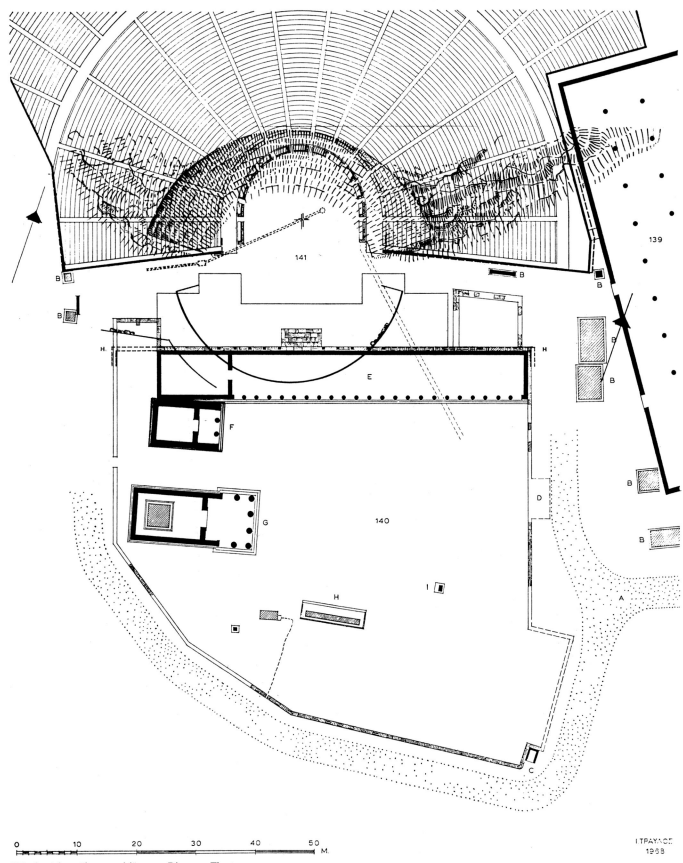

Abb. 3   Athen, älteres und jüngeres Dionysos-Theater.

wäre über mehr als 100 m ohne Zugang geblieben.

Nunmehr, nach Auffindung der Strecke südlich des Herodes-Atticus-Odeion und nach deren Anbindung an den westlich anschließenden, von Dörpfeld und Grä-

ber untersuchten Abschnitt, läßt sich die ursprünglich geplante Linienführung erkennen. Diese wurde, wie es eine zeichnerische Verbindung verdeutlicht, ziemlich gradlinig zwischen den Punkten S6 und S8 geplant, konnte aber wegen der

Brüchigkeit des Gesteins nicht wie beabsichtigt ausgeführt werden.

Der westliche Abschnitt des Südstrangs, der von Z7 bis Z4 beziehungsweise von S7 bis S8 152 m lang ist (Plan 7), durchfährt eine brüchige, kreidehaltige Zone, beschreibt daher ungewöhnlich starke Schlangenlinien und wurde darüber hinaus in zwei übereinanderliegenden Stollen aufgefahren (Abb. 32). Derartige Doppelstollen sind selten und stellen ein Phänomen früher griechischer Wasserleitungen dar. Sie bedürfen einer gesonderten Erläuterung, und daher wird dieser Abschnitt des Südstrangs hier in einem eigenen Kapitel behandelt (s. S. 32 ff.).

Am westlichen Ende der Doppelstollenstrecke wurde späterhin eine Verlegung vorgenommen. Die Ostwestführung von Z5 nach Z4 (Plan 7) wurde bei Z5 verlassen und eine Umleitung über Z10 und Z8 nach Z4 angelegt – mit dem Erfolg, daß sich in der von nun an ungenutzten, 35 m langen Strecke Z5–Z4 die archaische Tonrohrleitung gut erhalten hat (Abb. 75).[49] Diese Umleitung steht in direktem Zusammenhang mit der Abzweigung bei Z8, mit der in den Stadtteil Koile führenden Nebenleitung. Hier am Ende des Südstrangs handelt es sich nicht um eine zur ersten Anlage gehörige Gabelung wie bei der Aufteilung in Nord- und Südstrang, vielmehr um eine jüngere Abzweigung. Die Verlegung der Hauptleitung resultiert primär aus den topographischen Verhältnissen[50] und möglicherweise aus einer Änderung der Straßenführung, die aus Plan 8 (D12) hervorgeht. Gefällegründe dürften weniger ausschlaggebend gewesen sein, wie die Sohlenhöhen in diesem Bereich zeigen (Plan 7).

Das geringe Gefälle in der Doppelstollenstrecke (0,1%) und die in der folgenden Zusammenstellung genannten Sohlenhöhen bei S7, S8 und W1 betreffen eine nacharchaische Höherlegung des Leitungsniveaus (Plan 7), die mit einem Umbau des Weststrangs zusammenhängt und gemeinsam mit diesem besprochen wird (s. S. 30 f.). Die in klassische Zeit zu datierende Verminderung des Gefälles konnte bewußt darauf abzielen, das Wasser mit geringerer Vorflut in den Weststrang zu führen, in dem es auf kurzer Strecke einen beachtlichen Höhenunterschied überwinden mußte. In archaischer Zeit hingegen lag in der Doppelstollenstrecke die Leitung wohl direkt auf der unteren Stollensohle.

Weststrang

Das Ende des Südstrangs und der Anfang des Weststrangs werden an der Stelle festgelegt, an der die Leitung vom Stollen in einen gedeckten Kanal übergeht (Abb. 5–7) und an der die Richtungsänderung nach Norden bereits vollzogen

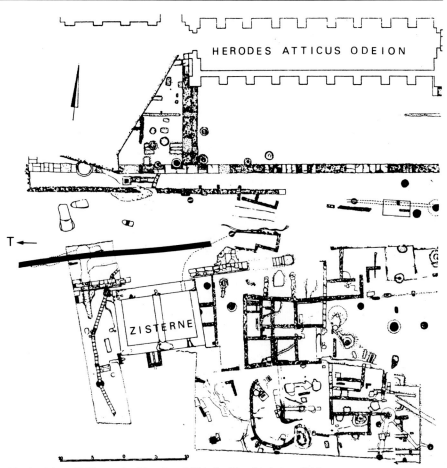

Abb. 4 Athen, Heiligtum der Nymphe, südlich des Herodes-Atticus-Odeion.

ist (Plan 8, W1). Der Weststrang verläuft unter der antiken Straße (Plan 8, Abb. 10), die wegen ihrer Lage in der Talmulde zwischen Akropolis und Pnyx eine Hauptverbindungsstraße, eine Nord-Süd-Achse des alten Athen gebildet haben muß[51] (Abb. 12) und die im folgenden Pnyx-Straße genannt wird.

Bislang konnte der Weststrang als eigenständiger Abschnitt des Wasserleitungsnetzes deshalb nicht in Erscheinung treten, weil Dörpfeld und entsprechend Gräber den Weststrang 33 m nördlich des Stollenendes (Plan 8, W2) zum Pnyx-Hügel umbiegen ließen, um so das vor den Grabungen fixierte Bassin der gesuchten peisistratidischen Enneakrounos zu erreichen (s. S. 106 f.).[52] Zu dem Bereich bei W2 besitzt eine Skizze des II. Tagebuchs (Abb. 9) dokumentarischen Wert: eindeutig hält sie fest, daß der Weststrang gradlinig nach Norden geführt wurde (Abb. 9, schwarze Leitung bei C) und daß von diesem Weststrang ein Nebenarm nach Nordwesten zum Pnyx-Hügel abgezweigt wurde (Abb. 9, A–L), dessen Anfang verloren ist.

Die Kenntnis dieser unveröffentlichten Grabungsskizze erlaubt es nun, zwischen Weststrang und Abzweigung zu unterscheiden, den Weststrang weiter nach Norden zu verfolgen (s. u.), die Dörp-

feldsche «Hauptleitung» zum Pnyxfuß als Nebenarm, eben als Pnyx-Arm einzustufen und die von diesem Nebenarm gespeiste Krene als Pnyx-Krene anzusprechen. Diese Benennung erscheint sachlicher und neutraler als die inzwischen eingebürgerte Bezeichnung «Dörpfeld-Enneakrounos».

Der Kanal im Weststrang wurde, wie Plan 8 und Abb. 10 verdeutlichen[53], über eine mehr als 180 m lange Strecke bis zu jenem Bereich angetroffen, da er die moderne Fahrstraße unterquert. In seinem ersten, auf das Stollenende folgenden Abschnitt führt der Kanal unter der Westflanke der Pnyx-Straße wenigstens 40 m ohne wesentliche Krümmung nach Norden, und zwar gradlinig über den Punkt hinaus, wo der Pnyx-Arm abzweigt. Erst danach paßt er sich den Biegungen der Pnyx-Straße an, wendet sich bis in Höhe des Amynaion stärker der Mitte der Straße zu und verläuft dann erneut unter der westlichen Straßenseite.

Das hängt mit dem parallel, aber auf erheblich höherem Niveau geführten Abwasserkanal zusammen[54], in den auf beiden Seiten mehrere Kanäle münden, die die dicht bebauten Gebiete östlich und westlich der Pnyx-Straße entsorgen. An keiner Stelle des antiken Athen sind die Wasserversorgung und die zugehörige

Abb. 5   Athen, Südstrang, Stollenende.

Abb. 6   Athen, Südstrang, Stollenende.

Wasserentsorgung so gut belegt wie hier: die ableitenden Kanäle (vierte Ordnung) der bebauten und bewohnten Gebiete werden alle zu dem Abwasserkanal unter der Pnyx-Straße geführt (dritte Ordnung), der seinerseits etwas weiter nördlich in die «great drain» (zweite Ordnung)[55] und diese wiederum in die *cloaca maxima* (erste Ordnung)[56] von Athen mündet.

Im Gegensatz zu den entsorgenden Leitungen bleibt die Fortsetzung des wasserzuleitenden Weststrangs nördlich über den Plan 8 hinaus unbekannt. Mit dem nördlichsten verzeichneten Schacht (W 5) und der anschließenden, etwa 15 m langen Strecke ist er bis zum Westfuß des Areiopag-Hügels belegt (W 6), und seine Lage weist hier in Richtung auf die antik durch den Stadtteil Melite führende Straße (Abb. 12). Da bei den weiter nördlich gelegenen Grabungen im Handwerkerviertel (Plan 9)[57] keine Fortsetzung des Weststrangs angetroffen wurde, muß dieser entweder zwischen dem westlichen Areiopag-Fuß und dem Handwerkerviertel zu einer Krene geführt haben oder weiter westlich, möglicherweise unter der antiken «Melite-Straße» weiter nach Norden geführt worden sein.

Die Versorgung des Demos Melite mit Frischwasser durch den Süd- und Weststrang macht den hohen Aufwand dieser Anlage verständlich, war doch dieser Bezirk der Stadt mit eigenem Stadttor[58], mit dem von Themistokles gestifteten Tempel für Artemis Aristoboule[59] (Abb. 12) und dem Heiligtum für Herakles Alexikakos[60] (Plan 8) besonders dicht mit Wohnhäusern und Gewerbebetrieben ausgelegt.[61]

Abb. 7   Athen, Stollenende im Südstrang und Kanalanfang im Weststrang.

Weststrang

	Leitungs-Höhe m	Leitungslänge m	Höhendifferenz	Leitungsgefälle
S 8 Ende Doppelstollenstrecke	+83,90			
		18	0,01	0,06 %
W 1 Ende Stollen, Anfang Kanal	+83,89			
		34	?	
W 2 Abzweig Pnyx-Arm	nahe +83,89			
		35	1,39	3,97 %
W 3 Meßpunkt in C7 (Plan 8)	+82,50			
		22	0,60	2,73 %
W 4 Meßpunkt in C6 (Plan 8)	+81,90			
		80	3,66	mind. 4,58 %
W 5 Nördlichster, aufgefundener Kanaldeckel	unter +78,24			
		15		
W 6 Grabungsende				
ergrabene Länge des Weststrangs		186 m		

Abb. 8   Athen, Weststrang, Poros-Kanal (A–B).

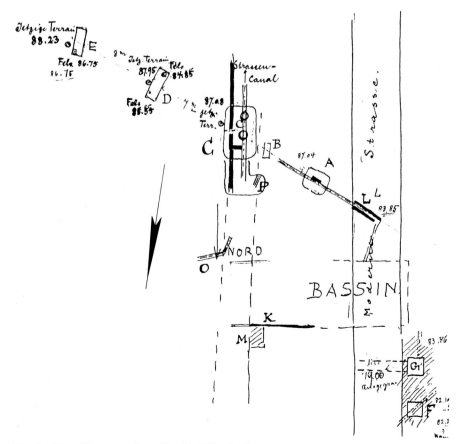

Abb. 9   Athen, Weststrang, Poros-Kanal in Höhe des Pnyx-Arms.

Das Ende der Hauptleitung, die die Akropolis südlich und westlich umzieht, hat also nicht am Fuß des Pnyx-Hügels, sondern inmitten des Stadtbezirks Melite oder möglicherweise zeitweilig im Demos Kerameikos gelegen. Aus den genannten Gründen und wegen des Gefälles kann der von Dörpfeld und Gräber stets zeichnerisch hervorgehobene und als «Ende der Wasserleitung des Peisistratos» deklarierte Pnyx-Arm nicht die Hauptleitung dargestellt haben. Das Gefälle im Pnyx-Arm ist nämlich mit 2 cm auf 24 m (0,08 %) absolut und im Vergleich zum Weststrang so minimal, daß möglicherweise hierin der Grund für die Tatsache liegt, daß im Pnyx-Arm Tonrohre mit größerem Querschnitt verlegt wurden als im Weststrang (S. 53, 66). Eine Verlängerung des Pnyx-Arms weiter nach Norden, wie vom Ausgräber erwogen, ist zumindest für die griechische Zeit nicht nachweisbar.

Das Gefälle der Talmulde zwischen Akropolis und Pnyx sowie der antiken Pnyx-Straße, die vom Kanalanfang bis zur modernen Straße oberflächig auf weniger als 200 m mehr als 10 m Höhe verliert, wäre für eine Wasserleitung sehr

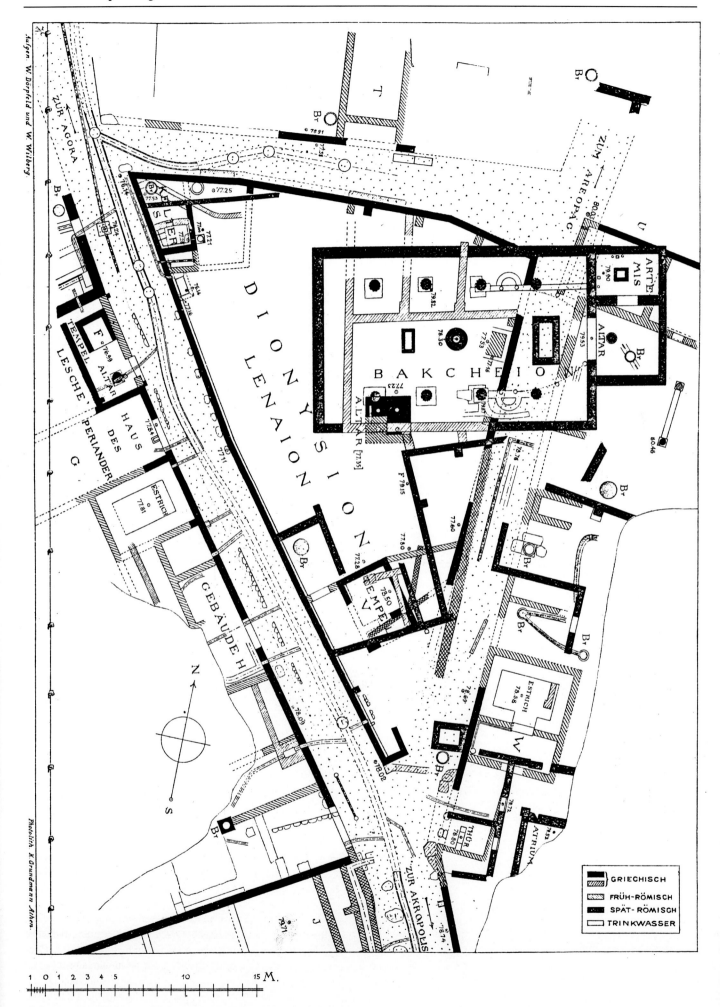

Abb. 10   Athen, Weststrang, Poros-Kanal, nördlicher Abschnitt der Grabung.

groß, und daher wurde das Leitungsgefälle in der Planung des Weststrangs so
weit wie möglich vermindert. Die Kanalsohle liegt zu Beginn mit +83,89 m
abgerundet 3,50 m unter dem antiken
Straßenniveau, in Höhe des nördlichsten
Kanaldeckels (W5) jedoch dicht unter
der Pnyx-Straße. Ein durchschnittliches
Gefälle von gut 4% in diesem Teil des
Weststrangs fällt immer noch sehr hoch
aus, ist aber spürbar geringer als das der
Pnyx-Straße.

Die bisher genannten Befunde datieren

alle aus der dritten Bauphase des 4. Jhs.
v. Chr. Belege dafür, daß der spätklassische Zuleitungskanal unter der Pnyx-
Straße die archaische Leitung ersetzt
(nach vollständiger Abtragung), liefern
das Umlenkbecken am Beginn des Weststrangs (s. S. 30 f.), das archaische Rohr
Nr. 11 und aller Wahrscheinlichkeit nach
der Anschluß der Stollenleitung im Kerameikos (s. u.).

«Denn zu den bekannten Brunnenhäusern (Krenai), die von der Leitung unter
dem königlichen Garten (Nationalpark)

gespeist wurden ...», gesellt sich unter
der Voraussetzung, daß die Stollen untereinander verbunden waren, nun mindestens ein weiteres Brunnenhaus in der
Gräber- bzw. Weststraße» des Kermei-
kos.[62] Diese Annahme resultiert aus der
Richtung des Stollens, der durch den
Südhügel des Kerameikos getrieben
wurde (Abb. 11), und aus den Befunden
der Tonrohrleitung mit Gefälle nach Norden.[63] Die ältere Leitung as1 wird von
der Ausgräberin in die Zeit um 500
v. Chr. datiert – vorausgesetzt, die Rohre
der Leitung as1 wurden in dem Abschnitt
unter dem Staatsgrab wiederverwendet
(s. S. 53 Nr. 12). Unmittelbar nach
451/50 v. Chr. wurde nämlich die zerstörte Leitung as1 durch as2 ersetzt, die
spätestens 433/32 v. Chr. außer Betrieb
gesetzt wurde. Bereits zu Ende des
5. Jhs. v. Chr. wurde der Stollen nach
Entfernung der Leitungsrohre zugeschüttet.

Die vermutete Zugehörigkeit dieser
Leitung zum großen Leitungsnetz[64]
(Abb. 12) ist durch den Nachweis wahrscheinlicher geworden, daß der Weststrang unter der Pnyx-Straße verlief und
in seiner Linienführung nach Norden
belegt ist. Darüber hinaus gehört in die
ziemlich große Lücke zwischen Areiopag
und Kerameikos (rund 750 m) ein bisher
isolierter, etwa 140 m langer Leitungsabschnitt, der westlich der Odos Apostolou
Paulou und nördlich der Odos Erakleidon
gefunden wurde[65] (Plan 1–3, W7–W8).
Dieser Abschnitt folgt der Geländefor-
mation, wendet sich der schwachen Senke
zum Kerameikos zu und korrespondiert
in dieser Linienführung mit dem Weststrang im Süden und dem Südhügel-Stol-
len im Norden.

Dieses «missing link» dürfte die Anbindung des Kerameikos an das spätarchaische Leitungsnetz näher rücken.
Diese erfolgte, der obigen Datierung zufolge, als letzter Abschnitt des gesamten
Projektes. Da man aber im letzten Teil
des Südstrangs bis zur gründlichen Korrektur im 4. Jh. v. Chr. mit Gefällepro-
blemen zu kämpfen hatte, die sich naturgemäß auf den Weststrang auswirkten,
wurde die Kerameikos-Strecke relativ
bald wieder aufgegeben, nachdem nämlich die Akademie-Leitung und die ältere
Dipylon-Krene in Betrieb genommen worden waren.

Das Ende dieser Verlängerung und die
zu Recht geforderte Kerameikos-Krene
müssen nordwestlich der heutigen Gra-
bungsgrenze gelegen haben. Dazu bieten

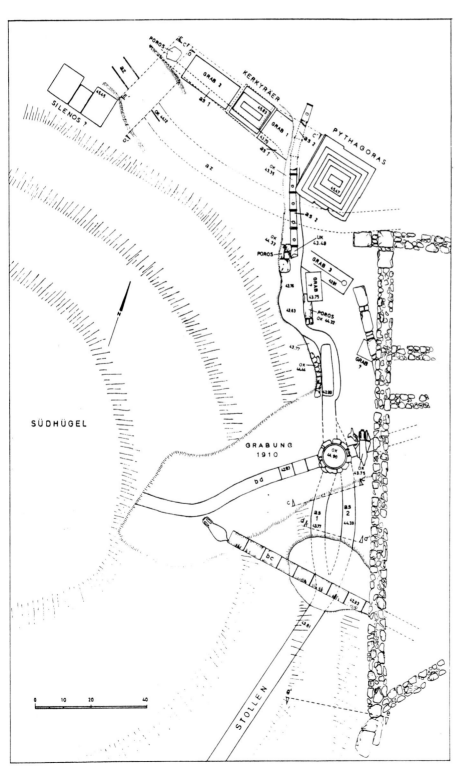

Abb. 11   Athen, Kerameikos, Südhügel, Stollen und Leitungen as1 und as2.

Abb. 12   Athen, westliche Stadtteile und Straßen.

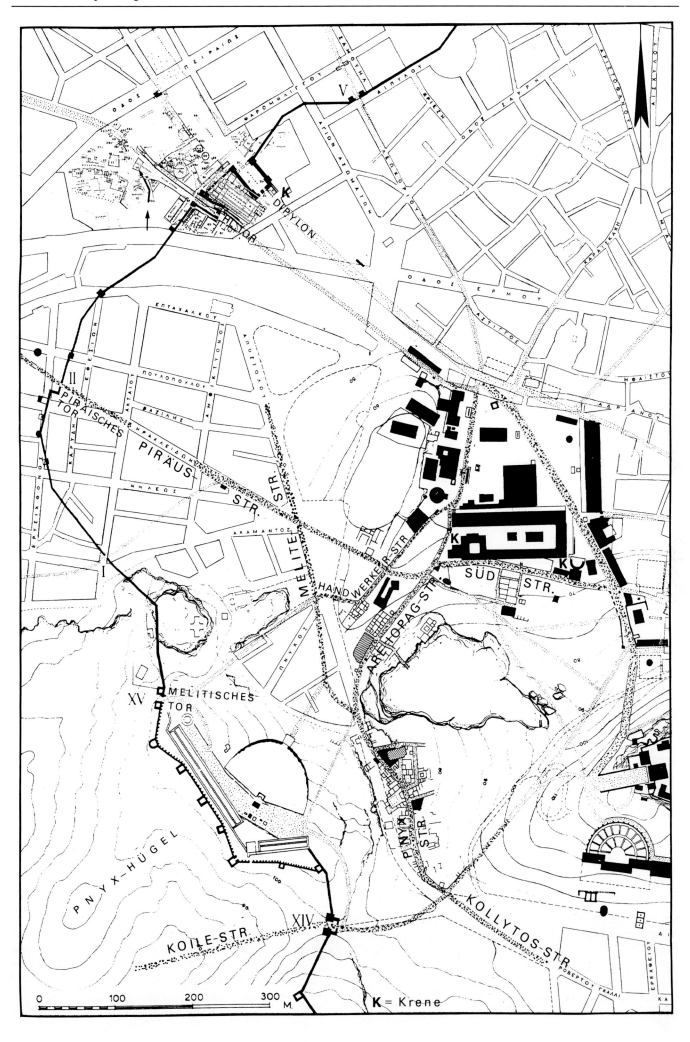

sich mehrere Möglichkeiten an. Die Leitung kann zu der Stelle eines undatierten, offenen Wasserbehälters unmittelbar südlich der Heiligen Straße geführt haben[66] (Plan 3), denn die Kraft der Tradition des Ortes ist in der griechischen Kultur nicht zu unterschätzen. Die Leitung, die beim Pythagoras-Denkmal in Höhe von +43,49 m liegt, kann anschließend auch nach Westen umbiegen und entweder am nördlichen Rand der Gräberstraße in einem Kanal verlaufen (Sohle +42,85 m) oder unter der Gräberstraße durch einen Stollen (Sohle +42,80 m) geführt worden sein.[67] Da eine Entscheidung derzeit nicht möglich ist und die Lage dieser Kerameikos-Krene unbekannt bleiben muß, wird sie unten unter den Krene-Bauten nicht erneut aufgeführt.

Größenordnungen der Hauptstränge

Abgesehen von den gesondert zu besprechenden jüngeren Nebenarmen und Verlängerungen und abgesehen von den im einzelnen unbekannten Zuleitungen im oberen Ilissostal lassen sich folgende Längen für die Hauptstrecken der Athener Wasserleitung festhalten:

1,565 km, Ninfeo-Leitung 1,385 km, Tremilia-Leitung 0,815 km.[69]

In Athen dürfte die Planung der Wasserleitung – abgesehen von jenen Strecken, in denen das Gelände ein relativ hohes Gefälle nach sich zog – von einem als ideal angesehenen Gefälle von 0,4 % und von 0,33 % ausgegangen sein. 0,4 % bestimmen – wie auf Samos – eine sehr lange Strecke der Fernleitung vor Eintritt in das antike Stadtgebiet (I–L) und 0,33 %, antik ausgedrückt 1 : 300 Fuß, annähernd die Hälfte des Südstrangs. Beide Werte liegen im Rahmen des sehr viel später von Vitruv festgehaltenen Erfahrungsbereichs[70], wonach das Gefälle einer Wasserleitung nicht weniger als $^1/_4$ und nicht mehr als $^1/_2$ Fuß auf 100 Fuß betragen soll.

Athen,	streckenweise	0,33 %	e 1 F auf 300 F
Samos,	Eupalieneion, MW	0,40 %	e 1 F auf 250 F
Athen,	streckenweise	0,40 %	e 1 F auf 250 F
Syrakus,	Galermi-Leitung, MW	0,46 %	e 1 F auf 218 F
Syrakus,	Paradiso-Leitung, MW	0,68 %	e 1 F auf 148 F
Syrakus,	Ninfeo-Leitung, MW	0,73 %	e 1 F auf 137 F

Fernleitung, insgesamt um 7680 m, davon			
Quellgebiet – D		min	650 m
im oberen Ilissostal	(D–I)	um	4645 m
im mittleren Ilissostal bis zur Gabelung	(I–O)	um	2535 m
Nordstrang	(O–N6)	um	695 m
Südstrang	(O–W1)	um	828 m
Weststrang (ohne Anschluß des Kerameikos)	(W1–W6)	um	186 m
Gesamtlänge		mehr als	9539 m

Eine derart große Gesamtlänge findet sich selten bei griechischen Stollenleitungen, bei frühen wie späteren griechischen Wasserleitungen. Die undatierte Galermi-Leitung für Syrakus ist mit 29 km Länge möglicherweise das größte Wasserbauprojekt dieser Art, doch ist die Länge der spätarchaischen Wasserleitung für Megara unbekannt. Für das spätklassische Olynthos wurde das Wasser aus einer Entfernung von mehr als 12 km in Tonrohren zugeleitet, die außerhalb der Stadt in einem Kanal, innerhalb der Stadt in einem Stollen verlegt wurden (Abb. 28).[68] Die spätarchaische Wasserleitung für Samos muß ursprünglich mehr als 3 km lang gewesen sein. Die drei Doppelstollen-Leitungen in Syrakus sind an die dortige Epipolai-Terrasse gebunden (Abb. 33, 34) und können daher nicht wesentlich länger als die erforschten Strecken gewesen sein: Paradiso-Leitung

Die genannten Größen in Athen liegen im Vergleich zu dem Gefälle anderer griechischer Fernwasserleitungen niedrig, wohl bedingt durch die topographischen Verhältnisse in und um Athen. Eine genaue Auswertung aber ist derzeit nicht möglich, weil die Gefällewerte so wichtiger Leitungen wie die für Aigina, Megara oder Olynthos unbekannt sind.

Unterschritten wurde das für Athen geplante Gefälle im Stadtgebiet nur, soweit heute erkennbar, im westlichen Abschnitt des Südstrangs. In den letzten 35 m des Südstollens fiel schließlich die Sohle so minimal ab (+83,90 auf +83,89), daß die Höherlegung der Leitung (Plan 7, s. S. 31) als Maßnahme zur Gefällekorrektur angesehen werden kann.

Nacharchaische Nebenarme und Verlängerungen

Abzweigung Richtung Stadtmauer

Die Gabelung in Nord- und Südstrang kann aus den folgenden Gründen nicht bei dem Punkt M (Plan 4) gelegen haben; dennoch gilt die Abzweigung, die im vorigen Jahrhundert von der Hauptleitung bei M bis unter die russische Kirche Hagios Nikodemos verfolgt wurde[71], im allgemeinen als Beginn des Nordstrangs. Konkrete Fakten sprechen jedoch dagegen.

Zum einen liegt dieser Abzweig außerhalb der themistokleischen Stadtmauer[72] und verweist in nordwestliche Richtung[73], nicht aber zur Agora. Zum ande-

ren gehören die Befunde unter der russischen Kirche zu einer kaiserzeitlichen Thermenanlage[74], die durch diesen Nebenarm mit Wasser versorgt wurde. Da griechische Kontexte im Bereich dieses Seitenstrangs überhaupt nicht auftreten, dürfte es sich um eine Abzweigung römischer Zeit handeln.

Allein diese Gründe würden ausreichen, um eine Identifizierung des Nordstrangs mit dem Abzweig bei M auszuschließen. Vollends erwiesen wird die Tatsache eines Nebenarms an dieser Stelle durch die Neufunde in der Odos Adrianou und Odos Scholiou (Abb. 2, N1 und N2): der dortige Schacht, die Stollenabschnitte und die archaischen Tonrohre (Abb. 59–66) dokumentieren die spätarchaische, erste Bauphase zu Anfang des Nordstrangs.

Südost-Arme?

In Höhe des Abzweigs zur russischen Kirche soll nach Ziller eine weitere Nebenleitung nach Süden in Richtung Ilissos abgehen, östlich vom Olympieion verlaufen und in einem tiefen Becken münden.[75] Ob mit diesem Becken die Reste einer Schöpf-Krene überkommen waren, ist ebenso fraglich wie die Anbindung an die Hauptleitung. Daher wird diese Leitung nicht in den Plänen verzeichnet.

Ähnlich unsicher ist die Zugehörigkeit einer Tonrohrleitung, die außerhalb der Südwestecke des Olympieion-Peribolos aufgedeckt wurde und deren Fließrichtung nach Südosten weist.[76] Für diese Leitung ist damit nichts gewonnen, daß sich das Tonrohr aufgrund typologischer Merkmale als jünger denn die Rohre des Nord- und Südstrangs erweist (s. S. 55 Nr. 17)[77], weil Tonrohre häufig ersetzt wurden. Dieser Leitungsabschnitt ist zu isoliert und zu kurz, um eine Zuweisung zu rechtfertigen. Auffällig bleibt, daß beide Leitungen die Richtung zu den Kallirrhoe-Quellen aufweisen, die schon in archaischer Zeit zu der Enneakrounos genannten Krene gefaßt wurden[78] und die zumindest diesen Stadtteil Athens mit frischem Quellwasser versorgten.

Akademie-Leitung

Die lange Leitung zur Akademie (Plan 1–4) erschließt sich am besten, geht man von der mittleren Partie im Norden der Agora aus und verfolgt sie von hier aus einmal in Richtung zur Akademie und zum anderen rückwärts zum Beginn des Abzweigs von der Hauptleitung.

Die drei Teilstrecken hinter der Stoa Poikile (Abb. 15), nahe der Odos Theseiou (Abb. 14) und parallel zum Dipylon (Abb. 16) stimmen in Richtung und Gefälle, in der Art und Weise der Rohrverlegung (Abb. 47, 48, 79) und im Rohrtypus (s. S. 53, 55 Nr. 14–16) mit Entlüftungsdeckeln und Streifendekor so weitgehend überein, daß sie eine einzige Leitung repräsentieren. Die Rohre, die Linienführung, die sowohl auf das themistokleische Dipylon als auch auf die Stoa Poikile Rücksicht nimmt, und andere Gründe (s. S. 103) datieren diese Leitung in die Mitte des 5. Jhs. v. Chr., in hochklassische und perikleische Zeit.

Die Rohrleitung nördlich parallel zur Stoa Poikile[79] (Abb. 13, 78, A5–A6) unterquert unmittelbar westlich der Stoa eine antike, zur Agora führende Nord-Süd-Straße und wird weiter westlich von zwei Gebäuden römischer Zeit überdeckt. Etwa 70 m westlich der Stoa Poikile tritt die Leitung wenig westlich der Odos Theseiou nördlich parallel zur Odos Adrianou wieder auf (Abb. 14, 79) und ließ sich über gut 20 m Richtung Dipylon verfolgen[80] (A7–A8).

Unmittelbar neben der Ostflanke des Dipylon verläuft der aufschlußreichste Abschnitt dieser Leitung[81], dessen beachtliche Länge von 77,40 m durch die Grabungsgrenzen bestimmt ist (Abb. 16, 48, A7–A8). Die Trasse orientiert sich exakt am themistokleischen Torbau, unterläuft den jüngeren, stadtseitigen Ostturm und umfährt den landseitigen themistokleischen Ostturm und nimmt nach diesem leichten Ausscheren die Richtung nach Nordwesten wieder auf. Somit wurde diese Leitung aus dem Stadtinnern nach auswärts geführt, um mit ihr außerhalb der Stadtmauern gelegene Gebiete zu versorgen. Das ist wiederum nur bei entsprechend tiefer Leitungsführung möglich, wie sie tatsächlich auch angetroffen wurde (Abb. 48). Über die Gesamtlänge wurde das Gefälle eingemessen[82], das mit 1,29% oder gut $1^{1}/_{4}$ Fuß auf 100 Fuß stark war.

Wenige Meter neben dieser Leitung liegt die Dipylon-Krene mit einer älteren und einer jüngeren Bauphase. Für beide Krene-Bauten mit eigenständigen Zu-

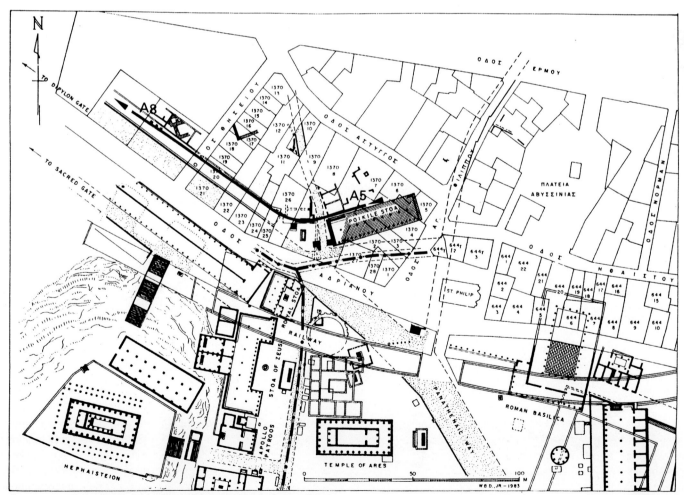

Abb. 13 Athen, nördliche Agora mit Akademie-Leitung und »great drain«.

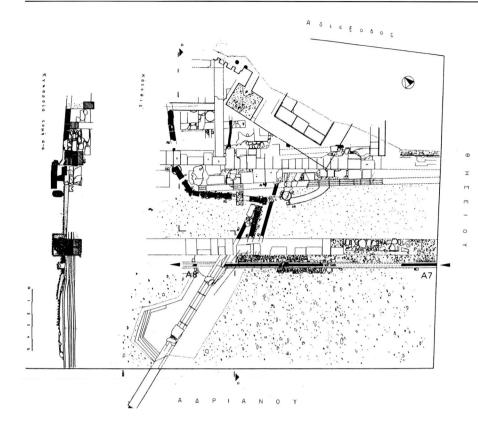

Abb. 14   Athen, Akademie-Leitung zwischen Stoa Poikile und Dipylon.

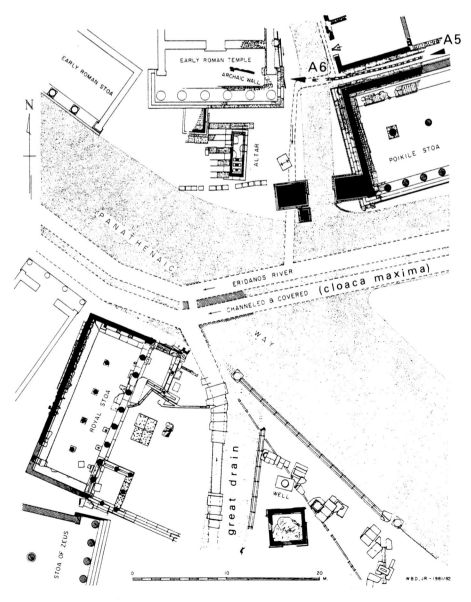

Abb. 15   Athen, Akademie-Leitung nördlich der Stoa Poikile.

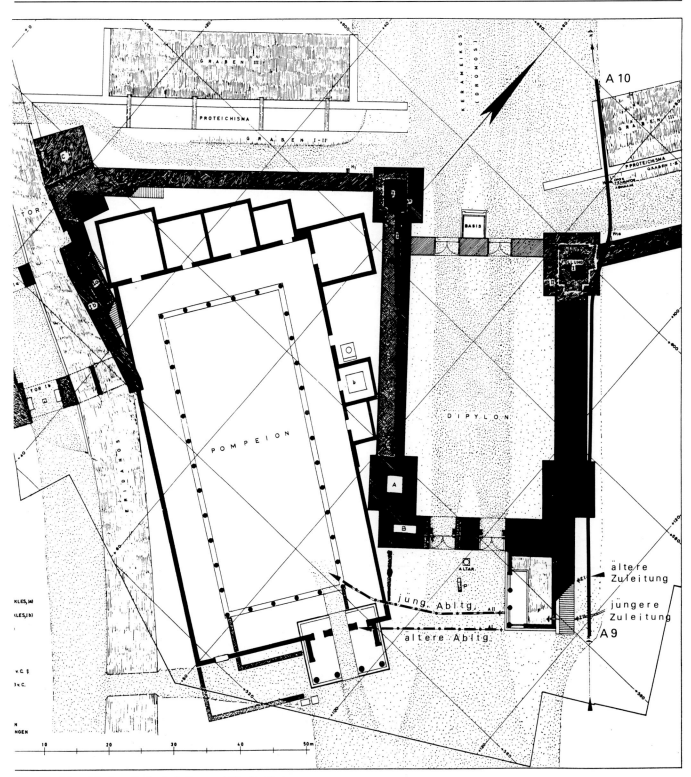

Abb. 16 Athen, Dipylon, Akademie-Leitung und Dipylon-Krene.

und Ableitungen wurde nie nach der Herkunft des Wassers gefragt. Die im Vergleich zum Dipylon-Durchgang und zur Krene tiefe Lage der klassischen Rohrleitung (Abb. 146) schließt nun eine Versorgung durch diese Leitung nicht aus. Um die antik berechnete Höhe für den Wassereinlauf einzuhalten, der bei der älteren Krene tiefer lag als bei der jüngeren, mußte lediglich in entsprechender Höhe eine relativ kurze Abzweigung von der Akademie-Leitung vorgenommen wer-

den, worauf anläßlich der Dipylon-Krene zurückzukommen ist (s. S. 83). Daß diese Leitung in dem Abschnitt zwischen der Odos Theseiou (A7–A8) und dem Dipylon tatsächlich geteilt wurde, geht aus dem kleineren Querschnitt der Rohre im Dipylon-Abschnitt hervor. Nach der Aufteilung der Wassermenge für den Kerameikos und für die Akademie konnten die weiterführenden Rohre mit geringerem Durchmesser ausgelegt werden.

Die zuerst von Camp mündlich geäußerte Vermutung, die Leitung führe zur Akademie, findet über das Gebiet des Kerameikos hinaus eine Bekräftigung durch zwei Leitungsabschnitte: A11 direkt südlich der Odos Sphakterias[83] und A12 südlich der Odos Megalou Alexandrou.[84] Da beide Fundstellen unmittelbar östlich der antiken Straße zur Akademie liegen und die Rohre älteren Typus sein sollen, ist die Zugehörigkeit dieser beiden Abschnitte zur Akademie-Leitung durchaus möglich.

Angesichts der Entfernung von der Stoa Poikile über das Dipylon zur Akademie von rund 1900 m stellt sich die Frage nach der Herkunft dieser offensichtlich nicht unbedeutenden Leitung. Die Antwort bietet jene Leitung, die nahe der Stoa Poikile von der Odos Ephaistou (A4) aus rückwärts fast durchlaufend von Ziller verfolgt wurde[85]: Plateia Monastirakiou – Plateia Demoprateriou (dort im Keller eines Kaphenion ein Schacht) – Kreuzung der Odos Aiolou (dort ca. 6 m unter modernem Niveau) – Odos Metropoleos – Große Metropolis. An der Nordseite der Großen Metropolis führt ein Schacht gerade an der Stelle auf die Leitung herab, da diese umbiegt (A3). Von hier aus, weiterhin rückwärts gelesen, wendet sich die Leitung gradlinig nach SSW direkt auf die Fernleitung zu (A2). Die Verlängerung über eine nur sehr kurze, fehlende Strecke trifft unter der Plateia Philomousou (Plan 4, N) direkt auf die Hauptleitung, die demnach die Akademie-Leitung speiste.

Entsprechend dem Nordstrang wurde auch die Akademie-Leitung nur im ersten Abschnitt als Stollenleitung ausgeführt, um dann in eine Kanalleitung überzugehen. Zu der Zeitstellung der Strecke bis zur Odos Hephaistou wird nichts gesagt, wohl aber vermerkt, daß sich die Leitung aus der Odos Hephaistou «nach links (nach Süden) nach dem Platz des h. Philippos abwendet». Von hier aus bis zum Hl. Tor und bis zur H. Triada wird sie als römisch charakterisiert. Danach

handelt es sich hier um einen Seitenarm, dessen Abzweigungsstelle im westlichen Teil der Odos Hephaistou liegt. Die Hauptleitung aber verläuft geradlinig und geradeaus auf die Nordostecke der Stoa Poikile zu (Abb. 13).

Damit gehen der erste, besonders lange Abschnitt nordwestlich der Abzweigung von der Hauptleitung und die Strecke von der nördlichen Agora bis zum Kerameikos fast nahtlos ineinander über. Die Zusammengehörigkeit beider Strecken wird zudem durch das Gefälle unterstützt: bei keiner anderen Leitung Athens sind die Geländebedingungen für ein gutes und ausreichendes Gefälle über vergleichbare Distanzen so günstig wie bei dieser Leitung. Damit dürfte ursächlich auch die beachtliche Länge zusammenhängen, die mit annähernd 3000 m bis zur Akademie[86] alle nacharchaischen Nebenleitungen bei weitem übertrifft und die dementsprechend viele Stadtbezirke Athens wassertechnisch an die Hauptleitung anschloß.

Im Kerameikos wurde, wie oben S. 18 referiert, die Stollenleitung (W9 in Plan 3), die mögliche Verlängerung des Weststrangs, spätestens 433/32 v. Chr. aufgegeben. Die Vermutung, daß die Außerbetriebsetzung nach Fertigstellung der Akademie-Leitung erfolgte, erfährt durch die Berechnungen von H. Fahlbusch zur Abflußmenge des Haupt- und Nordstrangs eine wesentliche Stütze (s. S. 109 f.).

Verlängerung des Nordstrangs

In spätklassischer Zeit wurden im Südwesten der Agora eine weitere Krene und eine Wasseruhr (Klepsydra) an das bestehende Wasserleitungsnetz angeschlossen (Abb. 17). Insbesondere das Betreiben einer Wasseruhr setzt eine regelmäßige Wasserzufuhr voraus, und diese war auch späterhin noch gewährleistet; denn die auf dem Auslaufprinzip basierende Wasseruhr des 4. Jhs. v. Chr. wurde später in eine genauer arbeitende Einlaufuhr umgebaut.[87]

Die Wassermenge, die über den Nordstrang die Agora erreichte (s. Beitrag Fahlbusch, S. 109 f.), kann in den letzten vorchristlichen Jahrhunderten nicht gering gewesen sein; andernfalls hätte man in einer Entfernung von nur rund 140 m von der archaischen Südost-Krene nicht zusätzlich die noch größere Südwest-Krene errichtet. Deren Versorgung erfolgte nunmehr durch einen Steinkanal[88], durch einen auf allen vier Seiten aus mächtigen Porosplatten erstellten Kanal (Abb. 50, s. S. 24 f.).

Der Kanal und seine Tonrohrleitung wurden nicht direkt an die archaischen Leitungsrohre bei der Südost-Krene angebunden. Vielmehr wurde der jüngere Leitungsstrang ein geraumes Stück weiter östlich, an einer noch unbekannten Stelle östlich des Panathenäen-Weges, abgezweigt. Von dort aus führte der jüngere Kanal nördlich und nicht ganz parallel zur älteren, erdverlegten Tonrohrlei-

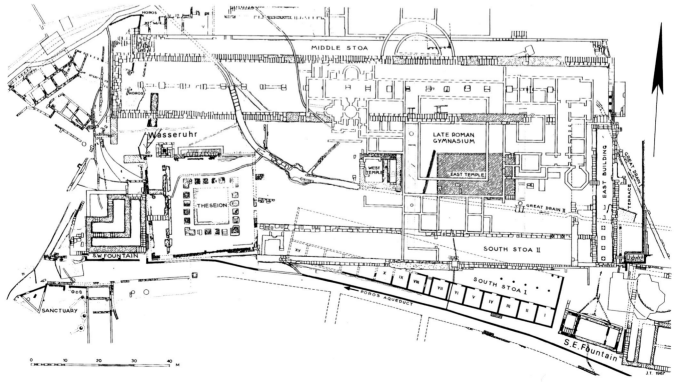

Abb. 17   Athen, südliche Agora mit Poros-Kanal, Südost- und Südwest-Krene.

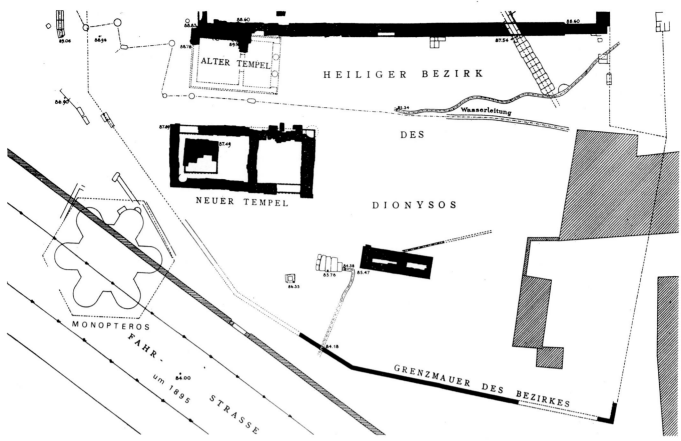

Abb. 18   Athen, jüngerer Südstrang im Dionysos-Theater.

tung in die Südstraße hinein. Dort kreuzt er in Höhe der Südost-Krene die ältere Zuleitung und verläuft anschließend ziemlich mittig unter der antiken Südstraße und dicht unter deren Oberfläche. Damit wurde erreicht, daß der Kanal dem leichten Gefälle der Südstraße folgen konnte, daß das Wasser möglichst hoch in die Rückwand der Südwest-Krene einmünden konnte und daß weitere, kleinere Anschlüsse auf der Agora mit Druckleitungseffekt bei nicht sehr hohen Steigleitungen möglich wurden.[89]

Verlegung des Südstrangs

Im Ostbereich des Südstrangs wurden mehrere Fundstellen für diese Leitung in Anspruch genommen, von denen jedoch keine ursprünglich archaisch ist und unter denen die Leitung beim Lysikrates-Denkmal aus wasserbautechnischen und topographischen Gründen ausscheiden muß.[90] Die nicht genauer beschriebene Fundstelle unter der Kreuzung Odos Kydathenaion/Adrianou[91], die für eine kurze nacharchaische Druckstrecke spricht, verbindet sich in der Linienführung der Odos Thespidos mit den Befunden beim Odeion des Perikles (S2). An der Stelle, da die mittelalterliche Mauer des Rizokastro das Ostfundament des Perikles-Odeion schneidet (Plan 6), tritt bei S2 eine Kanalleitung auf (Abb. 56), die nördlich und annähernd parallel zu der mittelalterlichen Mauer nach Westen führt. Deren Zugehörigkeit zum Südstrang wurde bereits von dem Ausgräber erkannt[92], der auch den angetroffenen Zustand zu Recht als römisch einstufte.

Die zwischen den beiden Tempeln für Dionysos aufgefundene Kanalleitung (S3)[93] erwies sich ebenfalls als kaiserzeitlich, kenntlich durch ein Ziegelgewölbe. Insgesamt scheint der nicht sehr tief liegende Kanal südlich des Dionysos-Theaters stark zerstört und bereits in römischer Zeit mehrfach repariert worden zu sein. Zu den nachträglichen Maßnahmen aus unbekannter Ursache gehören auch die Schächte im Südwesten des Dionysos-Theaters, die in den älteren Plänen treppenförmig miteinander verbunden wurden.

Beobachtet man im Gelände den Verlauf von der Ostseite des Perikles-Odeion bis zur Westseite des Dionysos-Theaters, dann wird deutlich, daß hier die jüngere Skene umfahren wurde. Die Vergrößerung des Dionysos-Theaters und die Festschreibung der Cavea in Stein haben sich für den Südstrang und dessen Gefälle nicht unbedingt positiv ausgewirkt. Das Gebiet südlich des älteren Dionysos-Tempels liegt nämlich bereits in der

Oberfläche gut 3 m unter dem Niveau der letzten Orchestra. Das hier angegebene Leitungsniveau, das mit +85,34 m fast so hoch liegt wie in dem 340 m weiter östlich gelegenen Punkt N, spricht wiederum für eine Druckstrecke, die durch die Senke bei O führte. Mit dieser so gewonnenen Höhe war dann anschließend ein ausreichendes Gefälle gewährleistet. Bis zum Treffpunkt des älteren und jüngeren Südstrangs bei S6 (+84,09 m) beträgt das Gefälle über 390 m im Mittel 0,32%.

Westlich des Dionysos-Theaters ging der jüngere Südstrang wieder in einen Stollen über. Die vier Schächte, die südlich des Ostteils der Eumenes-Stoa wohl unter einer antiken Straße liegen (Plan 6), beschreiben einen sanften Bogen, um die Leitung nach der Umfahrung des Dionysos-Theaters gleichsam auf den alten Kurs zu bringen. Eine gradlinige Verbindung des westlichsten Schachtes (S4) mit der Fortsetzung der jüngeren Leitung südlich des Herodes-Atticus-Odeion verläuft parallel zur Front der ionischen Stoa im Asklepieion. Da diese Halle inschriftlich in die Jahre nach 419/18 v. Chr. datiert ist[94], folgt hier die Leitung straßen- und städteplanerisch der klassischen Orientierung und muß daher die spätklassische Streckenführung darstellen.

Kollytos-Leitung

Direkt vom Südstrang geht bei Z6 (Plan 5, 7, 9) ein Nebenstrang nach Süden ab, der 60 m weit verfolgt wurde und in dem sich das Rohr Nr. 19 fand.[95] Auf den ersten 200 m muß das Leitungsgefälle mindestens 2% betragen haben (Plan 9), im Anschluß daran erheblich mehr – je nach Lage der Krene bis zu maximal 3,8%.

Die vielen Nebenstollen im ersten Abschnitt dieses Nebenarms[96] belegen eine stark brüchige und somit gefährdete Zone. Daher liegt der Schluß nahe, daß diese ins Mouseion-Tal führende Leitung in jener Zeit durch eine andere ersetzt wurde, als der Südstrang unterhalb und knapp westlich des Herodes-Atticus-Odeion nach Süden verlegt wurde; denn von dem südlichen und jüngeren Stollen geht in Höhe des dortigen Schachtes eine jüngere Leitung nach Süden ab, die sich ebenfalls dem Mouseion-Tal zuwendet und die nach 20 m einen weiteren Schacht aufweist.[97] Beide Leitungen müssen nacheinander der Versorgung des antiken Stadtteils Kollytos gedient haben.

Koile-Leitung

Mit der Stollenumleitung am Ende des Südstrangs geht eine weitere und besonders beachtenswerte Ausdehnung des Leitungsnetzes einher (Plan 5, 9): «Von der neugebauten Strecke zweigt nämlich bei Z8 (hier Plan 7) ein Stollen in westlicher Richtung ab, welcher den Sattel zwischen Mouseion und Pnyx-Hügel in großer Tiefe durchschneidet und zum Stadtquartier Koile führt. Die Ausräumung dieses durch den harten Kalkfelsen getriebenen und daher vorzüglich erhaltenen Stollens konnte ... nur in einer Länge von etwa 250 m erfolgen, ohne daß das Ende erreicht war.»[98] Dieser Abschnitt der mehr als dreimal so langen Koile-Leitung blieb unpubliziert, und auch aus dem Grabungstagebuch geht wenig Wesentliches dazu hervor.[99]

Wiederum unterläuft der Stollen die antike Straße[100], die bereits Herodot (VI 103) Κοίλη ὁδός (= hohle Straße) nennt. Es wurden Korrekturen einiger Richtungsfehler beobachtet, die im Gegenort-Vortrieb zwischen zwei Schächten nicht nur in griechischer Zeit wie auf Samos oder hier in Athen, sondern auch noch in römischer Zeit wie bei Bologna auftraten.[101] Die tiefe Lage des Stollens erklärt sich aus dem sanften Sattel im Bereich der Kirche des Hl. Dimitrios Loumbardiaris an der Stelle eines antiken

Naiskos[102]; und eben dieser Sattel wurde für die Linienführung des Diateichisma genutzt, das den Leitungsstollen hier kreuzt.

Durch die Vorstadt-Krene (s. S. 78 f.) ist die Gesamtlänge des Koile-Arms mit wenigstens 860 m bekannt, ungeachtet aller Bögen und Richtungsfehler. Am Beginn der Abzweigung liegt die Stollensohle +83,95 m hoch, die Vorstadt-Krene hingegen im Fußboden bei +54 m, der Leitungsanschluß bei +56 m. Das deutet auf ein durchschnittliches Gefälle von 3,33%, von 1 Fuß auf 30 Fuß hin.

Pnyx-Arm

Die oben genannte Führung des Weststrangs unter der sogenannten Pnyx-Straße verweist den nach Nordwesten Richtung Pnyx-Hügel abbiegenden Seitenkanal (Plan 8 Abb. 19, 20) in eine weniger dominierende Stellung als früher gedacht (s. S. 13). Dieser Pnyx-Arm ist jedoch in einem 12 m langen Abschnitt (Plan 8, a2–a4) sehr viel besser erhalten als der Weststrang, mit dem er die Kanalbauweise mit Porosquadern (Abb. 51, 52) teilt.

Der Pnyx-Arm verzweigt sich bei a3 (Plan 8) in eine westliche und eine östliche Leitung, und genau über dieser Gabelung wurde zweckmäßigerweise ein Revisionseinstieg angelegt (Abb. 52). Die Bauweise und die Fugen an der Stelle der Gabelung (Abb. 51) belegen die Gleichzeitigkeit der Anlage beider Leitungen, und zwar in griechischer Zeit, während die wenigen anderen wasser-

Abb. 19 Athen, Pnyx-Arm, Ende bei Z2 (Dörpfeld: A = Mündung der großen Leitung, B = später angefügte Leitung, C = Nebenleitung, D = Bassin).

Abb. 20   Athen, Pnyx-Arm, «Ende der Wasserleitung».

technischen Befunde in diesem Leitungs-
bereich in die Kaiserzeit verweisen.[103]
Wenn aber die östliche Leitung (a3–a5)
nicht nachträglich abgezweigt worden
sein kann, dann wird das Verhältnis der
beiden Leitungen zueinander unverständlich; denn der westliche Arm (a3–Z2)
führt zunächst 9 m gradlinig weiter, biegt
bei a4 in einem Winkel von nahe 110°
nach Norden um und endet wiederum
9 m weiter bei Z2; nur 2 m südlich dieser
Stelle hört bei a5 auch der genannte östliche Arm auf. Beide Leitungen am Ende
dieses Pnyx-Arms richten sich also
gleichzeitig auf dasselbe Zielgebiet.

Gegenüber dem sehr viel längeren
Weststrang unter der Pnyx-Straße handelt es sich hier um einen kurzen Seitenarm innerhalb des Einzugsgebiets der
Pnyx-Straße. Die Sohlenhöhe zu Beginn
des Pnyx-Arms (+83,90 m) erklärt die
Höherlegung des Leitungsniveaus in der
Doppelstollenstrecke und im Stollenende
des Südstrangs (s. S. 30 f. Plan 7). Diese
wäre allein für den Hauptkanal unter der
stark abfallenden Pnyx-Straße nicht erforderlich gewesen, wohl aber für diesen
Nebenarm: auf seiner Gesamtlänge von
41 m fällt er bis zu seinem Ende bei Z2
nach divergierenden Angaben gar nicht
oder um 2 cm ab.[104]

Amyneion-Arm

Im Heiligtum für den Heilheros Amynos
(Plan 8) ist die Fassung des kultisch
zentralen Brunnens erhalten (Abb. 21,
22)[105], und diese lehrt, daß der Brunnen
zu einer Zeit, da sein Wasser für kultische Handlungen nicht mehr ausreichte,
an das Leitungsnetz angeschlossen und so
nach Bedarf aufgefüllt wurde. Dementsprechend hoch müssen die Rohre der
Zuleitung verlegt worden sein. Ein unmittelbar südlich des Amyneion gelege-
ner und zugehöriger Leitungsabschnitt
besagt mit seiner Höhe von +82,63 m,
daß der Amyneion-Arm oberhalb dieser
Höhe vom Weststrang abgeleitet worden
sein muß, das heißt oberhalb von W3
(Plan 8), zwischen W3 (+82,50 m) und
W2 (+83,90 m). In den Grabungspubli-
kationen wird der Abzweig hingegen an
dem Punkt rekonstruiert, an dem der
Pnyx-Arm abbiegt (W2). Der Amyneion-Arm aber kann aus Gefällegründen
etwas tiefer, wenig weiter nördlich abge-
gangen sein, womit auch eine etwas kürzere Strecke verbunden ist. Genau das
hält die Grabungsskizze (Abb. 9) fest:
etwa 9 m nördlich des beginnenden Pnyx-
Arms verläßt eine Abzweigung den Weststrang Richtung Amyneion.[106]

Dieser Nebenarm wurde mit Tonrohren ausgelegt, die heute verloren sind.
Der bei der Ausgrabung schon nicht
mehr angetroffene Anschluß an die stei-
nerne Brunnenfassung (Abb. 21, 22)
könnte hingegen mit einem Metallrohr
bewerkstelligt worden sein, denn für ein
Tonrohr ist die Durchbohrung des Mün-
dungssteins mit einem Durchmesser von
nur 6,5 cm sehr klein.

Zusammenfassung

Soweit erkennbar, verliefen viele Leitungen, Haupt- wie Nebenleitungen, Stollen
wie Kanäle, über weite Strecken unter
antiken Straßen. Leitungsführung und
Straßenführung bedingen einander besonders im Süden Athens. Unter allen
Verzweigungen des Leitungsnetzes zeigen der Weststrang, der Kollytos-Arm
und die Koile-Leitung eine verwandte
Planung. Jeweils wurde für die Leitungstrasse ein Tal zwischen den Hügeln des
südwestlichen Athen (Plan 3) gewählt,
sowohl aus Gründen des Gefälles als
auch zum Zweck der Versorgung der hier
gelegenen Stadtteile; denn deren Bebauung entwickelte sich von den dortigen
Hauptverkehrsadern aus, die ihrerseits

Abb. 21

Abb. 21–22　Athen, Amyneion, Brunnenfassung mit Leitungseinlauf.

Abb. 22

den Talmulden folgten. Damit war das notwendige Gefälle gegeben, und damit waren diese Leitungsstrecken über Schächte in den Straßen gut zu erstellen und späterhin leicht zu warten.

Aus der Lage der einzelnen Stadtteile erklärt sich auch das relativ hohe Gefälle der beiden nach Kollytos und Koile führenden Nebenleitungen, das dem im Weststrang vergleichbar ist. Insgesamt scheint das jeweilige Gefälle in Haupt- und Nebensträngen mit glatten Fußmaßen geplant, berechnet und ausgeführt worden zu sein.

Anders geartet sind die Voraussetzungen im Norden Athens, wo die sanfte und relativ gleichmäßige Neigung des Geländes nach Nordwesten jeglicher Leitungsplanung entgegenkommt. Aus dieser Sicht war von allen Athener Leitungen die Akademie-Leitung am einfachsten zu projektieren und zu realisieren, und dies auf voller Länge. Ähnlich günstig sind die Gegebenheiten für eine mögliche Verlängerung des Weststrangs bis hin zum Kerameikos.

Abgesehen von den Leitungsverlängerungen lassen sich die einzelnen Zweige des Wasserleitungsnetzes in vier auf die Rangordnung bezogene Kategorien einteilen – analog zur Staffelung der Abwasserkanäle.[107] Eine derartige Klassifizierung schließt leitungstechnische Kriterien ein und erleichtert damit die Verständigung und die Vergleiche mit Wasserleitungen anderer Städte.

In Athen besorgen die außerstädtische Fernleitung und die zwei innerstädtischen Hauptleitungen nördlich und südlich der Akropolis die Wasserzufuhr von auswärts und stellen als solche Zuleitungen 1. Ordnung dar. Abzweigende Leitungen 2. Ordnung dienen der Versorgung einzelner Stadtteile, in Athen die Leitungen für die Bezirke Kollytos, Koile, Kerameikos und Akademie. Kurze Zuleitungen zu einzelnen Krenai oder sonstigen Entnahmestellen, die in geringer Entfernung von einer Leitung 1. oder 2. Ordnung angelegt wurden, wie der Pnyx-Arm oder der Anschluß der Dipylon-Krene, gehören der 3. Ordnung an. Kleinere Abzweigungen zur Versorgung einzelner Gebäude oder Anlagen, wie der Amyneion-Arm oder der Anschluß der Wasseruhr auf der Agora, weisen als Leitungen 4. Ordnung im allgemeinen den geringsten Querschnitt auf. Insgesamt betrachtet kommen zu den oben genannten, archaischen Hauptleitungen mit einer Länge von mehr als 9500 m noch mehrere nacharchaische Nebenleitungen hinzu, die sich mindestens über 5500 m erstreckten.

Bautechniken

Leitungsstollen

Die längsten Strecken dieses großangelegten Wasserleitungsbaus wurden im Stollen-Schacht-Verfahren angelegt.[108] Doch wurden die Stollen und die zugehörigen Schächte zu den Zeiten, da Untersuchungen leichter möglich waren, kaum dokumentiert. Für den gesamten Verlauf der Stollenleitung außerhalb des antiken Stadtgebiets liegen keine Detailangaben vor, außer der genannten maximalen Tiefe der Schächte und damit der Leitungssohle von 11 m im Abschnitt F–G (Plan 1) und der Besonderheit des dortigen Schachtes (Abb. 41).

Bei den Flußunterquerungen bei D, F und G (Plan 1) zeigt sich in besonderer Eindringlichkeit einer der Vorzüge der aufwendigen Stollenbauweise: die relative Unabhängigkeit vom Geländerelief und von oberflächennahen Formationen und Anlagen. Ein Bach- oder Flußlauf stellt für einen Stollen kein Hindernis dar, wohl aber für die Kanalbauweise, was auf Samos für die gleiche Zeit die beiden Kanalabschnitte unter zwei Bachläufen zwischen dem Quellhaus und dem Tunnelbeginn belegen.[109]

Muß sich ein Wasserleitungskanal ziemlich genau an die Höhenlinien halten, so kann ein Stollen diese streckenweise unterlaufen und damit die Länge der Leitung verkürzen. Die Wahl zwischen Stollen- und Kanalbauweise ist in erster Linie von den topographischen Verhältnissen abhängig, sie resultiert nicht aus sicherheitstechnischen Gründen, diese waren vielmehr in griechischer und örtlich auch noch in römischer Zeit Voraussetzung: die Leitungskanäle wurden ebenso uneinsehbar unterirdisch angelegt wie die Stollen, und die Stollenschächte (Abb. 41, 42) mußten oben genauso kaschiert werden wie die Kanaleinstiege (Abb. 51). Hinsichtlich der Sicherheit blieben in jedem Fall die Stollen- und Kanalschächte ein Risikofaktor.

Faßbar werden Einzelheiten der Stollenbauweise, abgesehen von dem Schacht im Nationalpark (Abb. 42), erst im westlichen Teil des Südstrangs. Südlich des Herodes-Atticus-Odeion führt ein 14 m tiefer Schacht zu einem relativ hohen Stollen (1,10 x 2,20 bis 2,50 m) durch lockeres Kreidegestein (Abb. 4). Im weiteren Verlauf des Südstrangs[110], vor und nach der Doppelstollenstrecke, schwankt die Stollenhöhe zwischen 1,30 und 1,60 m, die Breite zwischen 0,65 und 0,75 m (Abb. 23, 25). Dabei dominieren die Höhe von 1,30 m und die Breite von 0,65 m, so daß 2 zu 4 dorische Fuß als Vorgabe angesehen werden können, denn die größeren Maße erklären sich durch Ausbrüche in dem hier anstehenden, bröckligen und tonigen Kreidegestein. Trotz der instabilen Konsistenz fand sich in diesem Bereich nicht eine Stelle mit archaischem Ausbau wie auf Samos[111] (Abb. 39). Die sich im allgemeinen nach oben merklich verjüngende Breite des Stollens findet die nächste Parallele in Olynthos (Abb. 28).

Die nur in diesem westlichen Abschnitt des Südstrangs aufgefundenen Doppelstollen werden unten in einem eigenen Kapitel behandelt. Der darauf folgende Leitungsabschnitt, die Zone des Umbie-

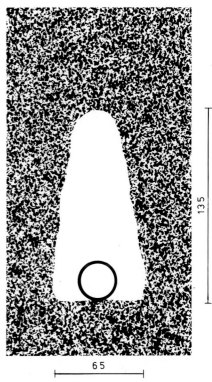

Abb. 23 Athen, Stollen im Südstrang.

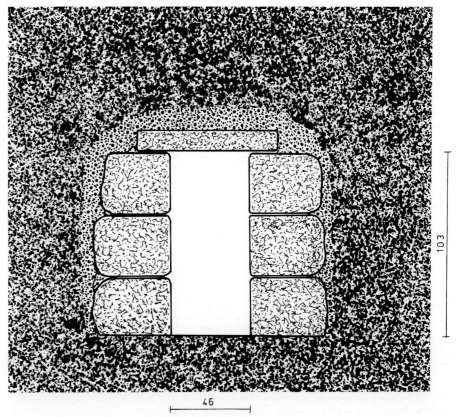

Abb. 24 Athen, Stollen im Südstrang mit Steinausbau.

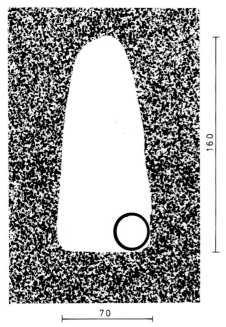

Abb. 25 Athen, Stollen im Südstrang mit Rohrleitung.

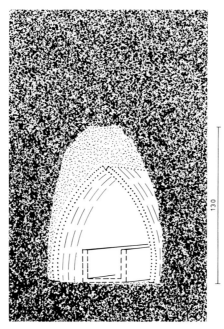

Abb. 26 Athen, Stollen am Ende des Südstrangs
mit Tonplattenausbau.

gens nach Norden, wurde wiederum als
einfacher Stollen aufgefahren. Die Dörp-
feld-Tagebücher gehen auf das bei W1
(Plan 7, 8) gelegene Stollenende und den
Anschluß an den darauf folgenden Poros-
Kanal genauer ein als auf die anderen
Stollen- und Doppelstollenbereiche die-
ser Grabung[112] (Abb. 5–8).

Der von Norden aus betrachtet nach
20 m verschüttete Stollen weist jüngere
Ausbauten (s. u.) und eine kleine seit-
liche Nische auf, die von Dörpfeld als
Ausweichstelle für die Stollenarbeiter angesprochen wurde. Wesentlicher: am
Nordende des Stollens konnten zwei Bauphasen unterschieden werden. In der
älteren Phase biegt die Stollenführung
auf den letzten Metern leicht nach Nordosten aus (G in Abb. 29), um annähernd
rechtwinklig auf den Bereich A in Abb.
29 zu stoßen. Zudem liegt die ältere Stollensohle G tiefer als die des jüngeren
Stollens F, der den älteren Bogen begra-
digt. Der Bereich A (+ 83,25 m) liegt
noch einmal um 0,65 m tiefer als die Stollensohle F.[113] A bezeichnet ein nicht
sehr regelmäßiges Quadrat mit Seitenlän-
gen nahe 1 m und stellt ein in den Fels
eingetieftes Becken dar, dessen Boden
erheblich unter der älteren Stollensohle G
liegt. In Form und Größe findet dieses
Becken eine direkte Parallele auf Samos
in dem steinernen Senkkasten an der Einmündung des zuleitenden Stollens in den
tunnelartigen Bergstollen[114] (Abb. 30).

Derartige Becken, deren Boden und
Wände in dieser oder jener Weise ausge-

Abb. 27 Athen, Stollen am Ende des Südstrangs mit Tonplattenausbau.

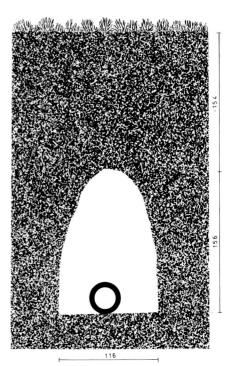

Abb. 28 Olynthos, Stollen mit Rohrleitung für die
Krene am Nordhügel.

kleidet sein könnten, haben bei Wasserleitungen unterschiedliche Funktionen
und können auch verschiedene Funktionen miteinander vereinigen.[115] In einer
Lage wie in Athen und auf Samos steht
eine Kombination von Umlenkbecken
und Absetzbecken an. Im Verlauf einer
Wasserleitung wurden Absetzbecken zur
natürlichen Filterung des Wassers an
Stellen einer Richtungsänderung oder
eines Systemwechsels installiert; denn
die im Vergleich zur Leitung größere
Fläche eines Beckens verursacht eine
Verminderung der Geschwindigkeit und
zieht damit ein Absetzen der Schwebe-
stoffe nach sich. Eine Geschwindigkeits-
reduzierung ist gerade an dieser Stelle
sinnvoll, weil -- wie gesagt – im Weststrang eine Strecke mit hohem Gefälle
folgt.

Ferner werden Becken an Knickstellen
eingebaut, um bei einem Richtungswechsel der Leitung einer möglichen Aus-
waschung, gleichsam einer seitlichen
Erosion vorzubeugen. In Athen bezeugt
die ältere Stollenrichtung (G in Abb. 29)
einen Richtungswechsel von nicht ganz
90 Grad, verbunden mit einem Wechsel
von der Stollen- zur Kanalbauweise.
Insofern kann es sich nur um ein Umlenk-
und Absetzbecken wie auf Samos[116]
oder sehr viel später beispielsweise in
Segovia[117] handeln. Dabei ist die Um-
lenkfunktion vorrangig, denn rechtwink-
lige Kniestücke für archaische Tonrohrleitungen sind noch nicht bekannt, und
allein zur Reinigung des Wassers genügte
es beispielsweise, wie in Syrakus[118], ein
krugähnlich vertieftes Rohrstück einzusetzen (Abb. 31).

In der jüngeren Bauphase, in der man
den Stollen F in Abb. 29 anlegte, das
Umlenkbecken aufgab, die Linienführung der Leitung begradigte und den
Poros-Kanal anschloß, wurde gleichzeitig das Leitungsniveau angehoben. Auf
die Sohlenhöhe des Poros-Kanals (am
Anfang +83,90 m) mußte das Gefälle im
Leitungsstollen des Südstrangs abge-
stimmt werden. Zu diesem Zweck wurde
im Südstrang die gesamte Stollensohle
von Z4 bis Z7 (Plan 7) mit Erde aufgefüllt[119], das Leitungsbett beachtlich
erhöht und kurz vor dem Stollenende die
neue Strecke F von vornherein höher
angelegt. Damit erreichte man von Z6
(+84,03 m) bis Z3 (+83,90 m) ein Gefälle von 0,13 m auf 131 m, von 0,1% –
ein geringes, aber ausreichendes Gefälle.

Auf das höhere Leitungsniveau im
Südstollen sind auch die Höhenangaben
in der genannten Leitungsverlegung von
Z5 über Z10 nach Z4 (Plan 7) eher zu beziehen als auf die Stollensohle. Dennoch

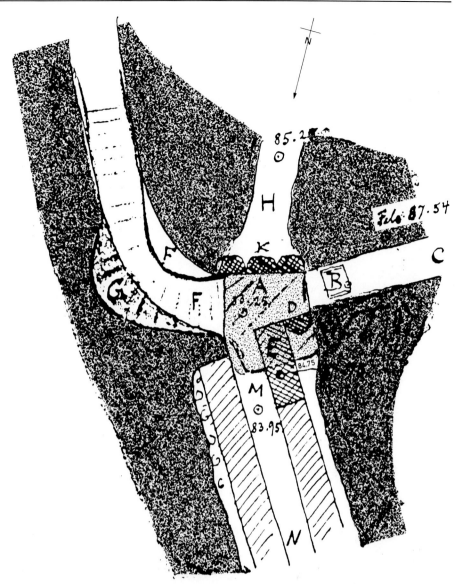

Abb. 29   Athen, Stollenende im Südstrang, Becken und Kanalanfang im Weststrang.

bleibt unverständlich, daß der Beginn der
Umleitung mit +83,90 m, die Strecke
unmittelbar darauf aber mit +84,00 m
nivelliert wurde.

Auf der Leitungsbettung der jüngeren
Bauphase wurde denn auch nicht ein
archaisches Tonrohr in situ gefunden[120],
statt dessen an mehreren Stellen im Querschnitt viereckige, offene Leitungsrinnen
aus Ton (Abb. 26) vom gleichen Typus
wie die Rinnen im Pnyx-Arm (Abb. 51).
Anstelle der älteren, geschlossenen Tonrohrleitung wurde also später wie in
Megara (Abb. 53–55) eine überdeckte
Freispiegelleitung bevorzugt. Die Vorteile eines geschlossenen Systems, nämlich größere Sauberkeit des Frischwas-
sers, wurden zugunsten der Vorteile
einer offenen Leitungsführung aufgegeben[121], d. h. weniger Entlüftungspro-
bleme, die bei geschlossenen Tonrohren
eine begrenzte Bruchgefahr einschließen,
kostengünstigere Herstellung und ein-
fachere Instandhaltungsarbeiten wie Ent-

sinterung oder Reparaturen. Eben aus
derartigen Gründen wurden die alten Leitungsrohre in Megara (Abb. 53) und
Samos (Abb. 38, 39) oben aufgeschlitzt
und zu Rinnen umfunktioniert. In Megara
blieben zudem der Wechsel von Rohr zu
Rinne und die zeitliche Abfolge in situ
erhalten.

Die Ausbauten einzelner Stollenstrek-
ken, die im Laufe der Zeit infolge der
Brüchigkeit des anstehenden Gesteins
notwendig wurden, führte man seltener
in massiver Steinbauweise aus (Abb. 24,
östlich von Z7 in Plan 7).[122] Häufiger
versetzte man nicht ganz so widerstands-
fähige Tonwände, deren Streckenlängen
aus der Schnittzeichnung in Plan 7 her-
vorgehen. Die unterschiedlichen Profile
dieser Tonverschalung (Abb. 26), die in
Athen an verschiedenen Stellen gefunden
wurden[123], werden in den Tagebüchern
nicht genauer beschrieben als von Gräber, so daß hier darauf verwiesen werden
kann[124] – mit einer Ausnahme. Auf die

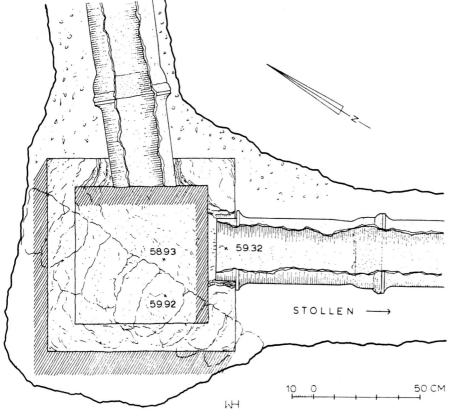

Abb. 30   Samos, Eupalinos-Leitung, Umlenkbecken.

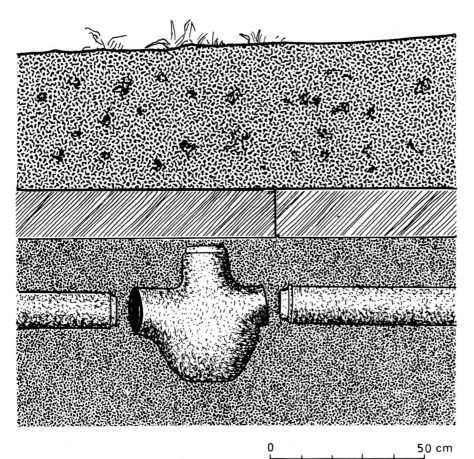

Abb. 31   Syrakus, Absetzbecken in Tonrohrleitung.

8,25 m lange Strecke mit spitzbogig gegeneinander gestellten Tonwandungen am Ende des Südstollens (Abb. 26) folgt, von Norden betrachtet, eine 6,75 m lange unausgebaute Strecke und dann eine Auskleidung mit gegenständig versetzten, 0,98–0,99 m langen Tonringsegmenten. Diese wurden nicht speziell für den Stollenausbau gearbeitet, sondern waren ursprünglich für einen Brunnenmantel von ca. 0,94 m Durchmesser bestimmt.[125]

Doppelstollen

Im westlichen Teil des Südstrangs wurden zwischen S7 und S8 (Plan 7) zwei Stollen übereinander aufgefahren (Abb. 32) – eine unerklärte und kaum beachtete Erscheinung, die bei relativ frühen Gefälleleitungen auftritt. Die beiden zusammengehörigen Stollen, gemeinsam Doppelstollen genannt, sind durch ein unterschiedlich starkes Deckgebirge getrennt, aber durch Schächte verbunden, die bis zur Sohle des unteren Stollens abgeteuft wurden. Die durch den oberen Stollen hindurchführenden Schächte bedeuten, daß im oberen Stollen keine Wasserleitung in Form von Rohren oder Rinnen ein durchlaufendes Leitungsbett finden konnte. Zudem wurde der obere Stollen annähernd waagerecht, ohne Gefälle aufgefahren. Da das Leitungsgefälle erst im unteren Stollen angelegt wurde, dürfte der obere Stollen als erster vorgetrieben worden sein.

Derartige Doppelstollen sind am besten belegt im griechischen Osten auf Samos, bald darauf in Athen (s. u.) und später wohl in klassischer Zeit im griechischen Westen, in Syrakus, und dort gleich an drei Wasserleitungen[126]: an den Leitungen Ninfeo, Paradiso und Tremilia, die im Gegensatz zu der von auswärts herangeführten Galermi-Leitung hydrogeologisch an die Epipolai-Terrasse von Syrakus gebunden sind (Abb. 33, 34).

Die nach ihrem Zielort benannte Leitung Ninfeo (Abb. 35) war über eine Länge von 1385 m und über mehr als 40 Schächte mit einer maximalen Tiefe von 29 m zugänglich. Die Schächte wurden in unregelmäßigen Abständen geteuft, nicht etwa in Abständen von 100 dorischen Fuß, wodurch die Berechnung und die Einhaltung des Gefälles (Mittelwert 0,729 %) erleichtert worden wäre. Der obere Stollen ist genauso wie in Athen (Abb. 32) erheblich höher als der untere, der seinerseits auch noch aufrecht oder leicht gebückt zu begehen ist.

Weniger genau werden die Dimensionen der Doppelstollen für die 1565 m

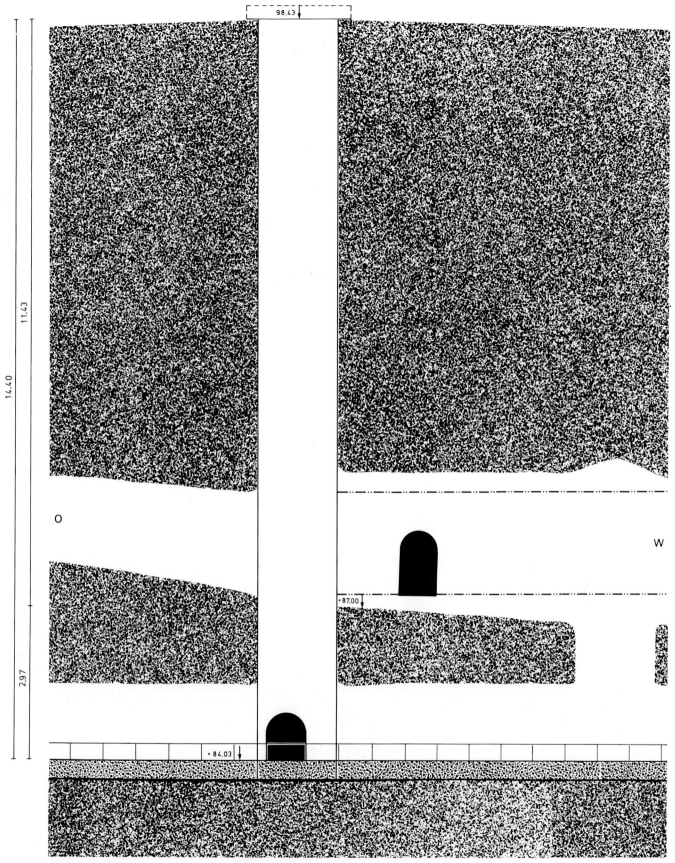

Abb. 32 Athen, Doppelstollen und Schacht Z6 im Südstrang, Schnitt.

lange, Paradiso genannte Leitung angegeben, deren zweiter Schacht von Norden ebenfalls 29 m tief ist. An einer Stelle
ist das Deckgebirge zwischen den beiden
mit 1,80 m gleich hohen Stollen nur

1,10 m stark, nach heutigen Maßstäben
des Bergbaus zu schwach, auch bei einer
Stollenbreite von nur 0,50 m – 1,00 m.
Die Tremilia-Leitung (Abb. 36, 37)
mit bis zu 19 m tiefen Schächten weist bei

ebenfalls gleicher Höhe beider Stollen
(1,50 m) eine mächtigere, 2,00 bis 5,75 m
starke Zwischenschicht auf. Dabei wird
die Linienführung des oberen Stollens
– genauso wie in Athen – im Vergleich

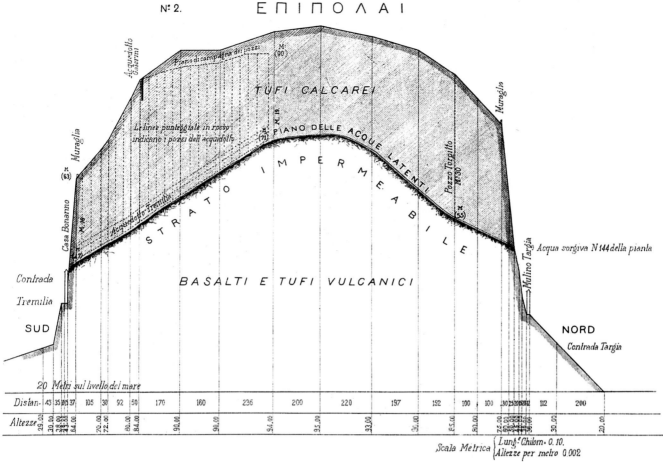

Abb. 33 Syrakus, Doppelstollen der Tremilia-Leitung, Querschnitt durch Epipolai.

zum unteren, leitungsführenden Stollen weniger exakt eingehalten. Abweichungen aus der gemeinsamen senkrechten Achse kommen gelegentlich vor (Abb. 37).

Allein die kurze Tremilia-Leitung wurde in voller Länge von 815 m als Doppelstollen ausgeführt. Bei den beiden anderen, längeren Leitungen von Syrakus decken sich die Befunde mit denen in Athen und auf Samos: jeweils stellen die Doppelstollen nur einen Abschnitt der gesamten Wasserleitung dar. Insofern sind sie mit den Tunneln, Aquädukten oder Druckleitungen vergleichbar, die auch jeweils nur eine Teilstrecke ausmachen.

In der Athener Doppelstollenstrecke (Plan 7, Abb. 32), die im Grundriß eine Schlangenlinie von 152 m Länge beschreibt, weicht der obere Stollen strek-

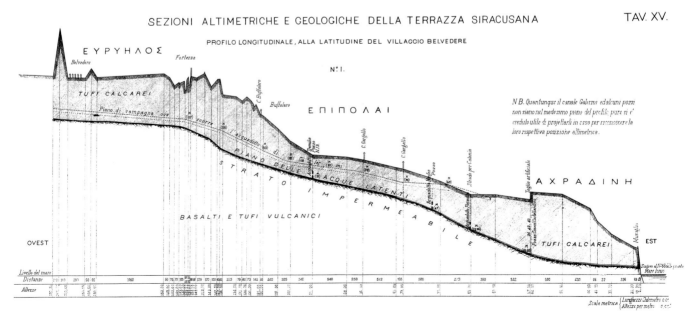

Abb. 34 Syrakus, Doppelstollen der Leitungen Tremilia, Ninfeo und Paradiso, Längsschnitt durch Epipolai.

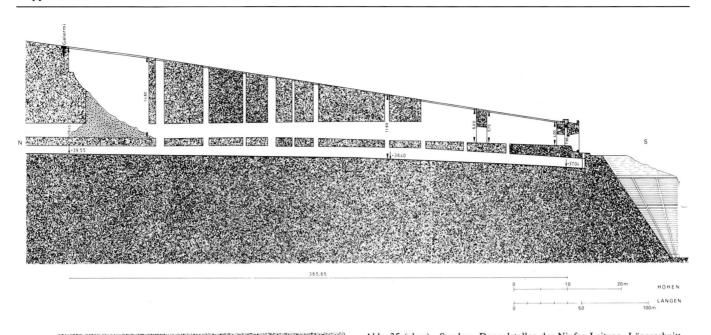

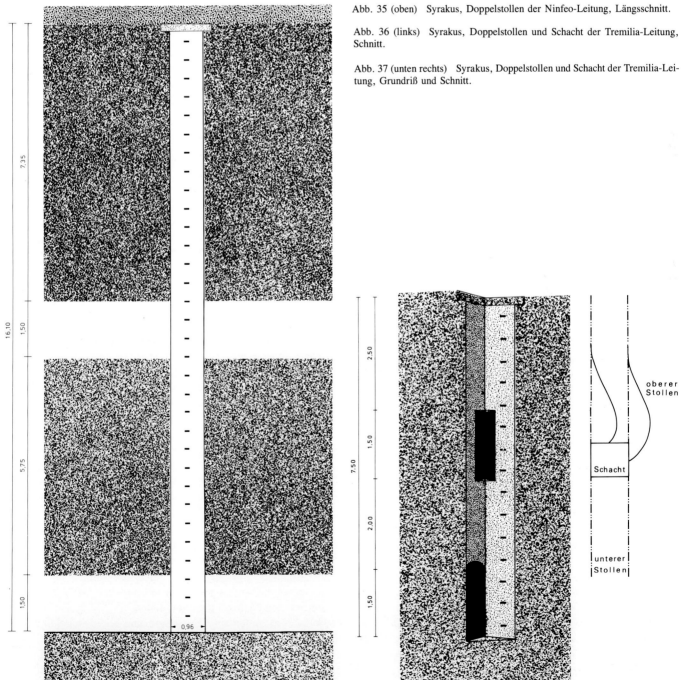

Abb. 35 (oben) Syrakus, Doppelstollen der Ninfeo-Leitung, Längsschnitt.

Abb. 36 (links) Syrakus, Doppelstollen und Schacht der Tremilia-Leitung, Schnitt.

Abb. 37 (unten rechts) Syrakus, Doppelstollen und Schacht der Tremilia-Leitung, Grundriß und Schnitt.

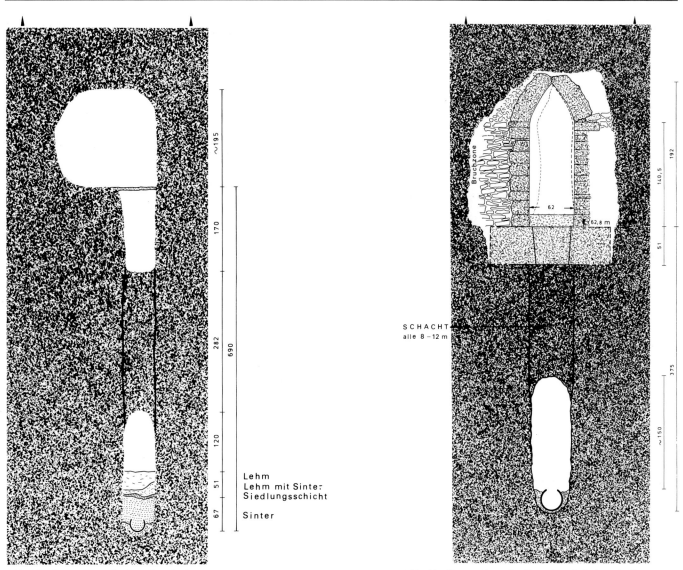

Abb. 38 Samos, Doppelstollen ohne Ausbau.

Abb. 39 Samos, Doppelstollen mit archaischem Ausbau.

kenweise stärker von der Richtung des unteren Stollens ab als in Syrakus. Wenig östlich der Schächte Z12/Z13 läßt sich noch die ursprüngliche Planung ablesen: hier sollte der untere Stollen wieder über den oberen Stollen geführt werden; offenbar aus tektonischen Gründen wurde ein Ausweichen nach Süden erforderlich. Der obere Stollen ist mit durchschnittlich 2 m Höhe wiederum stärker ausgelegt als der untere mit Höhen zwischen 1,25 und 1,50 m. Die dazwischen liegende Gebirgsschicht ist mit etwa 1,50 m Höhe in ungestörten Zonen kaum stärker als die der Paradiso-Leitung in Syrakus. Der obere Stollen zeigt zwischen Z7 und Z6 ein ausgeprägtes Gegengefälle und ein so markantes Auf- und Absteigen von Sohle und First, daß er allein aus diesem Grund nicht als Leitungsstollen in Betracht kommen kann.

Die Funktion des oberen Stollens und damit der Sinn dieser doppelstöckigen Bauweise blieb in Athen ebenso unklar wie in Syrakus. Vermessungstechnische Gründe können nicht als Ursache herangezogen werden, weil Fehler im Höhennivellement gerade in der Stollen-Schacht-Bauweise leicht zu korrigieren waren, indem das jeweilige Baulos zwischen zwei Schächten neu eingemessen wurde. Um ein notwendiges und möglichst gleichmäßiges Gefälle zu erzielen, war der obere Stollen überflüssig. Dasselbe gilt für Richtungsfehler beim Vortrieb, die bei allen hier genannten Stollen und Doppelstollen auftreten.

Positiv vermag vielleicht der Tunnel auf Samos einen Hinweis zu geben. Der Querschnitt dieses Doppelstollens (Abb. 38, 39) muß anders ausfallen als bei den sonstigen Stollen-Schacht-Anlagen, weil der obere Stollen durch den Berg im Gegenortverfahren vorgetrieben wurde[127] – also ohne Schächte von oben, wie beispielsweise später die Ableitung des Fuciner Sees durch den Claudius-Tunnel mit bis zu 122 m tiefen Schächten.[128] Der untere Leitungsstollen hingegen wurde, von kanalähnlichen Abschnitten abgesehen, in der damals üblichen und bewährten Stollen-Schacht-

Bauweise angelegt. Der untere Stollen war auch auf Samos nur durch die Schächte zugänglich und unterscheidet sich im Prinzip nicht von den Stollenstrecken außerhalb des Berges vor und nach der Doppelstrecke.

Angesichts dieses samischen Befundes ging man bisher davon aus, der Tunnel sei ursprünglich als ein einfacher Stollen mit annähernd quadratischem Querschnitt (Abb. 38) zur Aufnahme der Rohrleitung geplant und ausgeführt worden; erst in einem zweiten Schritt sei zur Korrektur des nicht ausreichenden Gefälles der untere Stollen stufenweise abgesenkt worden. Bezüglich des Arbeitsvorgangs ist das zutreffend und vor Ort ablesbar, hinsichtlich der Planung jedoch fraglich, zumal die Tunnelsohle auf voller Länge absolut gemessen höher liegt als die Quellen.

Der obere und leicht begehbare Stollen wurde nämlich auf voller Länge (1036 m) wie in Syrakus und Athen nahezu waagerecht angelegt und kann daher nicht für die Leitung selbst bestimmt gewesen sein; denn bei dem tatsächlich ausgeführten Leitungsgefälle von nahe 0,4% im Mittelwert hätte die Höhendifferenz zwischen den beiden Tunnelöffnungen 4,14 m betragen müssen. Ein Meß- oder Nivellierfehler in einer solchen Größenordnung kann unbegründet nicht postuliert werden.

Eine weitere Tatsache kommt hinzu. Die Sohlenhöhe des Leitungsstollens war an die Höhenlage des Quellgebiets gebunden, und an der Stelle, da der Stollen mit erhaltener Rohrleitung in den Berg eintritt (Abb. 30), liegt dessen Sohle 3,97 m tiefer als die Sohle des oberen Stollens; der Tunnel seinerseits liegt in seiner Sohle höher als das Quellhaus.[129] Warum setzte man den Tunnel soviel höher an? Wasserleitungstechnisch hätte an dieser Stelle eine sehr geringe Höhendifferenz zur Leitung auch dann ausgereicht, wenn Eupalinos den Tunnel waagerecht fahren wollte. Für den Leitungsstollen hätte das den großen Vorteil mit sich gebracht, daß er auf voller Länge etwa 4 m weniger tief hätte ausgehoben oder vorgetrieben werden können. Allein die Gegebenheit, daß das Leitungsbett im Norden annähernd 4 m, im Süden um 8,50 m unter der Tunnelsohle liegt, weist den samischen Bergstollen als Doppelstollen aus. Mehr noch: Tunnel und Leitungsstollen wurden als solche geplant, und bei dem unteren Stollen handelt es sich unter anderem auch, aber nicht ausschließlich, um eine Gefällekorrektur.[130]

Der bisherige Erklärungsversuch zur Funktion der Doppelstollen, speziell für Syrakus genannt, nämlich Reinigung, Wartung und Instandhaltung, bleibt unbefriedigend; denn derartige Arbeiten ließen sich (wie es auch geschah) in einstöckigen Stollenleitungen durchführen. Allein für diese Zwecke läßt sich der hohe Aufwand für zwei Stollen übereinander nicht rechtfertigen.

Eine funktionsgemäße Bestimmung des oberen Stollens gab dankenswerterweise der Markscheider H.-J. Palm aus seiner Kenntnis der Gebirgsmechanik und speziell der Auswirkungen des Gebirgsdrucks auf künstlich geschaffene Hohlräume. Der Gebirgsdruck ist zwar bei sehr tief gelegenen Stollen (mehr als 100 m) absolut genommen stärker als bei hochgelegenen Stollen. Dennoch ist auch der oberflächennahe Stollen der Gefahr des Einbruchs ausgesetzt und seine Festigkeit von der Struktur der umgebenden geologischen Schichten und gegebenenfalls von der Stärke von Erdbewegungen abhängig.

«Im unverritzten Zustand befindet sich das Gebirge unter einem allseitigen Druck, dessen Hauptrichtung senkrecht in Richtung der Schwerkraft verläuft. Es ist dies der Überlastungsdruck, der sich ... aus der Überlagerungshöhe und dem spezifischen Gewicht des Gesteins errechnen läßt. Da sich das Gebirge unter dem auflastenden Druck in horizontaler Richtung nicht ausdehnen kann, treten auch waagerechte Druckspannungen auf, so daß die Normalspannung im Gebirge durch einen dreiachsigen Spannungszustand gekennzeichnet ist. Die seitlichen Hauptspannungen betragen im ungestörten Gebirgsverband etwa 10 bis 25% der senkrechten Hauptspannung. Diese normale Spannungsverteilung, die man sich durch senkrechte und waagerechte Spannungslinien dargestellt denken kann, wird durch die Schaffung eines bergmännischen Hohlraums in ihrem Gleichgewicht gestört. Dabei werden die senkrechten Spannungslinien des Überlagerungsdruckes ... gleichsam um die Strecke herumgebogen»[131] (Abb. 40).

In Kenntnis des Verhaltens der Druckwellen kann man wirkungsvoll der Gefahr entgegenwirken, daß ein Leitungsstollen einbricht und dadurch die Wasserversorgung unterbrochen wird: mit der Anlage eines Schutzstollens zur Gebirgsdruckentlastung, zur Entlastung der darunterliegenden Hohlräume. Dann verlaufen Druckspannungslinien durch natürlichen Gebirgsdruck oder durch Druck infolge von Gebirgsbewegung vom oberen Stollen zunächst nach außen und dann erst nach unten, in etwa in Form von Ellipsen. Dadurch umlaufen die Druckwellen den unteren Stollen, der Leitungsstollen liegt im Druckschatten (vergleichbar dem Windschatten) des oberen und waagerechten Stollens, und die Leitung wird auf diese Weise vor Brüchen gesichert.[132]

Die Schutzfunktion des oberen Stollens erweist sich als überzeugend, weil sie für die antiken Doppelstollen konkret nachgewiesen werden kann. Zum einen sprechen die geologischen Verhältnisse dafür. Im samischen Kalkstein zeigten sich bereits während des Tunnelvortriebs so gefährliche Bruchzonen, daß diese schon in der spätarchaischen Erbauungszeit einen soliden Steinausbau erhielten (Abb. 39), dem später weitere folgten. Die instabile Konsistenz des südlich der Athener Akropolis anstehenden Kreidegesteins geht aus den Aufnahmen des Stollenendes hervor (Abb. 7, 27), das kurz hinter der Doppelstollenstrecke liegt. Die obere Schicht der Terrasse von Syrakus, unter der die drei genannten Leitungen angelegt wurden, besteht aus weichem Kalktuff mit seiner bekannt mürben, porösen Struktur. Die Anlage eines zusätzlichen oberen Stollens wurde also in besonders einbruchsgefährdeten Strecken unternommen, wo dessen Schutzfunktion den hohen Aufwand rechtfertigt.

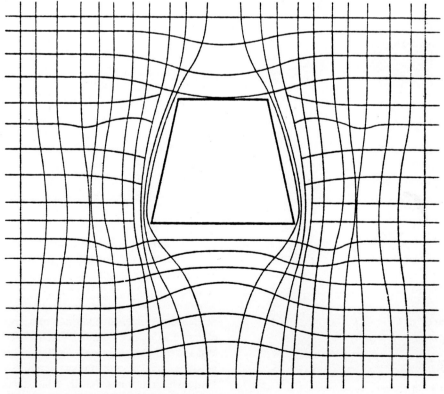

Abb. 40 Verlauf der Druckspannungslinien um eine Strecke.

Die Erklärung aus dem gebirgsmechanischen Verhalten läßt sich direkt an allen bisher bekannten Doppelstollen ablesen. In jeder dieser Anlagen fielen Brüche, und jeder Einsturz erfolgte ausnahmslos im oberen Stollen, niemals im unteren Leitungsstollen. In Syrakus bietet die Ninfeo-Leitung eine besonders eindringliche Anschauung: Im Norden des südlichen Abschnitts (Abb. 35) brach das Deckgebirge an mehreren Stellen ein, an einer bis zur Tagesoberfläche, und die von hier ausgehenden Druckwellen schützten den Leitungsstollen.

Unter allen Bruchzonen des samischen Tunnels, unter den unausgebauten und den archaisch und römisch ausgebauten Bereichen, blieb der bewußt tiefer gelegte Leitungsstollen unversehrt (Abb. 38, 39). Damit kommt dem Tunnel des Eupalinos eine wegweisende Bedeutung zu. Die nach heutigem Kenntnisstand älteste griechische Fernwasserleitung erhielt als einzige über mehr als ein halbes Jahrtausend hin einen Tunnel im Gegen-

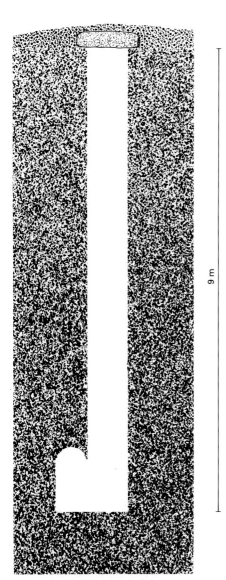

Abb. 41 Athen, Schacht neben Stollen bei E in Plan 1, Systemskizze.

ortvortrieb. Dieser Tunnel gibt sich darüber hinaus als oberer Teil eines doppelstöckigen Systems zu erkennen, das aus Vorsorge gegen mögliche Gefahren durch Gebirgsdruck entstand.

Im oberen Stollen von Athen liegen die größten Einbruchszonen östlich und vor allem westlich des Schachtes Z6 (Plan 7, Abb. 32), und der darunterliegende Stollen kam nicht zu Schaden. Der untere Leitungsstollen blieb daher zu allen Zeiten unausgebaut, während die einstöckigen Stollen westlich und östlich der Doppelstollenstrecke in der zweiten und dritten Bauphase mit Stein- und Tonausbauten gesichert wurden.

Danach müssen die planenden und ausführenden Ingenieure in Samos, Athen und Syrakus von der Sicherheitsfunktion des oberen Stollens Kenntnis gehabt haben. Diese Kenntnis kann nur aus Beobachtungen und Erfahrungen resultieren, wobei der damalige spezifisch empirische Wissensstand nicht hoch genug eingeschätzt werden kann. Die Doppelstollen bleiben auch mit dieser Deutung ein Charakteristikum früher griechischer Fernleitungen und werden relativ ausführlich behandelt, um den doppelstöckigen Abschnitt der Athener Leitung zu erklären.

Damit ist der obere Stollen nicht älter als der untere, wie die Ausgräber annahmen[133], sondern beide gehören gemeinsam zur ersten Anlage dieser Leitung. Die Zusammengehörigkeit des unteren und des oberen Stollens ließ sich um die Jahrhundertwende, obwohl damals alle hier genannten Parallelen bekannt waren, insofern schwer erkennen, als in Athen der obere Stollen zeitweise mit verschiedenen Zisternenanlagen in Verbindung stand.

Bei den beiden nördlich und südlich von Z14 gelegenen Zisternen[134] handelte es sich ursprünglich um Brunnen, die nach Anlage der Leitung zu Zisternen erweitert und durch Stollen mit dem oberen Teil des Doppelstollens verbunden wurden. Damit wird eine Trennung von Trink- und Brauchwasser und eine Speicherung für die Zwecke angezeigt, die kein Frischwasser erfordern. Eine vergleichbare, für die Wasserversorgung sinnvolle Auseinanderhaltung läßt sich bei dem System um T5 ablesen (Plan 7). Hier wurden mehrere Brunnen und eine größere runde Zisterne durch kleinere Stollen untereinander und auch mit dem oberen Stollen des Leitungssystems verbunden.[135] Der schmale Stollen, der nördlich von T5 zu dem oben genannten Umlenkbecken führt (H in Abb. 29), stellt wiederum einen Verbindungsgang

dar, denn mit seiner Höhe von +85,25 m kann er unmöglich zur Hauptleitung gehören. Als das Stollenende verlegt, das Umlenkbecken aufgegeben und der jüngere Poros-Kanal gebaut wurde, trennte man diesen Verbindungsstollen durch eine Mauer vom beginnenden Weststrang ab.

Nur in den Brunnen und Zisternenbereichen fanden sich Reste von wasserfestem Putz, nicht jedoch in den Stollen. Alle Verbindungsstollen unterscheiden sich durch ihren allgemein kleinen und schmalen Querschnitt von den Doppelstollen. Wichtiger noch ist das gemeinsame Kennzeichen, daß sie alle höher als der Leitungsstollen liegen und daß sie, wenn sie mit der Doppelstollenstrecke verbunden sind, dann zum oberen Stollen führen. Als Leitungsstollen scheiden sie damit aus.

Der obere Teil des Doppelstollens und die Nebenstollen geben sich somit speziell in Athen auch als Verbindungsgänge zu erkennen. Die verbundene Observierung der Trinkwasserleitung und der Brauchwasserspeicherung[136] ist als sekundäre Nutzung anzusehen. Die primäre Funktion des oberen Stollens aber liegt im tektonischen Schutz des unteren Leitungsstollens.

Schächte

Für die gesamte griechische Wasserleitung Athens müssen 200 bis 300 Schächte oder mehr abgeteuft worden sein. Viele von diesen wurden von Ziller aufgefunden, besonders außerhalb des damaligen Athen, aber nicht genau festgehalten. Im Verlauf der Hauptstränge sind insgesamt 24 Stollenschächte bekanntgeworden – ein mehr zufälliges als systematisches Bild, das den punktuellen Ausgrabungsstand spiegelt.

1 Fernleitung, Nebenarm südlich des Klosters für Ioannis Theologos (Plan 1).[137] Schacht nicht auf, sondern neben Stollen (Abb. 41); bislang singulär bei Stollenleitungen; Kennzeichen für die Athener Leitung und für frühe Zeitstellung (?); nicht zu verwechseln mit den Schachtverlegungen Nr. 7, 10, 14, 15.

2 Fernleitung, Nationalpark (Plan 3), 2 Schächte, von denen nur der bei L genauer bekannt ist.[138] Schacht-Tiefe ca. 13,98 m, sonstige Maße s. Abb. 42; unterster Teil wegen zu hohen Wasserstandes ununtersucht, oberes Drittel antik aufgemauert; Abdeckplatte in Abb. 42 ergänzt.

3 Nordstrang, Odos Scholiou; unpubli-

zierter Schacht[139], auf dessen Sohle die Rohre Nr. 2 gefunden wurden.

4 Südstrang, Schacht rund 40 m östlich des Odeion des Perikles in der Odos Thespidos, später tiefer als Brunnen abgeteuft.

5 Südstrang, südwestlich und westlich des Dionysostheaters; 6 Schächte, die nur in Grundrissen[140], aber in keinem Text erschienen, auch nicht in den Grabungstagebüchern; vgl. hier S. 106f.

6 Südstrang, südlich des Herodes-Atticus-Odeion, nachträglich angelegter(?), unpublizierter Schacht.[141]

7 Südstrang (Plan 7), bei Stollensohle +84,13 m; runder und 13,05 m tiefer Schacht an der Stelle eines Nebenarmes, im oberen Teil Tonplatten, im unteren Teil Fels, teils Ziegelmauerwerk.[142]

8 Südstrang (Plan 7), Schacht neben Stollen, zwischen den beiden Nebenarmen, ca. 3,50 m südlich der Leitung.[143] Hier, wie im folgenden Leitungsverlauf noch mehrfach, findet sich der Schacht neben dem Leitungsstollen, weil wahrscheinlich die Brüchigkeit des anstehenden Gesteins eine Verlegung des Schachtes oder des Stollens verlangte.

9 Südstrang (Plan 7), südwestlich von Z7; runder Doppelstollen-Schacht, Maße nicht angegeben, Tiefe ca. 13,50 m.

10 Südstrang (Plan 7), Z6; viereckiger Doppelstollen-Schacht mit kurzem Verbindungsstollen (Abb. 32); Schacht-Tiefe 14,40 m.

11 Südstrang (Plan 7), zwischen Z6 und Z12/Z13; verlegter Doppelstollen-Schacht, Abteufung eines runden Schachtes bis zur oberen Stollensohle; ca. 5,50 m langer Verbindungsgang zum oberen Stollen; westlich von der Einmündung ein runder Verbindungs-Schacht zur unteren Sohle begonnen, dann aufgegeben und etwas weiter westlich ausgeführt.

12 Südstrang (Plan 7), Z12; viereckiger Schacht zum oberen Stollen; die Größe des Querschnitts spricht für Ausbrüche, die wohl das Ausweichen des unteren Stollens nach Süden (vgl. S. 36) und die gesonderte Anlage des folgenden Stollens zur Folge hatten.

13 Südstrang (Plan 7), Z13; runder Schacht zum unteren Stollen; Tiefe nahe 12,50 m.

14 Südstrang (Plan 7), Z11; viereckiger Doppelstollen-Schacht mit beachtlich großem Querschnitt; Tiefe nicht genau bekannt, etwa 10,90 m.

15 Südstrang (Plan 7), nördlich von T9.

16 Südstrang (Plan 7), südlich von T9; doppelte Verlegung eines an der Stelle T9 vorgesehenen Doppelstollen-Schachtes; beide Schächte reichen über Verbindungsgänge zur unteren Sohle (Tiefe knapp 8 m), wobei der nördliche Gang den oberen Stollen unterläuft.

17 Südstrang (Plan 7), Z10 in Umleitung; viereckiger Schacht, Tiefe bei 9,25 m.

18 Südstrang (Plan 7), südlich von Z10; runder Schacht, abgeteuft bis zur Höhe der Sohle des – hier nicht verlaufenden – oberen Stollens.

19 Südstrang (Plan 7), Z8; runder Schacht an der Stelle der Abzweigung der Koile-Leitung, Tiefe etwa 6,20 m.

20 Koile-Leitung (Plan 7), runder Schacht, Sohle bei +83,85 m; in den Tagebüchern werden weitere Schächte im Koile-Arm genannt, aber nicht beschrieben.

Die Mehrzahl der Schächte wurde in runder Form abgeteuft, entsprechend der üblichen Brunnenbauweise und auch mit vergleichbaren Durchmessern von 3 bis 4 Fuß. Die Doppelstollen-Schächte weisen vornehmlich einen etwas größeren Querschnitt auf (Nr. 9–11, 13, Abb. 32), aber auch dies läßt sich nicht ohne Ausnahme feststellen (Nr. 8, 14, 15).

Der Abstand der Schächte schwankt wie auch bei anderen Stollenleitungen erheblich, ohne daß irgendein vermessungstechnisches Konzept ersichtlich wird. Auch eine Abhängigkeit von den Schacht-Tiefen ist nicht zu erkennen. Je tiefer der Schacht, desto dichter oder weiter die Abstände, solche oder andere Relationen lassen sich in Athen und an den anderen hier herangezogenen griechischen Stollenleitungen nicht konstatieren. Die maximale Tiefe der bisher bekannten Schächte (Nr. 2, vgl. Nr. 9) entspricht mit 14 m derjenigen auf Samos, und zwar in der nördlichen Zuleitung vor Beginn des Doppelstollens[144] (Abb. 43). Wie in Samos und Syrakus wurden auch in Athen die meisten Schächte nicht ausgekleidet. In einigen Schächten der Syrakusaner Tremilia-Leitung blieben die Trittlöcher erhalten (Abb. 36, 37), und zwar im Abstand von 1 dorischen Elle (0,49 m), nicht jedoch in Athen.[145]

Die für archaische und klassische Wasserleitungen charakteristische unterirdische Anlage im Stollen-Schacht-Verfahren wird häufig auch als Qanat-Bauweise bezeichnet. Bautechnisch sind die beiden Vortriebsverfahren verwandt und wahrscheinlich beide unabhängig voneinander

aus dem älteren Bergbau entlehnt.[147] Wassergewinnungsmäßig haben beide Systeme jedoch nichts gemeinsam, so daß die Übertragung des Begriffes Qanat oder Qanat-Verfahren auf Stollen mit Rohrleitungen nicht sachdienlich ist.

Von den griechischen Stollenleitungen, die im allgemeinen Quellwasser beförderten, unterscheidet sich das im Orient entwickelte Qanat-System[148] grundsätzlich dadurch, daß der vielerorts tiefgelegene Grundwasserspiegel durch dieses

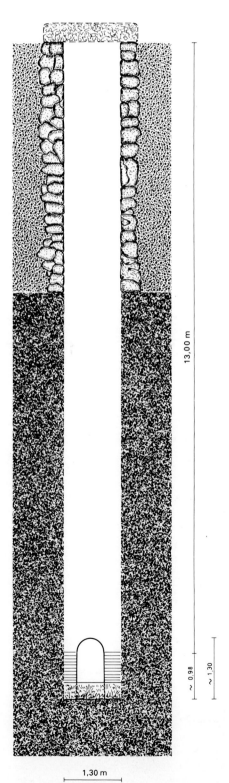

Abb. 42 Athen, Schacht im Nationalpark.

Abb. 43 Samos, Schacht der Leitung zwischen Quellhaus und Tunnel.

geplanten Wasserauslaufs aus in Richtung Mutterschacht mit Hilfe von Schächten aufgefahren. Nach Fertigstellung der Stollenverbindung zwischen Zielort und Wasserspendegebiet konnte das Grundwasser den Weg des geringsten Widerstandes, nämlich über die Stollensohle nehmen und an der vorausberechneten Stelle frei ausfließen oder entnommen werden.

Über diesen grundsätzlichen Unterschied hinaus haben die Schächte, eben weil sie zur bautechnischen Seite gehören, im Qanat-Verfahren und im Leitungsstollenbau dieselben Funktionen:
– die Richtungsübertragung von Übertage in den Stollen, der zwischen zwei Schächten im Gegenortverfahren oder nur in einer Richtung aufgefahren wurde;
– die Beförderung des Abraums aus den einzelnen Baulosen durch die Schächte nach oben, manuell oder mittels Seilwinde;
– die Bewetterung des Stollens, die bei Fernleitungen unerläßlich ist;
– der Zugang durch die Schächte zu den Stollen zu Zwecken der Wartung und Instandhaltung oder für Reparaturen.

Diese vier Funktionen verbinden sich in einem jeden Schacht, so daß sich die Anlage der Schächte nicht nur aus dem Leitungsbau erklärt, sondern auch der oft jahrhundertelangen Betreibung dient.

Kanalstrecken

Jeder Hauptstrang weist entsprechend der Höhenlage einen Kanalabschnitt auf: die Fernleitung bei K in Plan 1, der Nordstrang an seinem Westende vor der Südost-Krene, der Südstrang im Bereich des Dionysos-Theaters (Plan 4) und der Weststrang in voller Länge (Plan 8). Aufgrund der örtlichen Gegebenheiten müssen diese Strecken bereits in der spätarchaischen Erstanlage als Kanäle konzipiert worden sein; nachweisbar ist jedoch nur das archaische Ende des Nordstrangs. Andere Abschnitte der Erstanlage wie der Südstrang beim Perikles-Odeion und beim Dionysos-Theater sowie der Weststrang wurden für die spätklassischen oder kaiserzeitlichen Erneuerungen über weite Strecken vollständig abgetragen.

Eine sorgfältige Bettung konservierte vorzüglich die spätarchaischen Rohre des Nordstrangs (Nr. 3–7) südlich und östlich der Südost-Krene: «These pipes were laid at the bottom of a narrow trench cut in the earth or the soft rock. They were covered simply with earth.»[149] Die Tiefe dieses Kanals, den man sich ähnlich

Verfahren erschlossen wird, und zwar in einer Weise, die ohne manuelles oder mechanisches Heben des Grundwassers wie bei Brunnen auskommt, die vielmehr einen fließenden Austritt des Wassers bewirkt. Von einem Mutterschacht über einem ergiebigen Grundwasserhorizont

aus werden die Richtung, die der Drainagestollen nehmen soll, und der Zielort oberirdisch abgesteckt. Um möglichst lange im trockenen Gestein arbeiten zu können, wurde ein Qanat-Stollen nicht vom Mutterschacht aus in Fließrichtung vorgetrieben, sondern von der Stelle des

	Querschnitt	max. Tiefe	Abstand
Samos	überwiegend viereckig, auch oval	14,50 m	22–40 m
Athen	überwiegend rund, Dm. 3–4 Fuß	14,40 m	19–40 m
Megara und Aigina	unbekannt		
Olynthos	unpubliziert		
Syrakus, Ninfeo	rechteckig	29,00 m	20–30 m
Paradiso	rechteckig	28,50 m	20–30 m
Tremilia	rechteckig	19,00 m	um 40 m
Akragas[146]	überwiegend rund, Dm. ca. 3 Fuß	20,00 m	unbekannt

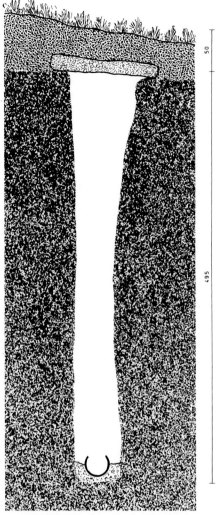

Abb. 44 Samos, Kanal zwischen Quellhaus und Tunnel, Schnitt.

Abb. 46 Athen, Nordstrang, Kanal vor der Südost-Krene.

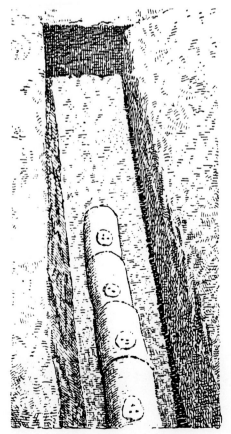

Abb. 45 Akragas, Kanal und Rohrleitung.

jenem frühen Rohrleitungskanal in Akragas (Abb. 45)[150] oder dem hochklassischen Kanal für die Akademie-Leitung (s. u.) vorstellen muß, geht aus einigen Abbildungen und den Verhältnissen kurz vor der Südost-Krene hervor (Abb. 46). Der direkte Anschluß der Leitung an den Krene-Bau ist für immer verloren. «In its present state, it breaks off at a point south of the Southeast Fountain House. The last preserved joint is slightly open on one side in such a way as to indicate that the pipeline was directed to the middle of the back wall of the Fountain House.»[151]

Noch gut zwei Generationen später praktizierte man in langen Abschnitten der Akademie-Leitung (Abb. 48, 78, 79) dieselbe Art und Weise der Verlegung: für die Rohrleitung wurde ein schmaler Kanal aus dem anstehenden Gestein oder Erdreich, so aus der Mergelschicht am Dipylon (Abb. 48), ausgehoben, und die Rohre wurden darin so sorgfältig gebettet, daß sie bis heute gut erhalten sind. Dort, wo die Akademie-Leitung im Anschluß an die Stoa Poikile die antike, zur Agora führende Straße unterquert (Abb. 15), wurden über den Rohren große, dunkelgraue Steinplatten verlegt, um den Kanal und seine Rohre zu schützen.

Als man in spätklassischer Zeit zur Versorgung der Südwest-Krene den

Abb. 47   Athen, Akademie-Leitung, Kanal nördlich der Stoa Poikile.

Abb. 48   Athen, Akademie-Leitung, Kanal östlich des Dipylon.

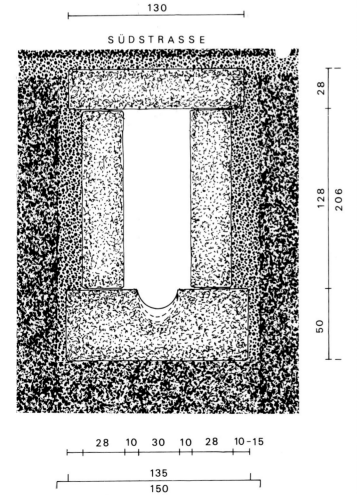

Abb. 49   Athen, Verlängerung des Nordstrangs, Poros-Kanal.

Abb. 50   Athen, Verlängerung des Nordstrangs, Poros-Kanal.

Nordstrang aufteilte und verlängerte
(Abb. 17), entschied man sich für eine
sehr viel aufwendigere Kanalbauweise
mit mächtigen Porosplatten. [152] Dieser
geschlossene Poros-Kanal konnte insgesamt über eine Strecke von abgerundet
220 m verfolgt werden. Im östlichen Teil
der Agora weist er den gleichen Level
wie die archaische Rohrleitung auf, seine
oberen Abdeckplatten liegen dort dicht
unter der Südstraße.

Aus der Bodenplatte des Stein-Kanals,
dessen Technik und Größe aus der rekon-
struktiven Zeichnung (Abb. 49) ersichtlich wird, wurde eine Rinne ausgemei-
ßelt, die etwas größer als der halbe Querschnitt eines durchschnittlichen Tonroh-
res ist. Da diese Rinne im Laufe der Zeit
unterschiedlich tief ausgewaschen wurde,
kann der Eindruck aufkommen, daß hier
die Geschichte des Kanalbaus im engeren
Sinn, nicht die bautechnische, sondern die
transporttechnische Entwicklung beginnt,
die späterhin so bevorzugte Lenkung des
Wassers direkt über den Kanalboden.
Damit läßt sich aber entwicklungsgeschichtlich der vermeintlich spätere
Rückgriff auf Tonrohre und schließlich
auf Tonrinnen nicht vereinbaren. [153]
Vielmehr dürften ursprünglich die Tonrohre in der Steinrille verlegt worden
sein, gefolgt von Tonrinnen; und die
Auswaschungen aus der Poros-Rille
dürften von einer späteren Phase stammen, da man die Kanalsohle direkt als
Wasserlauf nutzte.

Im Weststrang und im Pnyx-Arm sind
die Kanalstrecken leitungs- und bautechnisch gleichlautend. Da der Kanal im
Pnyx-Arm besser erhalten ist, wird dieser hier stellvertretend für den Weststrang vorangestellt (Abb. 51, 52). Im
Querschnitt stehen die lichten Kanalmaße

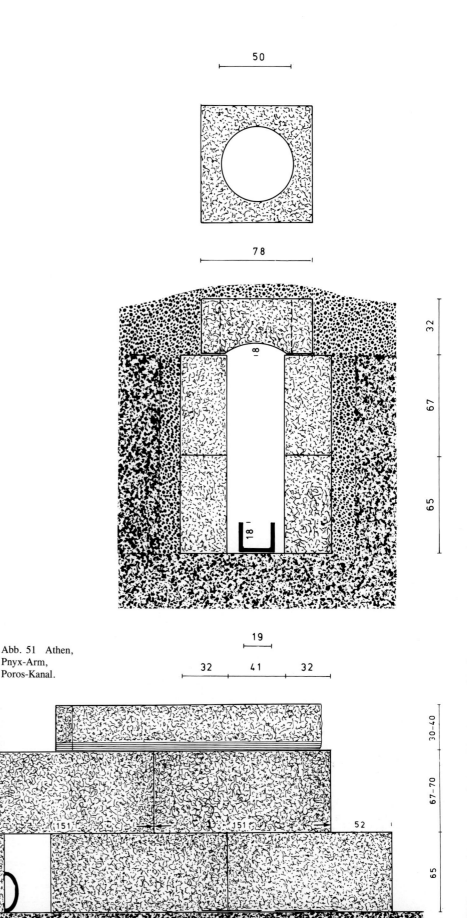

Abb. 51 Athen,
Pnyx-Arm,
Poros-Kanal.

Abb. 52 Athen, Pnyx-Arm, Poros-Kanal.

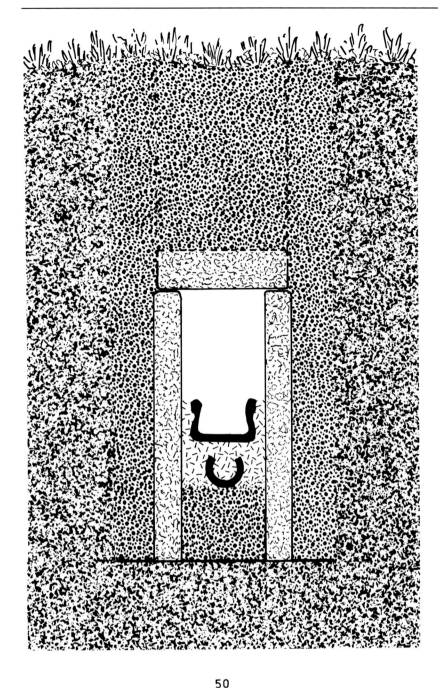

50

Abb. 53 Megara, Kanal nördlich der großen Krene.

denen des Kanals auf der Agora nahe, die Proportionen im Lichten aber unterscheiden sich, weil auf der Agora $(1:3^{5}/_{16})$ die Kanalsohle breiter ist als im Pnyx-Arm $(1:2^{9}/_{16})$. Dieser Kanalabschnitt zeichnet sich durch eine sorgfältige Quaderbauweise mit Fugenversatz aus. Wie zuvor in Megara (Abb. 53–55) wird die Tonrohrleitung, und später auch die offene Tonrinne, direkt auf Erdreich verlegt, nicht mit Quadern oder Platten unterlegt.

Die Abdeckquadern wurden von unten in Form eines Tonnengewölbes ausgearbeitet, um die Durchgangshöhe zu vergrößern, und ferner in unbekannt großen Abständen mit runden Öffnungen versehen (Abb. 51). Diese dienen – im Vergleich zu den Stollenschächten – nur noch der Begehung für Maßnahmen aller Art und bedingt der Bewetterung. Wäre der vorauszusetzende runde Deckel, der mit einem Durchmesser von 0,50 m oder 1 dorischen Elle etwas kleiner ist als heutige Straßendeckel, nicht verloren, so wäre dies der älteste bekannte Kanaldeckel.[154]

Ein ähnlicher Kanaleinstieg fand sich am nördlichen Ende des ergrabenen Weststrangs (Abb. 10, bei +78,24 m). Im Weststrang folgt auf das Stollenende ein in gleicher Technik aus Porosquadern errichteter Kanal, der das ältere Becken zusetzt (Abb. 29) und der «unbedingt jünger als der ältere Stollen ist».[155] Durch diesen Kanal aus der zweiten Bauphase ist die archaische Leitung hier nicht mehr erkennbar; und der jüngere Steinkanal ist trotz seiner soliden Bauweise nur sehr unvollständig erhalten.[156] Die Stelle, an der vom Weststrang der Pnyx-Arm abgezweigt wurde, wird bautechnisch ähnlich angelegt worden sein wie die Verzweigung innerhalb des Pnyx-Arms (Abb. 52).

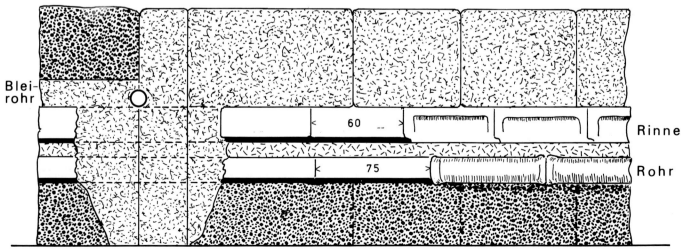

Abb. 54 Megara, Kanal nördlich der großen Krene.

Abb. 55   Megara, Kanal nördlich der großen Krene.

In der Kaiserzeit müssen, verstreuten Hinweisen nach zu urteilen, mehrere Kanalabschnitte in unterschiedlicher Art neu gefaßt worden sein, mit Tonplatten, mit Ziegelmauerwerk oder mit Einwölbungen. Konkret dargestellt wird das nur für die kurze Strecke unter dem Odeion des Perikles (s. S. 10 und Abb. 56). Eine im Querschnitt quadratische Tonrinne (1^1/$_2$ x 1^1/$_2$ römische Fuß) wird oben von Tonplatten abgedeckt, die an den Außenseiten die Kanalwände umgreifen und die mit 0,46 m etwa 1^1/$_2$ römische Fuß breit und mit 0,30 m etwa 1 römischen Fuß lang sind.

Von dem Kanalabschnitt der Fernleitung bei K (Plan 1) in der Niederung des Ilissos-Tals ist kaum mehr bekannt als die Tatsache selbst: «Hier trifft man auf die Wasserleitung, welche ihr Wasser in einem 0,50 m breiten, wenig unter der Oberfläche des Bodens befindlichen, gemauerten Kanal nach dem Hofgarten führt.»[157]

Insgesamt liegen die Kanalabschnitte der Athener Wasserleitung relativ dicht unter der antiken Oberfläche. Die in Athen gängige Tiefe von bis zu 2 m wird, soweit heute bekannt, nur im südlichen Teil des Weststrangs überschritten. Die dortige tiefe Einsenkung eines Kanals hängt sowohl mit den Höhenverhältnis-

sen als auch mit der Konsistenz des nicht sehr tragfähigen Gesteins zusammen (Abb. 27). Tektonische Gründe dürften auch auf Samos die Ursache gewesen sein, auf eine begrenzte Strecke in der nördlichen Zuleitung einen ähnlich tiefen Kanal auszuheben (Abb. 44) und von der Stollenbauweise abzusehen.

Fast alle der genannten Kanalstrecken gehören späteren Umbauten oder Verlegungen an. Abgesehen von dem gemauerten, im einzelnen unbekannten Kanalabschnitt bei K in Plan 1 gibt es

nur der unausgebaute Kanal östlich der Südost-Krene als Bestandteil der archaischen Wasserleitungsanlage zu erkennen. Darüber hinaus schließen die Kanalstrecken einen weiteren Gesichtspunkt ein, solange man, wie überwiegend in griechischer Zeit, noch keine Steigleitungen installierte: eine Krene läßt sich im allgemeinen besser an eine Kanal- als an eine tiefgelegene Stollenleitung anschließen. Frühe Kanalstrecken können daher die mögliche Existenz und die Lage einer Krene eingrenzen.

Abb. 56   Athen, Südstrang, Kanal unter dem Odeion des Perikles.

Leitungsrohre

Terminologie und allgemeine Befunde

Eine Typologie antiker Wasserrohre, spezifiziert nach Materialien und Zeiten, steht für die gesamte Antike wie für jede einzelne Epoche noch aus.[158] Demzufolge fehlt bislang auch eine verbindliche Terminologie. Der Begriff *Muffe* (vgl. Muff) bezeichnet ursprünglich ein gesondertes, in Form eines Hohlzylinders gearbeitetes Zwischenstück, das zwei Rohre miteinander verbindet – so wie es die frühe Bleirohrleitung mit Steinmuffen im Artemision in Ephesos überliefert[159] (Abb. 58). In Ergänzung zu Muffe als ge-

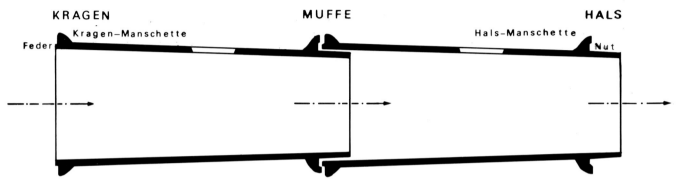

Abb. 57   Terminologie zu den Rohren.

Abb. 58   Ephesos, Artemision, Bleirohrleitung mit Muffen.

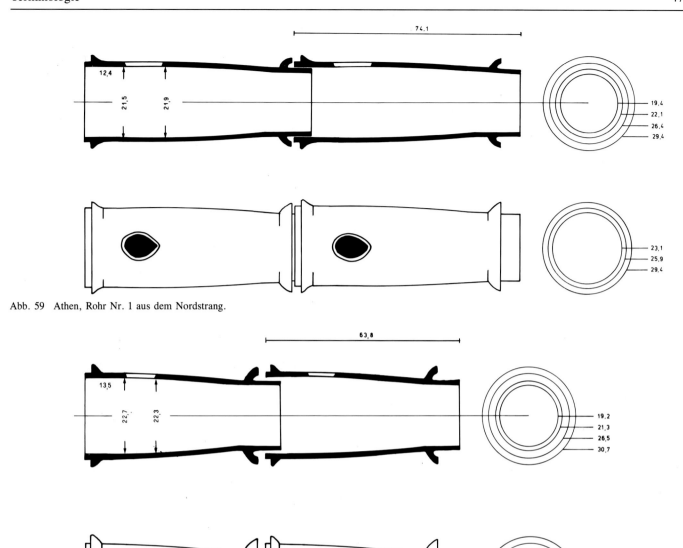

Abb. 59   Athen, Rohr Nr. 1 aus dem Nordstrang.

Abb. 60   Athen, Rohr Nr. 2 aus dem Nordstrang.

schlossene Verbindung zweier Tonrohre werden hier für die funktionellen Profile an den Tonrohrenden folgende Bezeichnungen verwendet (Abb. 57):

Hals für das in Fließ- und Gefällerichtung gesehene untere Ende des Rohres, das im Rohrverband das innere Ende darstellt und das mit oder ohne Manschette gearbeitet sein kann. *Kragen* für das entgegengesetzte Ende, das über den Rohrhals geschoben wird[160] und das ebenfalls mit oder ohne Manschette auftritt. *Nut* und *Feder* für die zusätzliche Verzahnung, die vornehmlich bei archaischen und klassischen Rohren eingearbeitet wurde, wobei die Nut als Hohlkehle in die Halsmanschette eingelassen ist, die Feder als vorstehender Ring aus dem Kragenende heraustritt.

Alle zur Athener Wasserleitung gehörenden Tonrohre weisen die genannten Profile auf, und daraus leitet sich die

Darstellungsweise mit vier Durchmesserkreisen für den Hals und drei Kreisen für den Kragen ab.[161] Die Rohre werden hier im Maßstab 1 : 12, die Muffen im Maßstab 1 : 2 wiedergegeben. Insgesamt lassen sich viele verschiedenartige Rohrprägungen ablesen, deren spezifisch athenische Eigenarten, ebenso wie die anderer früher Rohre aus Athen (Nr. 21–25), im Vergleich zu Rohren von Samos und aus Olynthos (Nr. 26–30) deutlich werden.[162] Das betrifft sowohl die Zuleitungs- als auch die Ableitungsrohre, die sich in der Konzeption und in typologischen Merkmalen nicht unterscheiden, wohl aber in den Querschnitten (s. S. 66) und in mangelnder Bemalung.

In allen Abschnitten, in denen die Rohrleitung in situ angetroffen wurde, fand sich nur ein Rohrstrang – nicht zwei.[163] Eine eigene Bettungsschicht für die Leitungsrohre – wie späterhin häu-

fig praktiziert, beispielsweise in Olynthos[164] – wurde für die älteste Leitung in Athen nicht angelegt.[165] Damit dürfte ursächlich zusammenhängen, daß die Rohrwandungen in der Mitte beachtlich gebaucht wurden, um so zwischen den Muffen und den ausladenden Manschetten ein weiteres Auflager zu erwirken. Dadurch wurde zur Unterfüllung so wenig Erde benötigt, daß man nicht von einem eigenen Leitungsbett sprechen kann. Erst die jüngeren und gestreckteren Rohre wie Nr. 20 mit ihren gradliniger durchlaufenden Wandungen, die einen besseren Wasserdurchfluß gewährleisten, fanden durch die Höherlegung des Leitungsniveaus im Doppelstollenbereich und im West-Stollen eine Unterfangung, die aber primär als Gefällekorrektur angelegt wurde.

Katalog

1. Archaische Zuleitungsrohre des Leitungsnetzes

Nr. 1 Abb. 59, 61–63, 73, Nordstrang[166], Baugrube unter der Odos Adrianou 134 (Plan 4, Abb. 2).
5 Rohre, derzeit aufbewahrt im Depot der 1. Ephorie beim Turm der Winde.
Maße: s. Abb. 59; Ton grob geschlämmt, beigefarben.
Bemalung: keine; Besonderheit: XA eingeritzt.
Deckel: oval, in der Kragenhälfte, außen 12,8 x 9,8, innen 11,5 x 7,5 cm.
Literatur: unpubliziert, erwähnt von Camp 69.

Abb. 61–63 Athen, Rohr Nr. 1 aus dem Nordstrang.

Abb. 62

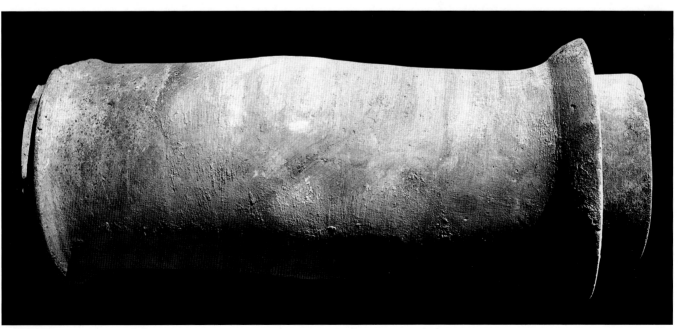

Abb. 63

Nr. 2 Abb. 60, 64–66, 73, Nordstrang, Stollen unter Schacht in der Odos Scholiou (Plan 4, Abb. 2).

8 Rohre, derzeit aufbewahrt im Depot der 1. Ephorie beim Turm der Winde.

Maße: s. Abb. 60; Ton grob geschlämmt, sandhaltig, dunkelbeige mit rötlicher Nuance, etwas weniger sorgfältig als Nr. 1 gearbeitet.

Bemalung: keine; Besonderheit: X A eingeritzt.

Deckel: viereckig, in Kragenhälfte, außen 10,2 x 10,0, innen 7,8 x 9,4 cm.

Literatur: unpubliziert, erwähnt von Camp 69.

Abb. 64–66 Athen, Rohr Nr. 2 aus dem Nordstrang.

Abb. 65

Abb. 66

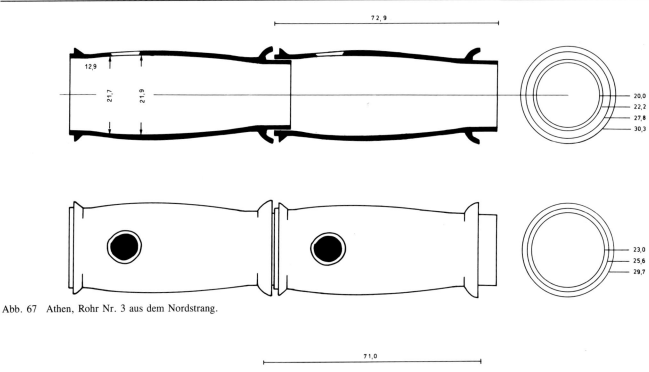

Abb. 67 Athen, Rohr Nr. 3 aus dem Nordstrang.

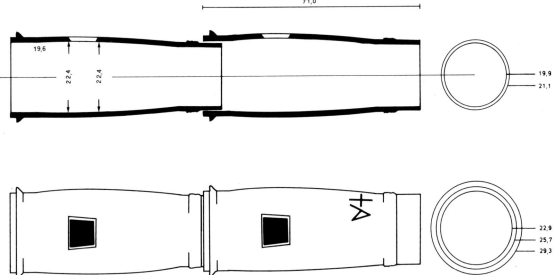

Abb. 68 Athen, Rohr Nr. 4 aus dem Nordstrang.

Nr. 3 Abb. 67, 73, Nordstrang, ca. 57 m östlich der Südost-Krene, Agora-Magazin A 925.

Abb. 69 Athen, Rohr Nr. 4 aus dem Nordstrang.

Maße: s. Abb. 67; Ton mittelfein geschlämmt, dunkelocker mit rötlichem Einschlag; etwas weniger sorgfältig gearbeitet als Nr. 5–7.
Bemalung: außen ursprünglich mit roter Schlämme überzogen, innen an nicht versinterten Stellen braune Bemalung erkennbar. Ohne Ligaturen oder Signaturen.
Deckel: unregelmäßig oval, in Kragenhälfte, außen 11,5 x 12,0 cm.
Literatur: Camp 68 f.

Nr. 4 Abb. 68, Nordstrang, ca. 57 m östlich der Südost-Krene, Agora-Magazin A 924.
Maße: s. Abb. 68; Ton wie Nr. 3, jedoch etwas rötlicher, innen sehr rauh.
Bemalung: außen keine, innen vollständig dunkelbraun bis schwarz gestrichen.
Besonderheit: X A eingeritzt, H. 8, Br.

5 cm; vgl. das sehr ähnliche Rohr in situ, hier Abb. 69.
Deckel: viereckig, trapezförmig, in Kragenhälfte, Außenmaße 8,8 – 9,0 – 9,0 – 10,2 cm, innen 8,2 – 7,3 – 8,0 – 8,6 cm.
Literatur: Camp 68 f.

Nr. 5 Abb. 70, 74, Nordstrang, ca. 6 m südöstlich der SO-Krene (Abb. 115), Agora-Magazin A 2600.
Maße: s. Abb. 70; Ton mittelfein geschlämmt, ockerfarben, sorgfältige Ausführung und Glättung; innen stark versintert.
Bemalung: außen 3 cm breites, rotes Band neben Halsmanschette, innen, soweit sichtbar, mit roter Farbe geschlämmt.
Besonderheit: 2 Ligaturen, ungedeutet (epsilon sigma und digamma?); eingeritzte Signatur: XAPON.

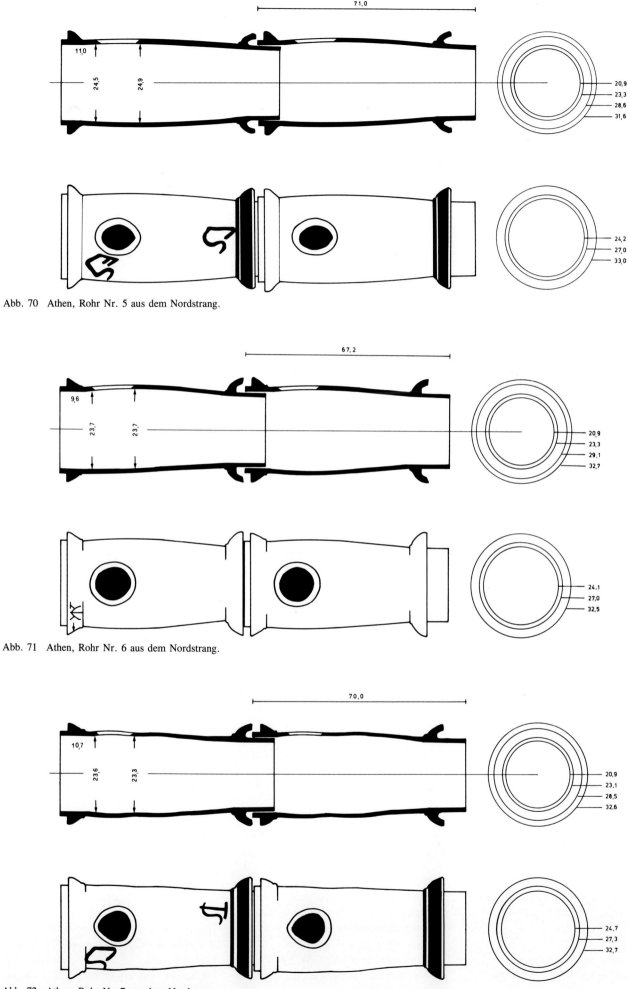

Abb. 70 Athen, Rohr Nr. 5 aus dem Nordstrang.

Abb. 71 Athen, Rohr Nr. 6 aus dem Nordstrang.

Abb. 72 Athen, Rohr Nr. 7 aus dem Nordstrang.

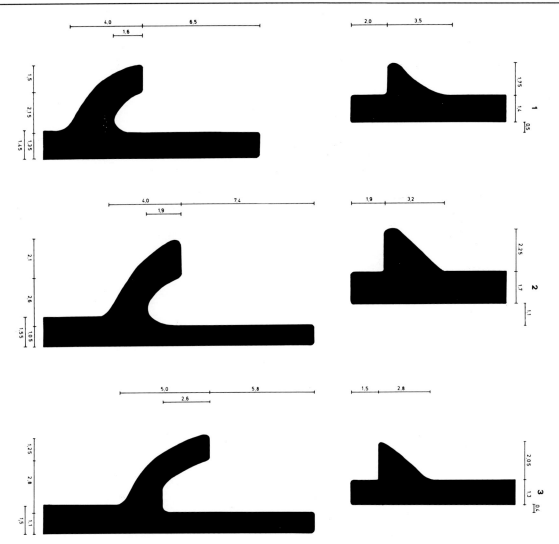

Abb. 73 Athen, Muffen der Rohre Nr. 1–3.

Deckel: oval, Schnitt sehr stark konisch, in Kragenhälfte; außen 15,3 x 11,9 cm, innen 10,7 x 7,0 cm.
Literatur: H. A. Thompson, Hesperia 22, 1953, 32; 25, 1956, 49 f. Taf. 13 a, 15 c; 28, 1959, 96; D. Levi, ASAtene 39–40, 1961–62, 161 Abb. 1; Lang Abb. 16, 17; Travlos 208 Abb. 272; H. A. Thompson – R. E. Wycherley, Agora XIV (1972) 199 Taf. 101 a,b; Agora Guide (1976³) 153 Abb. 79; Camp 68.

Nr. 6 Abb. 71, 74, Nordstrang, ca. 6 m südöstlich der SO-Krene (Abb. 115), Agora-Magazin A 2601.
Maße: s. Abb. 71; Ton wie Nr. 5.
Bemalung: außen keine, innen wechselnd dunkelbraune und rote, unterschiedlich breite Streifen.
Besonderheit: Einritzung am Kragen s. Abb. 71.
Deckel: oval, in Kragenhälfte, außen 15,4 x 14,4, innen 12,0 x 10,3 cm.
Literatur: s. Nr. 5.

Nr. 7 Abb. 72, 74, Nordstrang, ca. 6 m südöstlich der SO-Krene (Abb. 115), Agora-Magazin A 2602.
Maße: s. Abb. 72; Ton wie Nr. 5.
Bemalung: außen 3 cm breiter, braunroter Streifen am Rand der Halsmanschette; innen dunkelrote bis braune Streifen.
Besonderheit: 2 Ligaturen, ungedeutet (digamma und zeta?).
Deckel: eiförmig, außen 13,9 x 13,6, innen 10,6 x 9,5 cm.
Literatur: s. Nr. 5.

Nr. 8 Abb. 102 (rechts), archaische Rohre, wiederverwendet für die jüngere Ableitung der Südost-Krene, in situ. Diese Rohre stammen höchstwahrscheinlich aus dem Nordstrang, wo die Rohrleitung durch den jüngeren Poros-Kanal ersetzt wurde; denn Rohre mit viereckigen Deckeln sind nur von dort (Nr. 2, 4) und von der Ableitung des Gebäudes F auf der Agora bekannt (Nr. 35). Ferner tritt bei diesen Rohren ebenfalls die Signatur XA oder XAPON auf.

Maße und Ton unbekannt.
Bemalung: Mehrzahl unbemalt, vereinzelt Streifendekor.
Deckel: annähernd quadratisch, in Kragenhälfte.
Literatur: Lang Abb. 29 (rechts); Travlos 208 Abb. 273; Camp 88.

Nr. 9 Abb. 75, Südstrang, Doppelstollenstrecke, Musterbeispiel zahlreicher Rohre.
Maße: s. Abb. 75; Ton «fein geschlämmt, rot, sorgfältige Ausführung».
Bemalung: außen rote Streifen, innen gänzlich mit roter Farbe bemalt.
Dichtung: «mit besonderer Sorgfalt».
Deckel: elliptisch, nahe der Mitte.
Literatur: Gräber 24 Abb. 7.

Nr. 10 Südstrang, Doppelstollenstrecke Z 5 bis Z 4 (Plan 7), in situ (?), wegen späterer Stillegung nach Erstellung der Umleitung gut erhalten; keine weiteren Angaben.

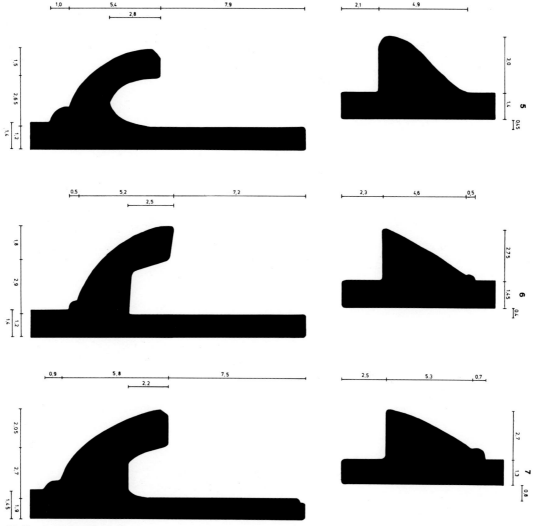

Abb. 74 Athen, Muffen der Rohre Nr. 5–7.

Literatur: unpubliziert, erwähnt von W. Dörpfeld, AM 19, 1894, 145.

Nr. 11 Weststrang, als wiederverwendetes Rohr im Pnyx-Arm gefunden, nordwestlich der Abzweigung bei a1 in Plan 8.
Maße: L (ohne Hals) 60–61 cm, Dm innen 19–22 cm. Ton fein geschlämmt.
Bemalung: Streifen in der Mitte und an den Manschetten.
Deckel: nicht genannt.
Literatur: unpubliziert, erwähnt von W. Dörpfeld, Tagebuch II (1893) 26 und AM 17, 1892, 442.

Nr. 12 Abb. 76, Weststrang (?), Kerameikos, Stollen-Leitung durch Südhügel, archaische Rohre von der Leitung as1 (?), wiederverwendet in der Leitung as2.
Maße: s. Abb. 76; Ton mittelfein geschlämmt.
Bemalung: breiterer Streifen an Hals- und Kragenmanschette, zwei schmalere und dicht beieinanderliegende Streifen in der Mitte.

Deckel: annähernd rund, schwach konisch, in Kragenhälfte.
Literatur: U. Knigge, AA 1972, 615, 621 Abb. 46.3, 47.3.

2. Nacharchaische Zuleitungsrohre des Leitungsnetzes

Nr. 13 Abb. 77, 84, Südstrang, Heiligtum der Nymphe südlich des Odeion des Herodes Atticus (Abb. 4), Magazin der 1. Ephorie in der Moschee.
Maße: s. Abb. 77; Ton hellbraun bis ocker, sehr fein geschlämmt.
Bemalung: Streifen in der Mitte und auf Hals- und Kragenmanschette.
Besonderheit: Graffito auf einem Deckel, s. U. Knigge, AA 1972, 617 f.
Deckel: mehrere Formen, oval bis rund, trapezoid und unregelmäßig, in Kragenhälfte.
Literatur: G. Daux, BCH 84, 1960, 624 Abb. 4 a, b; Levi 164 f. Abb. 3, 4.

Nr. 14 Abb. 78, Akademie-Leitung, Strecke nördlich der Stoa Poikile (Abb. 15).
Für Einzelmaße, Ton, Bemalung, Besonderheiten und Deckel ist die Grabungspublikation abzuwarten.
Literatur: T. L. Shear jr., Hesperia 53, 1984, 1 ff. Abb. 3 f. Taf. 14 a, b; J. M. Camp, The Athenian Agora (1986) 73 Abb. 13.

Nr. 15 Abb. 47, 79, Akademie-Leitung, Strecke zwischen Stoa Poikile und Dipylon (Abb. 14), in situ.
Einzelheiten werden im Fundbericht nicht genannt. Den Abbildungen und dem freundlichen Hinweis von J. Camp zufolge sind die Rohre Nr. 14 und 15 nächst verwandt und gleicher Zeitstellung.
Literatur: Y. Ph. Nikopoulou, AAA 4, 1971, 2 Abb. 3; dies. ADeltion 27, 1972, B1, 24 Abb. 4 Taf. 34a.

Nr. 16 Abb. 48, 80–84, Akademie-

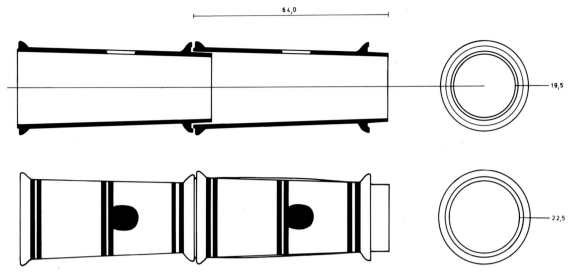

Abb. 75 Athen, Rohr Nr. 9 aus dem Südstrang.

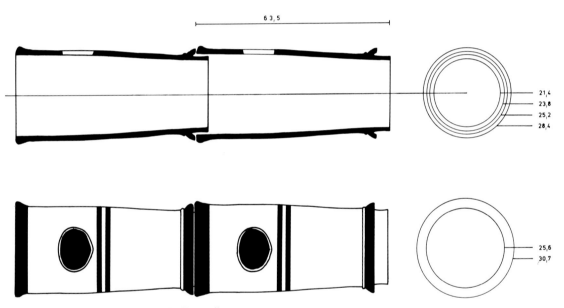

Abb. 76 Athen, Rohr Nr. 12 aus der Leitung as2 im Kerameikos.

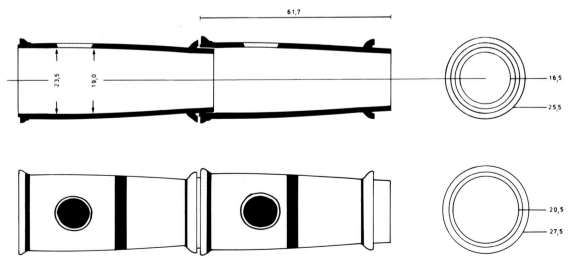

Abb. 77 Athen, Rohr Nr. 13 aus der Südstrang-Erneuerung.

Abb. 78 Athen, Rohr Nr. 14 aus der Akademie-Leitung nördlich der Stoa Poikile.

Leitung, Strecke östlich vom Dipylon (Abb. 16).
Maße: s. Abb. 80; Ton mittelbraun mit rötlichen Einsprengseln, feinkörnig.
Bemalung: an Hals- und Kragenmanschetten sowie in der Mitte zwei dünne Parallelstreifen.
Deckel: oval und rund, in Kragenhälfte, bei dem Rohr Abb. 82 Fehlschnitt.
Literatur: G. Gruben, AA 1964, 403 ff. Abb. 13 Plan nach Sp. 416; U. Knigge, AA 1972, 612.

Nr. 17 Abb. 85, Südost-Arm (?), Fundort südwestlich des Olympieion-Peribolos.
Maße: s. Abb. 85; Ton fein geschlämmt.
Bemalung: Streifen an Kragen- und vor Halsmanschette sowie in der Mitte.
Deckel: rund bis oval, in Kragenhälfte nahe der Mitte.
Literatur: Levi 170 Abb. 6.

Nr. 18 Abb. 86, Weststrang, Poros-Kanal unter der Pnyx-Straße, nördlich der Abzweigung des Pnyx-Arms.

Maße: s. Abb. 86; Ton fein geschlämmt, gelblich.
Bemalung: je zwei dunkelbraune Streifen in der Mitte und am Fuß der Halsmanschette.
Dichtung mit 4 mm starkem Bleiverguß.
Deckel: Form und Schnitt nicht angegeben, nahe der Mitte, L 11 cm.
Literatur: unpubliziert, Abb. 86 nach Tagebuch II (1893) 26, erwähnt von W. Dörpfeld, AM 17, 1892, 442; Gräber 25 f.

Nr. 19 Abb. 87, Kollytos-Leitung.
Maße: s. Abb. 87.
Deckel: oval, mittig; keine weiteren Angaben.
Literatur: Gräber 25 Abb. 8.

Nr. 20 Pnyx-Arm, Nordteil zwischen a3 und Z2 in Plan 8.
«Die Leitung besteht aus alten und auch einigen späteren Tonrohren, die mit Blei gedichtet sind.» Keine weiteren Angaben.
Literatur: Gräber 26 Abb. 9 (Grundriß).

3. Zuleitungsrohre, Vergleiche in Athen

Nr. 21 Abb. 88, 90–92, 98, Kerameikos, Magazin HTR 1276, Einzelfund (Kindergrab).
Maße: s. Abb. 88; Ton «mit groben Einsprengseln durchsetzt».

Abb. 79 Athen, Rohr Nr. 15 aus der Akademie-Leitung zwischen Stoa Poikile und Dipylon.

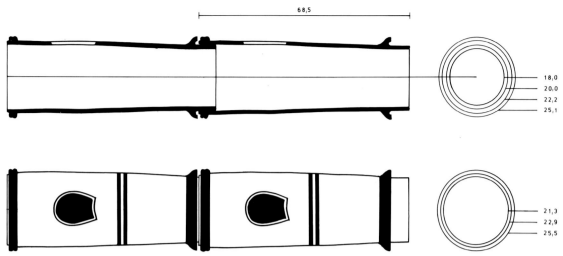

Abb. 80   Athen, Rohr Nr. 16 aus der Akademie-Leitung beim Dipylon.

Abb. 81–83   Athen, Rohr Nr. 16 aus der Akademie-Leitung beim Dipylon.

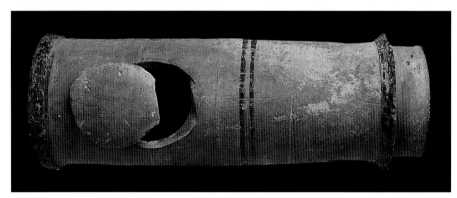

Abb. 82

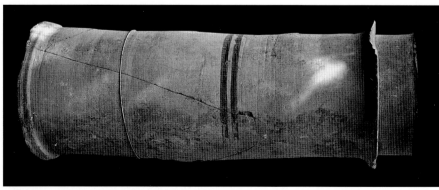

Abb. 83

Bemalung: je ein rot gebrannter Streifen in der Mitte und vor der Halsmanschette.
Besonderheit: aufgemalter Kopf unter der Halsmanschette.
Deckel: eiförmig, in Kragenhälfte, außen max. 12,8 cm, innen max. 11,5 cm.
Literatur: U. Knigge, AA 1972, 612, 615, 621 Abb. 46.1, 47.1, 48.

Nr. 22   Abb. 89, 93–95, 98, Kerameikos, Magazin, ohne Nr.

Maße: s. Abb. 89; Ton ockerfarben, mittelfein bis grob geschlämmt.
Bemalung: besonders reich, s. Abb. 94 f.
Besonderheit: Rohrwandung nicht bauchig, nur der Kontur in sich etwas uneben.
Deckel: oval, mittig, außen 12,2 x 10,8 cm, innen 11,3 x 9,7 cm.
Literatur: unpubliziert.

Nr. 23   Abb. 96, Kerameikos, Magazin, Rohrleitung bg; Verlauf vom Dipylon in nordwestlicher Richtung unter dem Westrand der Akademie-Straße, in Höhe des Staatsgrabs A 5 Umbiegen nach Westen.
Maße: s. Abb. 96.
«Diese Leitungsrohre sind in Maßen, Ton und Einzelheiten den von W. Dörpfeld und I. Miliades im Felsstollen am Südabhang der Akropolis gefundenen Rohren (hier Nr. 13–15) absolut gleich. Sie müssen aus derselben Werkstatt und wohl auch von derselben Leitung stammen. – Feingeschlämmter, fettiger Ton, präziser Schmuck» (U. Knigge, s. u.).
Deckel: oval bis rund, Kragenhälfte (zur Mitte hin).
Literatur: K. Gebauer, AA 1937, 196 Abb. 8 Beil. 1; ders. AA 1938, 614; U. Knigge, AA 1972, 617 f., 621 Abb. 46.2, 47.2.

Nr. 24   Abb. 97, 98, Agora, Magazin, ohne Nr.
Maße: s. Abb. 97; Ton mittelfein geschlämmt, naturlederfarben.
Bemalung: selten viele und breite Streifen.
Deckel: annähernd rund, in Kragen-

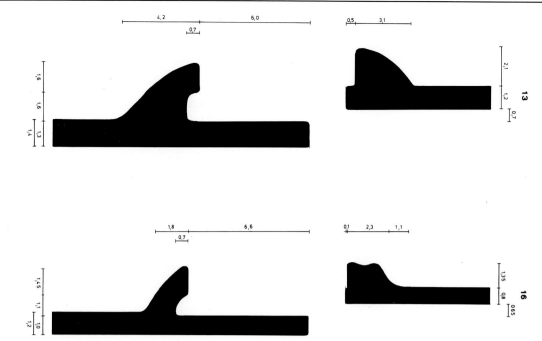

Abb. 84 Muffen der Rohre Nr. 13 und 16.

hälfte, Dm außen 11–12 cm, innen 10–11 cm.
Literatur: unpubliziert.

Nr. 25 Areiopag-Nordabhang (Gebiet mit privater Bebauung).
Kleines Wassersammelbecken (0,50 x 0,80 m) aus Bruchsteinen am Fuß des Abhangs (5. Jh. v. Chr.). Von hier Weiterleitung des Wassers durch eine Rohrleitung aus wiederverwendeten Tonrohren archaischen Typus.
Deckel: vergleichbar denen der Nr. 13, gedichtet durch aufgelegte Steine, Dachziegelstücke u. a., so H. A. Thompson, Hesperia 27, 1958, 147 Taf. 41a.

4. Zuleitungsrohre, Vergleiche außerhalb Athens

Nr. 26 Abb. 99, Samos, Eupalinos-Leitung, Zuleitung zum Tunnel, innerhalb der letzten 50 m vor Eintritt in den Berg in einer Länge von 40 m erhalten. Samischer Typus A.
Maße: s. Abb. 99; Ton «sorgfältig gearbeitetes Rohr aus hellrotem Ton von gutem Brand, Oberfläche glatt».
Bemalung: keine.
Dichtung mit Kalkmörtel.
Deckel: unbekannt, weil oben aufgeschlagen.
Besonderheit: «Leitung auf der ganzen

bisher freigelegten Länge oben auf eine Breite von 13–17 cm aufgeschlagen, offensichtlich um innen angesetzten Kalksinter zu entfernen» (U. Jantzen); vgl. hier S. 72.
Literatur: U. Jantzen u. M., AA 1973, 78 Abb. 6; Zeichnung von W. Hoepfner mehrfach wiederholt, u. a. H. Kienast, architectura 7, 1977, 105 f. Abb. 11.

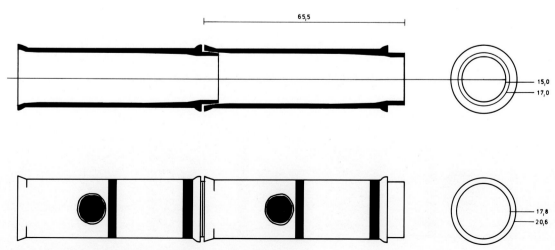

Abb. 85 Athen, Rohr Nr. 17 aus einer Leitung südwestlich vom Olympieion.

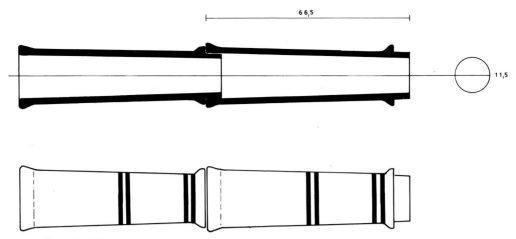

Abb. 86 Athen, Rohr Nr. 18 aus dem Weststrang.

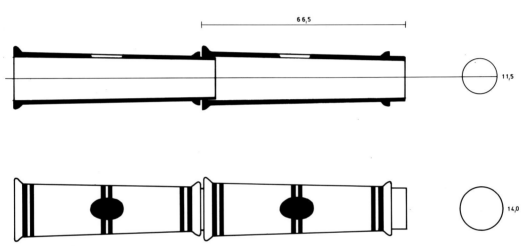

Abb. 87 Athen, Rohr Nr. 19 aus der Kollytos-Leitung.

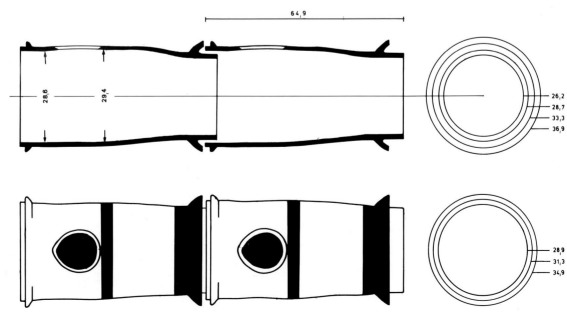

Abb. 88 Athen, Rohr Nr. 21 vom Kerameikos.

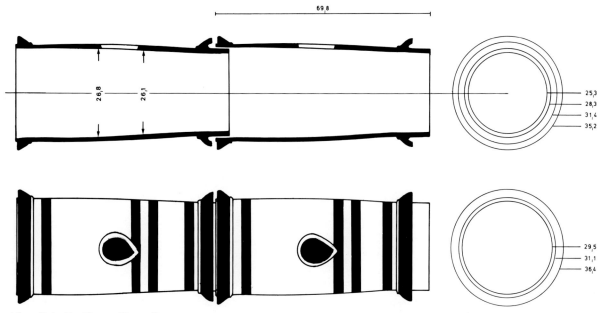

Abb. 89 Athen, Rohr Nr. 22 vom Kerameikos.

Nr. 27 Abb. 100, Samos, Eupalinos-Leitung, Abschnitt zwischen Quellhaus und Tunnel. Samischer Typus B.

Hunderte von Tonrohren, 1882 ausgeräumt und neben den Schächten gestapelt (Fabricius 175 Anm. 1); in den vergangenen 20 Jahren kein einziges Rohr auffindbar.

Maße: L 62 – 66,5 cm, ferner Abb. 100; Ton gut geschlämmt, rötlich.

Bemalung: an jedem Ende zwei Parallelstreifen.

Löcher: wohl in jedes 2. Rohr ein ovales Loch roh hineingeschlagen, Dm 10 bis 15 cm. Dichtung mit feinem weißen Kitt.

Literatur: E. Fabricius, AM 9, 1884, 175 f. Taf. 8; U. Jantzen u. M., AA 1973, 87.

Nr. 28 Abb. 101, Samos, Eupalinos-Leitung, Abschnitt zwischen Quellhaus und Tunnel. Samischer Typus C. Wenige, meist sehr zerstörte Rohre.

Maße: s. Abb. 101; Ton von anderer Beschaffenheit als Nr. 26.

Bemalung: keine.

Literatur: E. Fabricius, AM 9, 1884, 175 f. Anm. 2; U. Jantzen u. M., AA 1973, 87 Abb. 16.

Nr. 29 Olynthos, Zuleitung zur Krene auf dem Nordhügel in A IV.

Maße: L ohne Hals durchschnittlich 90,5 cm, mit Hals 95–105 cm, Dm außen max. 25 cm, T Halsmanschette 3–3,5 cm, Wandstärke 5 cm; Ton gut geschlämmt, innen sehr glatte Oberfläche.

Deckel: selten, dann rund, Dm um 8 cm.

Dichtung: mit Mörtel, s. Olynthos XII, 111 f.

Literatur: D. M. Robinson, Olynthos

Abb. 90–92   Athen, Rohr Nr. 21 vom Kerameikos.   Abb. 91

Abb. 92

Abb. 93–95 Athen, Rohr Nr. 22 vom Kera-   Abb. 94
meikos.

VIII (1938) 309 f. Taf. 76.2 (Typus
II a,b); ders. Olynthos XII (1946) 107 f.
Taf. 85–89, 91–93, 96.

Nr. 30 Olynthos, Zuleitung zur Krene
auf dem Nordhügel in A IV, Kniestück[167], gefunden unter Avenue A in
Höhe von Haus A 13, bei Richtungswechsel der Leitung; heute in Thessaloniki, Arch. Mus.
Maße: L 79 cm, Dm außen 28, innen
18 cm; Ton und Dichtung wie Nr. 34.
Literatur: D. M. Robinson, Olynthos
VIII (1938) 311; ders. Olynthos XII
(1946) 110 Taf. 85, 93–96.

Abb. 95

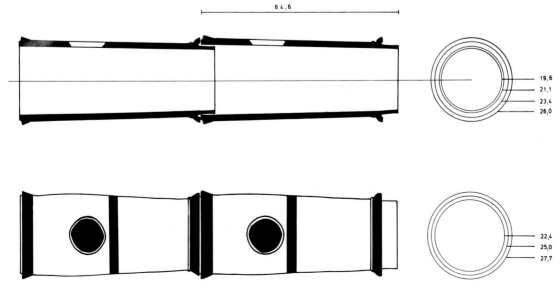

Abb. 96   Athen, Rohr Nr. 23 vom Kerameikos.

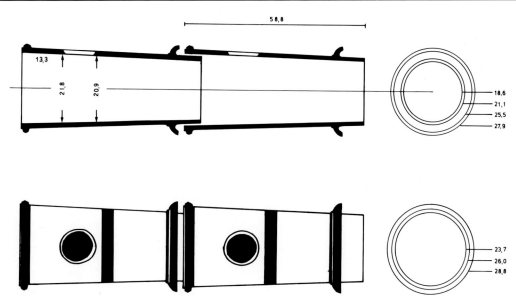

Abb. 97   Athen, Rohr Nr. 24 von der Agora.

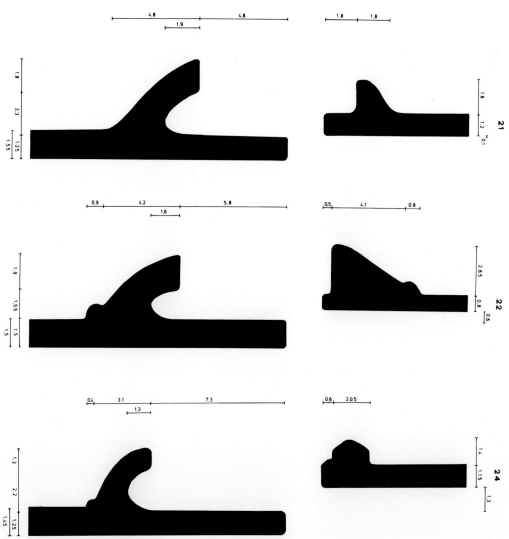

Abb. 98   Athen, Muffen der Rohre Nr. 21, 22 und 24.

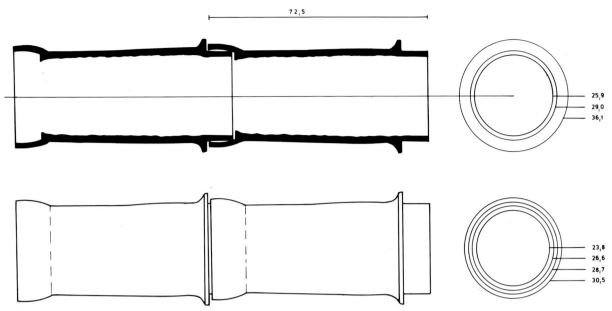

Abb. 99   Samos, Rohr Nr. 26, samischer Typ A.

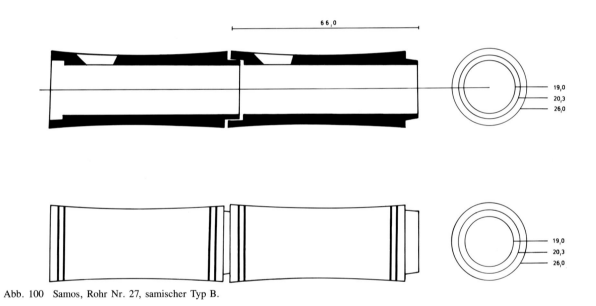

Abb. 100   Samos, Rohr Nr. 27, samischer Typ B.

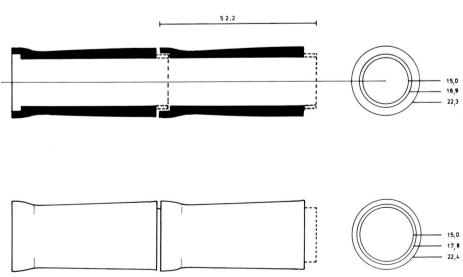

Abb. 101   Samos, Rohr Nr. 28, samischer Typ C.

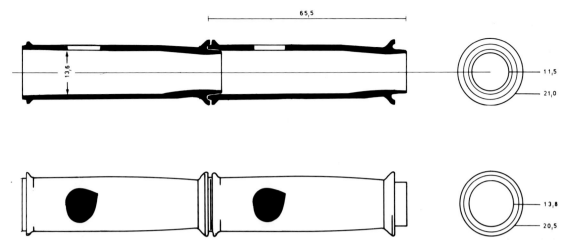

Abb. 102   Athen, Rohr Nr. 32 aus der älteren Ableitung der Südost-Krene unter der Pantainos-Bibliothek.

5. Ableitungsrohre der Krenai am Leitungsnetz

Nr. 31   Abb. 104 (links), ältere Ableitung der Südost-Krene[168], vom Westraum nach Nordosten führend, Agora-Magazin A 2664.
Einzelheiten unbekannt.
Literatur: Lang Abb. 29 (links); Camp 83 Anm. 22.

Nr. 32   Abb. 102, 103, ältere Ableitung der Südost-Krene, ca. 65 m nordöstlich der Krene unter der Pantainos-Bibliothek; Länge der Ableitungsstrecke 21 m. Agora-Magazin A 233.
Maße: s. Abb. 102.
Bemalung: unbekannt.
Deckel: rund mit Spitze, Schnitt konisch, in Kragenhälfte.
Muffen: nachweislich kein Dichtungsmaterial eingebracht.
Literatur: T. L. Shear, Hesperia 4, 1935, 335 f. Abb. 22 f.; H. A. Thompson, Hesperia 22, 1953, 31; Levi 163 Abb. 2; Lang Abb. 18; H. A. Thompson – R. E. Wycherley, Agora XIV (1972) 199 Abb. 51; Camp 83 Anm. 22.

Nr. 33   Abb. 105, 106, 108, jüngere Ableitung der Südost-Krene, Y-Verbindung.[169] Agora-Magazin A 2663.
Besonderheit: Die Muffen dieses Verbindungsstücks wurden für die in der jüngeren Ableitung wiederverwendeten archaischen Rohre (hier Nr. 8) ausgelegt. Keine Löcher und Deckel.
Maße (in cm): Westbassin-Anschluß, Dm am Kragen 27,3 – 29,7 – 32,6, Dm innen im Abstand von 25 cm vom Kragen = 20,6; Ostbassin-Anschluß, Dm am Kragen 27,2 – 29,5 – 32,1, Dm

Abb. 103   Athen, Rohr Nr. 32 aus der älteren Ableitung der Südost-Krene.

Abb. 104   Athen, Rohr Nr. 31 (links) und Nr. 8 (rechts, wiederverwendet) von der Ableitung der Südost-Krene.

Abb. 105 Athen, Y-Verbindung Nr. 33 aus der jüngeren Ableitung der Südost-Krene, restauriert.

innen im Abstand von 25 cm vom Kragen = 21,1; Weiterleitung, Dm am Hals 24,1 – 26,5 – 29,4 – 31,7, Dm innen im Abstand von 25 cm vom Hals = 22,6.
Bemalung: verstreut rote Farbreste.
Literatur: H. A. Thompson, Hesperia 25, 1956, 50; Lang Abb. 30 f.; Travlos 208 Abb. 273; H. A. Thompson – R. E. Wycherley, Agora XIV (1972) 199 Taf. 101c; Camp 88 Anm. 29; J. M. Camp, The Athenian Agora (1986) 43 Abb. 26.

Nr. 34 Abb. 107–111, Kerameikos, Ableitung der älteren Dipylon-Krene unter der ersten Straße im Dipylon.
Maße: s. Abb. 107; Ton mittelfein bis grob geschlämmt, rauhe Oberfläche.
Bemalung: keine.
Deckel: oval, Schnitt konisch, in Kragenhälfte.

Literatur: G. Gruben, AA 1964, 407, 410 Abb. 15; U. Knigge, AA 1972, 612.

6. Ableitungsrohre, Vergleiche in Athen

Nr. 35 Abb. 112, Agora, Ableitung des Gebäudes F von der SO-Ecke des Hofes Richtung Gebäude J und Hauptweg, erster Abschnitt, Agora-Magazin A 1038.
Maße: s. Abb. 112; Ton lederfarben, durchsetzt mit grobkörnigem Sand.
Bemalung: innen vollständig mit brauner Farbe überzogen, außen unverziert.
Deckel: viereckig, in Kragenhälfte.
Literatur: H. A. Thompson, Hesperia Suppl. IV (1940) 23 f. Abb. 17 f.

Nr. 36 Abb. 113, Agora, Ableitung vom Ostende der Tholos-Küche zur

Abb. 106 Athen, Y-Verbindung Nr. 33 aus der
jüngeren Ableitung der Südost-Krene, in situ.

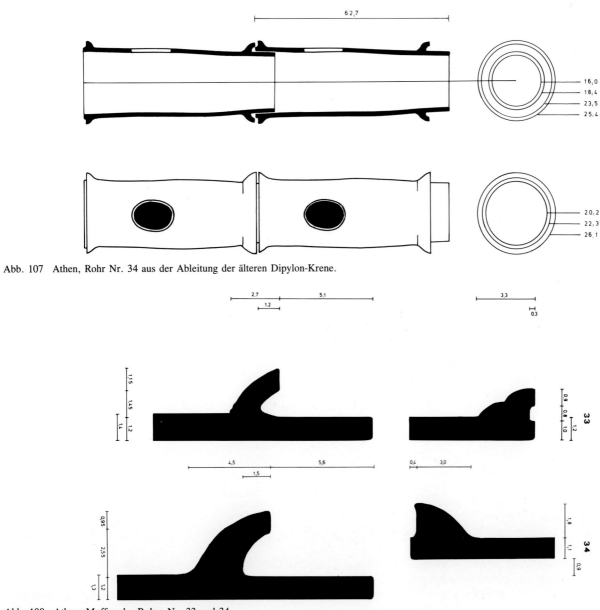

Abb. 107 Athen, Rohr Nr. 34 aus der Ableitung der älteren Dipylon-Krene.

Abb. 108 Athen, Muffen der Rohre Nr. 33 und 34.

«great drain». Agora-Magazin A 1040. Maße: s. Abb. 113; Ton feingeschlämmt, naturlederfarben.

Bemalung: innen vollständig mit brauner Farbe überzogen, außen unverziert.

Deckel: oval, vor dem Brand nicht gänzlich ausgeschnitten, dennoch benutzt und mit Steinen und anderem beschwert.

Literatur: H. A. Thompson, Hesperia Suppl. IV (1940) 75 Anm. 53, 77 Abb. 58; Camp 246 f. Anm. 6.

Nr. 37 Abb. 114, Agora, Ableitung der Tholos, 8 Rohre unter dem späteren Eingang, unmittelbar südlich der Gebäudeachse. Agora-Magazin A 1039.

Maße: s. Abb. 114; Ton fein geschlämmt, lederfarben.

Bemalung: an Hals- und Kragenmanschette je ein breiterer, in der Mitte zwei schmalere Streifen.

Deckel: rund, Schnitt konisch, in Kragenhälfte.

Literatur: H. A. Thompson, Hesperia Suppl. IV (1940) 88, 90 Abb. 67.

Bemalung, Ligaturen und Versinterung

Die Mehrzahl der Rohre für den Nord- und Südstrang wurde innen mit roter, brauner oder dunkelbrauner Farbe vollständig angestrichen (Nr. 3–7, 9, vgl. Nr. 35, 36) – möglicherweise um den Reibungsverlust an den teils groben oder etwas welligen Innenwandungen zu vermindern[170] und um den unterschiedlich gut geschlämmten Ton zu dichten. Dieser Absicht kann auch der rote Überzug über die gesamte Außenhaut des Nordstrang-Rohrs Nr. 3 und ursprünglich auch der Y-Verbindung (Nr. 33) gedient haben.

Der Außendekor mehrerer Rohre, jeweils in Form von Streifen[171], ist indessen nichts anderes als funktionslose Verzierung. Dennoch bezeugt die Bemalung der Rohre die Bedeutung, die man diesen über Jahrhunderte hin beimaß. Als kostbares Gut wurden sie wie viele Gegenstände des täglichen Bedarfs geschmückt, obwohl sie im Gegensatz zu diesen nach der Verlegung nicht mehr sichtbar waren.

Der bisherige Bestand an Rohren läßt sich statistisch zwar nicht auswerten, aber dennoch scheint ein großer Teil der Rohre außen nicht bemalt worden zu sein. Das betrifft vor allem den Nordstrang (Nr. 1, 2, 4, 6, 31, 32, vgl. Nr. 34–36), teils bedingt durch die Ligaturen. So weisen Zuleitungsrohre zur Südost-Krene gelegentlich nur einen Streifen an der Halsmanschette auf (Nr. 5, 7). Die

7. Übersicht über die wichtigsten Rohrbemessungen in cm

Rohr-Nr.	Lage oder Herkunft	Gesamtlänge	lichter Dm am Hals	lichter Dm am Kragen
	Athen, archaische Zuleitungsrohre des Leitungsnetzes			
1	Nordstrang	74,1	19,4	23,1
2	Nordstrang	63,8	19,2	23,5
3	Nordstrang	72,9	20,0	23,0
4	Nordstrang	71,0	19,9	22,9
5	Nordstrang	71,0	20,9	24,2
6	Nordstrang	67,2	20,9	24,1
7	Nordstrang	70,0	20,9	24,7
8	Nordstrang (?)			
9	Südstrang	64,0	19,5	22,5
10	Südstrang			
11	Weststrang	60–61	um 19	um 22
12	Weststrang (?)	63,5	20,4	25,6
	Athen, nacharchaische Zuleitungsrohre des Leitungsnetzes			
13	Südstrang	61,7	16,5	20,5
14	Akademie-Leitung			
15	Akademie-Leitung			
16	Akademie-Leitung	68,5	18,0	21,3
17	Südost-Arm (?)	65,5	15,0	17,8
18	Weststrang	66,5	11,5	
19	Kollytos-Arm	66,5	11,5	
20	Pnyx-Arm			
	Zuleitungsrohre, Vergleiche in Athen			
21	Kerameikos	64,9	26,2	28,9
22	Kerameikos	69,8	25,3	29,5
23	Kerameikos	64,6	19,6	22,4
24	Agora	58,8	18,6	23,7
25	Agora			
	Zuleitungsrohre, Vergleiche außerhalb Athens			
26	Samos, Typus A	72,5	23,8	25,9
27	Samos, Typus B	66,0	19,0	19,0
28	Samos, Typus C	52,2	15,0	15,0
29	Olynthos	65,5	11,5	13,8
30	Olynthos	79,0	18,0	
	Ableitungsrohre der Krenai am Leitungsnetz			
31	Südost-Krene, ältere Ableitung			
32	Südost-Krene, ältere Ableitung	65,5	11,5	13,8
33	Südost-Krene, jüngere Ableitung		24,1	27,2–3
34	Dipylon-Krene, ältere Ableitung	62,7	16,0	20,2
	Ableitungsrohre, Vergleiche in Athen			
35	Agora, Ableitung Gebäude F	67,4	16,0	19,1
36	Agora, Ableitung Tholos-Küche	64,0	16,6	20,5
37	Agora, Ableitung Tholos	60,8	10,0	15,1

Rohre des Südstrangs und der von dort ausgehenden Nebenleitungen·wurden hingegen reicher verziert, nicht mit Ligaturen, aber mit Streifen an beiden Manschetten, an Umlaufstegen und in der Mitte des Rohres versehen (Nr. 9, 11, 13, 17–20, vgl. Nr. 12, 16, 21–23, 37). Aus dem Streifendekor läßt sich kein zeitliches Kriterium ableiten, wie sich in Verbindung mit anderen Merkmalen archaischer und klassischer Rohre zeigen wird; ältere und jüngere Rohre treten bemalt und unbemalt auf.[172]

Der Nordstrang zeichnet sich darüber hinaus durch aufgemalte und eingeritzte Ligaturen und Signaturen aus.[173] Die Ligaturen konnten nicht über eine längere Strecke verfolgt werden, so daß ein System nicht erkennbar wird und sich deren Bedeutung aus den wenigen Belegen (Nr. 5–7) nicht eindeutig erschließen läßt. Am ehesten dürfte es sich um Zahlenkombinationen handeln, die wie Versatzmarken in der Architektur oder bei Brunnenringen die Abfolge der Rohre oder Leitungsabschnitte kennzeichneten.[174]

XAPON oder die Abkürzung XA kann in Parallelität zu den Vasensignaturen als Name des Töpfers oder als der des Werkstattinhabers verstanden werden. Soviel wenigstens geht aus den Bemalungen und den Aufschriften hervor, daß verschiedene Werkstätten mit der Herstellung beauftragt wurden – im Grunde eine Selbstverständlichkeit bei so langen Leitungsstrecken wie in Athen und einem Bedarf von mehr als 1500 Rohren pro 1000 m.

Die Innenwandungen der meisten Rohre weisen unterschiedlich starke Sin-

Abb. 109–111 Athen, Rohr Nr. 34 aus der Ableitung der älteren Dipylon-Krene.

Abb. 110

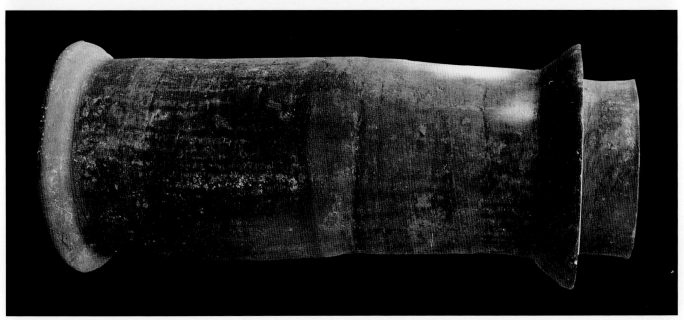

Abb. 111

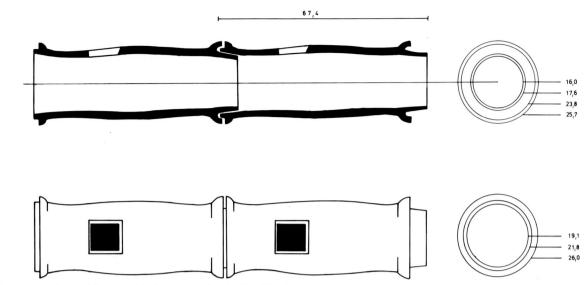

Abb. 112   Athen, Rohr Nr. 35 aus der Ableitung des Gebäudes F auf der Agora.

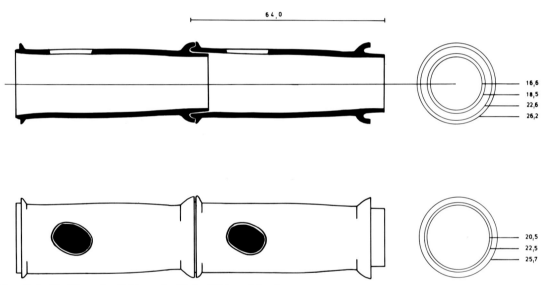

Abb. 113   Athen, Rohr Nr. 36 aus der Ableitung der Tholos-Küche auf der Agora.

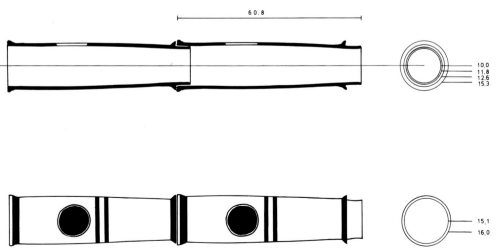

Abb. 114   Athen, Rohr Nr. 37 aus der Ableitung der Tholos auf der Agora.

terablagerungen auf, die aber in keinem Fall jene Mächtigkeit wie in manchen Rohren auf Samos oder in Delphi erreichen. Die sich im Rahmen des Üblichen bewegende Versinterung spricht für kalkhaltiges Quellwasser, wie es allenthalben in Attika auftritt.

Maße und Proportionierungen

Eine relative Zeitstellung der Rohre aus den Zuleitungen, aus den Haupt- und Nebensträngen geht aus den Leitungsquerschnitten und aus dem Verhältnis von innerem Durchmesser zur Länge des Rohres hervor. Dafür wird hier der innere Durchmesser an der engsten Stelle, nämlich am Ende des Halses zugrunde gelegt. Obwohl die Längen der Rohre aus einer bestimmten Strecke Schwankungen aufweisen, hält sich die genannte Proportion doch immer in einem begrenzten Rahmen, beispielsweise der samische Typus A im Bereich von 1 : 2,77 bis 1 : 2,85.

Derart gedrungene Proportionen von nahe 6 : 15 wie an dem Kerameikos-Rohr mit aufgemaltem Kopf (Nr. 21), der diese Gruppe als die älteste ausweist, bis knapp 6 : 17 wie an einem weiteren Rohr vom Kerameikos und dem samischen Typus A kommen bei den Rohren des Athener Leitungsnetzes nicht vor. Vielmehr bewegen sich fast alle Rohre des Nord- und Südstrangs unter- und oberhalb von 2 : 7 oder 6 : 21.

Diese gestauchten Rohre mit großem Querschnitt geben sich durch die Befunde im Nordstrang, insbesondere im letzten Zuleitungsabschnitt vor der Südost-Krene, als die älteren Rohre im Vergleich zu anderen, erheblich gestreckteren Rohren dieser Leitung zu erkennen.

Entscheidend für die Abtrennung dieser Rohre aus dem Südstrang und aus der Akademie-Leitung ist neben den Proportionen in erster Linie der merklich kleinere Querschnitt im Vergleich zu den archaischen Rohren der Gruppe 2. Insofern kann das unter dem Heiligtum der Nymphe gefundene Rohr Nr. 13 nicht zur Erstanlage gehören.

Weisen die inneren Halsdurchmesser (19,2–20,9 cm) sowie die Längen (63,5–74,1 cm) der älteren Rohre der Gruppe 2 in allen Abschnitten des Leitungsnetzes vertretbare Schwankungen auf, so fallen bei den jüngeren Durchmessern die Übereinstimmungen auf (Gruppe 4). Dies kann auf Zufall beruhen, dies kann auch als Etappe eines Prozesses zur Normierung gewertet werden, der in Gruppe 3 angelegt erscheint, und besagen, daß der nördliche Teil des West-

Gruppe 1

		cm	Proportion
Nr. 21	Kerameikos, 36 HTR	26,2 : 64,9 =	1 : 2,48
Nr. 22	Kerameikos, ohne Nr.	25,3 : 69,8 =	1 : 2,76
Nr. 26	Samos, samischer Typus A	25,6 : 72,5 =	1 : 2,83

Gruppe 2

			cm	Proportion
	Nr. 5	Nordstrang, Agora A 2600	20,9 : 71,0 =	1 : 3,40
	Nr. 6	Nordstrang, Agora A 2601	20,9 : 67,2 =	1 : 3,22
	Nr. 7	Nordstrang, Agora A 2602	20,9 : 70,0 =	1 : 3,35
	Nr. 11	Weststrang (MW)	20,5 : 68,3 =	1 : 3,33
	Nr. 3	Nordstrang, Agora A 925	20,0 : 72,9 =	1 : 3,65
	Nr. 4	Nordstrang, Agora A 924	19,9 : 71,0 =	1 : 3,57
	Nr. 9	Südstrang, Doppelstollenstrecke	19,5 : 64,0 =	1 : 3,28
	Nr. 1	Nordstrang, Odos Adrianou	19,4 : 74,1 =	1 : 3,82
	Nr. 2	Nordstrang, Odos Scholiou	19,2 : 63,8 =	1 : 3,32
	Nr. 12	Kerameikos, Leitung as2 (wiederverw.)	20,4 : 63,5 =	1 : 3,11
vgl.	Nr. 23	Kerameikos, Leitung bg	19,6 : 64,6 =	1 : 3,30
	Nr. 24	Agora, o. Nr.	18,6 : 58,8 =	1 : 3,16
	Nr. 27	Samos, samischer Typus B	19,0 : 65,0 =	1 : 3,42

Gruppe 3

			cm	Proportion
	Nr. 13	Südstrang, beim Nymphen-Heiligtum	16,5 : 61,7 =	1 : 3,74
	Nr. 14	Akademie-Leitung bei Stoa Poikile	im Bereich von	1 : 3,74
	Nr. 15	Akademie-Leitung zwischen Stoa Poikile und Dipylon	im Bereich von	1 : 3,70
	Nr. 16	Akademie-Leitung beim Dipylon	18,0 : 68,5 =	1 : 3,81
	Nr. 17	Südost-Arm (?) beim Olympieion	15,0 : 65,5 =	1 : 4,37
vgl.	Nr. 28	Samos, samischer Typus C	14,8 : 52,2 =	1 : 3,53

Gruppe 4

		cm	Proportion
Nr. 18	Weststrang	11,5 : 66,5 =	1 : 5,78
Nr. 19	Kollytos-Arm	11,5 : 66,5 =	1 : 5,78

strangs (Nr. 18) und der vom Südstrang abzweigende Kollytos-Arm (Nr. 19) etwa zur gleichen Zeit angelegt oder renoviert wurden.

In dem Verhältnis zwischen Durchfluß-Querschnitt und Rohrlänge bewegt sich also die Gruppe 1 zwischen 2 : 5 und 2 : 6, die Gruppe 2 um 2 : 7, die Gruppe 3 um 2 : 7,5 und die Gruppe 4 um 2 : 11,5. Zwischen den Gruppen 3 und 4 findet sich mit nahe 2 : 8,8 nur ein Rohr, das südwestlich des Olympieion gefundene Rohr Nr. 17, dessen Zugehörigkeit zum Leitungsnetz fraglich bleibt.

Die zunehmende Streckung der Rohre wurde in Athen nicht durch eine Vergrößerung der Länge, sondern durch eine Verringerung des Durchmessers erzeugt. Die selten großen Durchmesser der älteren Rohre (Gruppe 1, Athen und Samos, um 25,7 cm) wurden in Athen in der

2. Gruppe, bei den Rohren des Leitungsnetzes, auf einen Mittelwert von 20,1 cm, also um mehr als ein Fünftel reduziert. Von dieser zweiten Entwicklungsphase aus betrachtet vermindert sich der Querschnitt in der vierten Phase noch einmal um rund 43% oder um 7/16 auf 11,5 cm. Damit ist der Durchmesser der jüngeren Rohre weniger als halb so groß wie der der älteren Athener Rohre, die dem großen Leitungsbau vorausgehen.

Ohne dem Kapitel «Datierung» im einzelnen vorzugreifen, kann aus der Sicht der Maße und Proportionen festgehalten werden: die Gruppe 1 ist älter als das spätarchaische Wasserleitungsnetz, dem also kürzere Wasserleitungen vorausgingen; die Gruppe 3 wird durch das frühklassische Dipylon (Nr. 16) und die Existenz der Stoa Poikile (Nr. 14) in das 5. Jh. v. Chr., in die Zeit nach den Per-

Ableitungen

			cm	Proportion
	Nr. 32	ältere Ableitung der Südost-Krene	12,3 : 65,5	= 1 : 5,33
	Nr. 34	Ableitung der älteren Dipylon-Krene	16,0 : 62,7	= 1 : 3,92
vgl.	Nr. 35	Agora, Ableitung des Gebäudes F	16,0 : 67,4	= 1 : 4,21
	Nr. 36	Agora, Ableitung der Tholos-Küche	16,6 : 64,0	= 1 : 3,86
	Nr. 37	Agora, jüngere Ableitung der Tholos	10,0 : 60,8	= 1 : 6,08

serkriegen verwiesen. Die merklich jüngere Gruppe 4 gehört damit zur 3. Bauphase der spätklassischen Zeit.

Die Rohrdurchmesser und Proportionen aber sind nicht allein ausschlaggebend, andere Kriterien kommen hinzu sowie eine Trennung zwischen Zu- und Ableitungsrohren; denn in archaischer und klassischer Zeit weisen die ableitenden Rohre einen erheblich kleineren Querschnitt auf. Eine derartige Differenzierung liegt nahe, waren die Zuleitungen doch für mehrere Ausflüsse und für die Wasserentnahme bestimmt, so daß die Ableitungen nur das überschüssige Wasser und damit eine geringere Quantität aufzunehmen hatten. Die kleineren Durchmesser wirken sich bei vergleichbaren Rohrlängen natürlich auf die Proportionen aus, die daher nicht direkt mit denen der Zuleitungen verglichen werden können.

Für konkrete zeitliche Schlußfolgerungen reichen diese wenigen Ableitungsrohre nicht aus. Erschwerend kommt hinzu, daß bei Ableitungen noch stärker als schon bei Zuleitungen mit Wiederverwendungen zu rechnen ist. Die Proportionswerte deuten aber darauf hin, daß zu- und ableitende Rohre speziell in dieser Hinsicht getrennt zu behandeln sind. Ferner scheinen die Erfahrungen aus den Auslegungen der Ableitungsrohre im Laufe der Zeit in die Dimensionierung der Zuleitungsrohre eingegangen zu sein; man lernte, daß kleinere Querschnitte ausreichten.

Typologische Merkmale

Innerhalb der vier aus proportionalen Gründen zusammengestellten Gruppen erlauben die Ausprägungen der Hals- und Kragenstücke eine weitere Differenzierung. Diese soll der Frage dienen, ob Nord- und Südstrang gleichzeitig geplant und ausgeführt wurden, ob der Südstrang möglicherweise jünger als der Nordstrang ist[175], oder ob beide Stränge getrennten Systemen angehören.[176]

Die Analyse wird dadurch erschwert, daß heute für Detailbeobachtungen und Messungen ausschließlich Rohre des Nordstrangs zur Verfügung stehen; und diese sind mit den relativ klein wiedergegebenen Zeichnungen weniger Südstrangrohre zu vergleichen. Das reichere Material des Nordstrangs bietet zudem den Vorteil, innerhalb einer bestimmten Strecke vergleichen zu können und bei Zeitgleichheit Nuancen zu bewerten.

Als verbindende Merkmale der Profile im Nordstrang (Nr. 1–7, Abb. 73, 74) sind festzuhalten:
– ein besonders langer Hals, eine Eigenart aller frühen Tonrohre, die den Nachteil in sich birgt, daß der Hals im Vergleich zur Rohrwand sehr schwach ist;[177]
– ein bis zu mehr als 2 cm herausgezogener Ring am Kragenende, der wie eine Feder in die tiefe Nut eingreift, die zwischen Hals und Halsmanschette eingetieft ist;
– Hals- und Kragenmanschette greifen weit nach außen aus.

Die Gemeinsamkeiten überwiegen die unübersehbaren Unterschiede im Detail, im Profil und in den Ausmaßen: die im Schnitt gleichsam dreieckigen Formen der Kragenmanschette sind in ihrer Breite von der Halsmanschette abhängig; in der Art des Beiziehens zur Rohrwandung, in stärker runden oder winkligen Übergängen sind sie keineswegs identisch. Dasselbe gilt für den äußeren Kontur der Halsmanschette und für die Formung der Nut, die teils runde Übergänge, teils eckige Absätze aufweisen.

Die hier im Nordstrang, aber auch im Südstrang auftretenden Umlaufstege am Fuß der Halsmanschette (Nr. 5–7, 13) kehren gelegentlich wieder (Nr. 12, 22–24), fehlen aber auch vielfach und können insgesamt betrachtet für frühe athenische Rohre als individuelles Schmuckelement des jeweiligen Töpfers eingestuft werden; sie bieten daher kein zeitliches Kriterium. So wie dem Streifendekor auf längere Sicht keine Zukunft beschieden war, so auch den erhabenen Umlaufstegen, eben weil beiden keine Funktion zukam.

Von der jeweiligen Töpferhand zeugen auch die bisher genannten Unterschiede der Nordstrang-Rohre. Diese können aufgrund des Tons, der Rohrform, der schwach vertretenen Bemalung sowie der Abmessungen und Proportionen keinesfalls verschiedenen Zeiten zugewiesen werden; sie erlauben aufgrund der wesentlichen Übereinstimmung nicht einmal eine Klassifizierung in verschiedene Typen.[178] Vielmehr spiegeln sich hier Unterschiede der beauftragten Werkstätten und deren Mitarbeiter, beispielsweise sichtbar in den Abweichungen zwischen den Rohren der Odos Adrianou (Nr. 1), der Odos Scholiou (Nr. 2), den östlich der Südost-Krene (Nr. 3, 4) und den dicht vor dieser Krene verlegten Rohren (Nr. 5–7). Da es sich in jedem Einzelfall um eine manuelle, handwerkliche Arbeit unter Einsatz der Töpferscheibe handelt, dürfen Unterschiede in den Profilen nicht automatisch zu verschiedenen Typen führen. Insofern werden hier alle Rohre des Nordstrangs als Typus A zusammengesehen; eine weitere Unterteilung ist möglich, aber nicht sachdienlich oder weiterführend.

Im Südstrang hingegen treten zwei Typen auf:

Typus A: die Rohre im Doppelstollenbereich (Nr. 9) mit einem lichten Halsdurchmesser, der dem der Nordstrang-Rohre entspricht, und mit einer Proportionierung (Gruppe 2) und Bauchung, die besonders mit Nr. 5, 6 und 7 des Nordstrangs übereinstimmt. Kragenfeder und Halsnut[179] sowie der Außenkontur beider Manschetten finden die nächste Parallele im Rohr Nr. 2 aus der Odos Scholiou. Die Umlaufbänder am Fuß jeder Manschette und in der Mitte sprechen für eine andere Werkstatt als der folgende Typus des Südstrangs, die Gesamtform, die Hals- und Kragenprofile für eine zeitliche Parallelität zu den Rohren des Nordstrangs.

Typus B: die Rohre aus dem Stollen im Bereich des Nymphen-Heiligtums (Nr. 13) geben sich vor allem durch den erheblich kleineren Leitungsquerschnitt als andersartig zu erkennen.[180] Hals und Kragen, in diesem Fall mit Umlaufsteg[181], weisen eine vergleichbare Grundform auf, wurden aber kantiger gebildet. Gemeinsam mit dem engeren Durchmesser deuten die nahezu glatten, kaum gebauchten Rohrwände auf eine jüngere Zeitstellung hin[182] und nicht in die Erbauungszeit. Das bedeutet, die Aufgabe des älteren Südstrangs bei T (Plan 7) südlich des Herodes-Atticus-Odeion und die Verlegung des Südstrangs nach Süden erfolgte später als die Rohrerneuerung in diesem Abschnitt, nach der hochklassischen Zeit. Auf welche Art und Weise der Übergang von den archaischen Rohren mit großem Durchmesser zu den

Rohren aus nachpersischer Zeit mit kleinerem Querschnitt bewerkstelligt wurde, bleibt unbekannt.

Nach allen typologischen Merkmalen wurden die Zuleitungsrohre im Nordstrang und in der Doppelstollenstrecke im Südstrang zur gleichen Zeit gearbeitet (Typus A), die aus dem Bereich des Nymphen-Heiligtums jedoch später (Typus B). Das im Pnyx-Arm verlegte Rohr Nr. 11 gehört mit seinem großen Querschnitt und seiner Proportionierung zu den Rohren des Typus A. Es muß daher bei Aufgabe der ersten Rohrleitung und bei Anlage des Poros-Kanals im Weststrang freigeworden und wiederverwendet worden sein – genauso wie die archaischen Rohre Nr. 8 und 25.

Darüber hinaus steht das Rohr Nr. 13 aus dem Heiligtum der Nymphe den Rohren der Akademie-Leitung (Nr. 14–16) nahe. Die Manschetten an Hals und Kragen (Abb. 84) greifen jeweils nicht ganz so weit aus wie an archaischen Rohren, und die Wandungen wurden glatter durchgezogen. Es zeigen sich Gemeinsamkeiten, die über den individuellen Unterschieden verschiedener Werkstätten oder Handwerker stehen.

Die weiteren Rohr-Belege des Leitungsnetzes weisen sich als bemerkenswert jünger aus, jünger auch als der Typus B. Mit identischen Maßen, nahezu gleichen Konturen der glatten Rohrwandungen und verwandten Profilen an Hals und Kragen bilden die Rohre Nr. 18 und 19 den Typus C und belegen noch einmal die Gleichzeitigkeit der jüngeren Phase des Weststrangs und des Kollytos-Arms. Bei all diesen Rohren ist der Hals noch relativ lang, Nut und Feder wurden jedoch nicht mehr eingearbeitet oder erscheinen rudimentär; die Manschetten werden zum Rohrkörper stärker beigezogen. Wohin diese Entwicklung führt, zeigt die Zuleitung für die Propylon-Krene des Bouleuterion auf der Agora. [183]

Der ältere Rohrtypus A, besonders sein Beleg aus dem Südstrang (Nr. 9), wurde mehrfach als Kronzeuge für eine Datierung der Leitung in peisistratidische Zeit aufgrund der Verwandtschaft zu den Rohren der Eupalinos-Leitung auf Samos genannt. [184] Ein vergleichender Blick zwischen dem Typus A in Athen (Nr. 1–9) und dem Typus A auf Samos, dem ältesten samischen Rohr Nr. 26, genügt zur Feststellung der Unterschiede. Auch das bislang älteste athenische Rohr mit dem aufgemalten Kopf (Nr. 21), das den enorm großen Durchmesser des samischen Rohres noch um weniges übertrifft (s. Gruppe 1), hat mit diesem formal betrachtet nichts gemein. Charakteristika

des älteren (Nr. 26) und des etwas jüngeren Rohres von Samos (Nr. 27) sind die gradlinig durchgezogenen Wandungen, die bei Nr. 27 sogar noch etwas nach innen schwingen; ferner der Muffenschluß: ohne Nut und Feder genügt eine Halsmanschette mit gradlinigem Abschluß. Über den Hals legt sich der ebenso lange Kragen, der aus der Wandung nach außen ausbiegt und der dem Hals innen – nicht außen – ein Widerlager bietet.

Darüber hinaus sind bei den samischen Rohren Nr. 26, 27 und 28 ähnliche Entwicklungsmerkmale zu beobachten wie in Athen: Hals und Kragen werden kürzer, die ausladende Halsmanschette wird beigezogen, die Zäsur zwischen Hals und Kragen verkleinert, der Muffenschluß im Hinblick auf das Rohr insgesamt fließender, das Rohr selbst gestreckter.

Diese Entwicklung zu durchlaufenden Innen- und Außenkonturen [185] spiegelt die zunehmende Erfahrung im Rohrleitungsbau und schließt allgemeine und relative Zeitmerkmale ein. Sie läßt aber keine direkte Parallelisierung der so unterschiedlichen Rohrformen in Athen und auf Samos zu. In Athen selbst verbinden sich metrologische und typologische Merkmale so eng, daß sich die Zuleitungsrohre der Gruppe 2 mit Typus A, die der Gruppe 3 mit Typus B und die der Gruppe 4 mit Typus C verbinden.

Die Y-Verbindung in der Ableitung der Südost-Krene (Nr. 33) wurde eigens für die älteren und wiederzuverwendenden Rohre gearbeitet und deren Maßen angepaßt: daher die ältere Form von Hals- und Kragenmanschette, wobei der Kragen keinen Sporn, sondern eine Nut aufweist (Abb. 108). Diese Form der Zusammenführung zweier Abflußleitungen führt zu der Frage, wie die Gabelungen und Abzweigungen der Zuleitungen angelegt wurden, von denen nichts erhalten ist. Die Teilung in Nord- und Südstrang dürfte über ein Becken erfolgt sein, aber für kleinere Abzweigungen können möglicherweise auch Y-förmige Zwischenrohre eingesetzt worden sein. Oder es wurde – wie späterhin häufiger – an den durchlaufenden Strang ungefähr rechtwinklig ein Abzweigrohr angeschlossen. [186]

Ein Knie- oder Ellenbogenstück wie in Olynthos (Nr. 30) [187] oder Priene [188] dient einem ausgeprägten Richtungswechsel, so wie er in Athen zwischen Süd- und Weststrang vorliegt. Ein eigenes Kniestück aber ist wie bei der Biegung des Nordstrangs zur Südost-Krene und wie in Priene [189] dann zu umgehen, wenn man die Rohrstücke etwas verkantet verlegt.

und die so am äußeren Bogen entstehende breitere Muffenspalte sorgfältig abgedichtet.

Als Dichtungsmasse für den Muffenverstrich wird allgemein gebrannter Kalk, der mit (Oliven-)Öl unterzogen ist, angegeben. [190] Die spärlichen Notizen in den Grabungstagebüchern scheinen dies für die Athener Leitung zu bestätigen. Erst die jüngeren Rohre des Weststrangs (Nr. 18) und die wiederverwendeten Rohre im Pnyx-Arm (Nr. 20) wurden an den Muffen mit Blei gedichtet. Allein daraus kann aber nicht auf eine Druckleitung geschlossen werden.

Leitungsentlüftung

Alle Rohre des Athener Leitungsnetzes und alle Vergleichsrohre aus Athen – aus Zuleitungen wie aus Ableitungen – weisen an ihrer Oberseite ein Loch mit Deckel auf, ein Charakteristikum archaischer und klassischer Tonrohrleitungen. [191]

Ein verbindendes Merkmal dieser häufig ovalen oder runden, aber auch viereckigen Deckel ist in der erstaunlichen Paßgenauigkeit gegeben: in gut erhaltenen Rohren passen diese Deckel in den konischen Ausschnitt so exakt, daß kaum ein Streifen Papier in die Fuge paßt. Vom Töpfer wird diese Genauigkeit dann erreicht, wenn das geformte Tonrohr 24 bis 48 Stunden an der Luft abbindet, bis es einen lederharten Zustand erreicht. Wenn das Loch dann eingeschnitten wird, ist der Schrumpfungsprozeß beim späteren Brand (nach weiteren Tagen) in Rohr und Deckel gleich groß und damit die Paßgenauigkeit gegeben.

Zur funktionellen Bedeutung dieser Löcher und Deckel werden seit dem vorigen Jahrhundert Zwecke der Reinigung und Instandhaltung genannt. [192] Geschieht dies per Hand, wovon im allgemeinen ausgegangen wird, so erreicht man durch seitlich oder mittig in das Rohr eingeschnittene Löcher [193] nicht die gesamte Rohrlänge von meistens mehr als 60 cm (s. Abb. 46). Vollends unmöglich ist eine Säuberung durch so kleine Löcher wie bei der neugefundenen Leitung nördlich der Stoa Poikile in Athen, durch die nicht einmal eine kleine Kinderhand paßt (Abb. 78). [194] In diesem Fall und auch bei den größeren Löchern könnte man an eine antike Verwendung von Bürsten denken, die aber nicht belegt ist. Zudem konnte Shear bei der langen Strecke der älteren Ableitung der Südost-Krene genau beobachten, daß die Erde über der Rohrleitung späterhin niemals zu Reinigungszwecken bewegt wurde; und auch die zahlreichen Deckel zeigten keinerlei Spuren, jemals entfernt worden zu sein.

Keinesfalls konnten die Rohre durch die Löcher entsintert werden, weil die Kalkablagerungen, die sich in Gefälleleitungen bei Überdruck infolge sehr starken Durchflusses auch an der oberen Wandung absetzen konnten, unbeschreiblich hart und dementsprechend schwer zu entfernen sind. Hatte der Sinter eine Rohrleitung zu weit zugesetzt, wurden mancherorts wie auf Samos (Abb. 38, 39) oder in Megara (Abb. 53) die Rohre oben durchlaufend aufgeschlagen. Aus heutiger Sicht erscheinen solche Maßnahmen zur manuellen Entsinterung aufwendiger als die Herstellung und Verlegung neuer Rohre. In griechischer Zeit zog man aus derartigen Erfahrungen die Folgerung, statt der geschlossenen Rohre offene Tonrinnen einzusetzen.

Eine Reinigung kann nicht der einzige oder primäre Zweck der Löcher gewesen sein, weil bei jüngeren Tonrohrleitungen nicht mehr jedes Rohr damit ausgestattet ist: von jedem zweiten Rohr bis zu größeren Abständen treten verschiedene Abstufungen auf, ebenso Leitungen ganz ohne Deckel.

Die eigentliche Funktion, durch die andere Nutzungen nicht ausgeschlossen werden, überliefert Vitruv[195]: *«Es pflegt nämlich ein so heftiger Luftdruck in der Wasserleitung zu entstehen, daß er sogar Steinblöcke zersprengt, wenn nicht zuerst langsam und spärlich von der Quellfassung her (a capite) Wasser hineingelassen wird und die Leitung nicht an den Knien oder Biegungen durch Bänder oder Sandballast zusammengehalten wird.»*

Diese auf eine Druckstrecke bezogenen Erfahrungen treffen in geringerem Ausmaß auch für Gefälleleitungen in Form geschlossener Rohrleitungen zu – sowohl bei der ersten Inbetriebnahme als auch während des weiteren Betreibens: «Luft in Rohrleitungen verringert den Durchfluß; im Grenzfall bewirkt sie, daß überhaupt kein Wasser fließt.»[196]

Bei guter Muffendichtung können Luftansammlungen oder Luftstaus, Luftblasen oder -polster vor allem durch erhebliche Schwankungen im Gefälle, durch unsauberes Verlegen der Rohre oder durch nicht exakte Einhaltung der Gefällelinie verursacht werden – eher bei Leitungen mit kleinem Querschnitt, aber auch bei solchen wie in Athen mit großem Durchmesser. Durch Abweichungen von der Ideallinie entstehen Hoch- und Tiefpunkte in der Leitung, und die sich zwischen zwei Tiefpunkten ansammelnde Luft muß entweichen können, um den Durchfluß nicht zu beeinträchtigen.

Schneidet man in jedes Rohrstück einen Deckel ein, so kann durch die Schnittfugen, auch bei hoher Paßgenauigkeit, Luft an zahlreichen Stellen entweichen. Leitungstechnisch bedeutet das eine zu große Auslegung an Deckeln, die nur an kritischen Punkten erforderlich sind. Historisch bedeutet das ein Stadium mit noch mangelnder Erfahrung und damit ein relativchronologisches Indiz.

Bei der Anlage jüngerer Leitungen ging zunächst die Beobachtung ein, daß ein Deckel in jedem zweiten Rohrstück ausreicht.[197] Erheblich größere und unregelmäßige Abstände der Deckel setzen voraus[198], daß man die Hoch- und Tiefpunkte als solche erkannte und an den Hochpunkten Rohrstücke mit Deckel einsetzte. Dies wird dadurch belegt, daß beispielsweise in Priene[199] auf ganze Strecken die Deckel mit Mörtel fest verschlossen wurden oder daß in Athen bei der Leitung am Areiopag aus wiederverwendeten archaischen Rohren (Nr. 25) und bei der Ableitung aus der Tholos-Küche (Nr. 36) jeder Deckel mit Steinen und anderem beschwert und so bis zu einem gewissen Grad gedichtet wurde.

Daß andererseits Rohrentlüftungen an bestimmten Stellen notwendig waren und daß man diese auch zu orten wußte, zeigt ein Befund in Olynthos[200]: zur zusätzlichen Entlüftung wurden rund um den Deckel mit einem spitzen, dornähnlichen Gerät zahlreiche kleine Löcher eingebracht. Auch in Leitungen mit Steinrohren wurden Entlüftungslöcher installiert[201], bei Gefälleleitungen und insbesondere bei Druckleitungen.[202]

Die primäre Funktion der Deckel liegt den Schriftquellen, den Befunden und der Entwicklung zufolge in der Entlüftung der Rohrleitungen. Damit stellen die Löcher und ihre Deckel ein Anfangsstadium in einer leitungstechnischen Entwicklung dar, die über römische Entlüftungspfeiler[203] bis hin zu heutigen Entlüftungsstandrohren führt. Aus dieser Zweckbestimmung erklärt sich auch die Tatsache, daß in Athen nur die Y-Verbindung in der Ableitung auf der Agora (Nr. 12) als einzige Ausnahme ohne Deckel erstellt wurde: die Entlüftung der Leitung wird mit jedem Rohrstück gewährleistet, die Reinigung gerade des Verbindungsstücks, das in einer Abwasserleitung zur Ablagerung von Verunreinigungen prädestiniert ist, aber nicht.

Rohrersatz durch Leitungsrinnen

An mehreren Stellen des Südstrangs, des Weststrangs und zweier Nebenarme wurden offene Tonrinnen gefunden, mit denen die Leitungsrohre der jüngeren Bauphase ersetzt wurden:

– in der Verlegung des Südstollens (Plan 7, von Z 5 über Z 10 und Z 8 nach Z 4). W. Dörpfeld, AM 19, 1894, 145; Gräber 30 Abb. 12, 13 (mit Maßen);

– im Stollenende des Südstrangs. Tagebuch II (1893) 42; Gräber 31 Abb. 14 (jeweils ohne Maße);

– im Pnyx-Arm, im Poros-Kanal; bei den angegebenen Maßen (B oben 22 cm, unten 27 cm) bleibt offen, ob außen oder innen gemessen wurde. Tagebuch I (1892) 80; Gräber 26 f. Abb. 9;

– im Koile-Arm; B unten außen 28 cm, oben licht 22 cm; Höhe außen 23 cm; Wandstärke 3 cm. Dieser Querschnitt ist also etwas kleiner als der der Tonrinne in der Verlegung des Südstrangs. Tagebuch VIII (1897) 50.

Diese Leitungsphase mit offenen Tonrinnen wurde in den Stollenstrecken des Nordstrangs nicht durchgeführt, denn dort liegen die archaischen Rohre in situ. Wohl aber wurde in der Zuleitung zur Südwest-Krene auf der Agora der spätklassische Steinkanal später durch Wasserrinnen aus Ton ersetzt, die erheblich höher verlegt wurden.[204] Sollte diese Verlängerung des Nordstrangs in jüngerer Zeit auch die Südost-Krene versorgt haben, so würde hier dieselbe Abfolge wie im Süd- und Weststrang vorliegen. Damit würde sich auch die gute Erhaltung und die relativ geringe Versinterung der ältesten Rohre im Nordstrang erklären, falls diese außer Funktion gesetzt wurden.

Die Tonrinne aus dem Südstrang, die an beiden Enden einen verstärkten Rand, aber keine Kragen- und Halsbildung aufweist, ist möglicherweise jünger als jene in Megara mit profiliertem oberen Rand (Abb. 53) und jene auf Samos mit ausgeprägtem Hals und Kragen.[205]

Parallel hierzu vollzieht sich derselbe Wechsel auch bei Ableitungen, obwohl gerade diese auch lange an der geschlossenen Form festhalten. Wurde die ältere Dipylon-Krene noch mit einer Rohrleitung mit starkem Gefälle entsorgt, so geschah dies bei dem Nachfolgebau durch eine offene Tonrinne, die nahe der Krene nur mit minimalem Gefälle verlegt wurde (Abb. 150).

Krene-Bauten

Im Griechischen ist der unübersetzbare Begriff Krene[206] eindeutig definiert: eine Krene ist eine von Menschenhand geschaffene Wasser-Entnahmestelle jedweder Art, angefangen von einer Quellfassung. In diesem Sinne werden auch bei Fernleitungen und Leitungsnetzen die daran angeschlossenen Gebäude Krenai genannt, von denen das Wasser in Gefäßen geholt und verteilt wurde. Die größeren Krenai wurden durch ein Dach geschützt, sie bilden eigene architektonische Typen und lassen sich hinsichtlich der Wasserentnahme in zwei Arten unterteilen: in die Schöpf-Krene mit Wasserbecken und die Zapf-Krene mit Wasserspeiern.

Es kann nicht Aufgabe dieser Studie sein, ausstehende Bauanalysen zu einzelnen Krenebauten in Athen nachzuholen, das liegt darüber hinaus in der Oberhoheit der jeweiligen Grabungen. Insofern müssen hier Schwerpunkte gesetzt werden: die Versorgung und Ableitung sowie der Typus des jeweiligen Krene-Gebäudes.

Südost-Krene auf der Agora

Die 1952 auf der Agora gefundene Südost-Krene[207] (Abb. 115) wurde mit lebhaftem Interesse aufgenommen, vor allem als die von Pausanias gesehene Krene.[208] Diese kann jedoch aufgrund der schriftlichen Überlieferung nicht mit der Enneakrounos des Thukydides im Ilissostal identisch sein, weil es sich bei der Enneakrounos um die gebäudehafte Fassung des Quellwassers der Kallirrhoe handelt, auf der Agora aber um eine Krene am Ende einer Fernwasserleitung.[209]

Unter der quergelagerten Südost-Krene fanden sich Fundamente eines älteren archaischen, in die Tiefe gestreckten Gebäudes[210] (Abb. 115), das mit seiner Schmalseite ebenfalls zur Agora orientiert war und das bei Fundamentmaßen von 4,55 x 13,20 m ungefähr 60 m² groß war: an einen nördlichen, nicht ganz quadratischen Raum schließt südlich ein langgestreckter, licht etwa 3:7 proportionierter Raum an. Die Möglichkeit, daß an dieser Stelle Tradition und Kontinuität

des Ortes in Gestalt einer älteren Krene faßbar werden, schließen die Grabungsbefunde aus. Dankenswerterweise faßte diese H. A. Thompson in einem Brief des Jahres 1990 noch einmal zusammen: «There is nothing to suggest that the earlier remains were of an hydraulic nature: no trace of supply pipe or drain, no special treatment of the floor. We concluded that the ruins were most likely from private houses.»

Die Rekonstruktion der nur im Grundriß bekannten, dreiräumigen Südost-Krene (Abb. 115), die größer war als das archaische Metroon oder der archaische Apollon-Patroos-Tempel auf der Agora, hat viel Wahrscheinlichkeit für sich. Danach wurde diese Krene mit einem Satteldach so gedeckt, daß die Traufseite über dem Eingang, zur Agoraseite liegt. Der

Eingangsbereich läßt sich mit einem Antenbau mit zwei oder drei Säulen vergleichen; lediglich die anschließenden Mauern fallen hier länger aus. In dem tiefer gelegenen westlichen Raum (Abb. 116) wird ein Becken vermutet, vor dem eine Brüstung zu ergänzen ist; in dem höher gelegenen östlichen Raum, der sich praktischerweise durch eine niedrige Stufe vom Mittelbereich der Krene absetzt, werden Wasserspeier und unter diesen Postamente zum Aufstellen der Hydrien angenommen.[211] Die Kombination von Schöpf- und Zapf-Krene unter einem Dach ist ungewöhnlich, aber offenbar wurde auf der Agora die Wahl zwischen fließendem und stehendem Wasser, je nach Verwendungszweck, angeboten.

Die Existenz von zwei Räumen zur

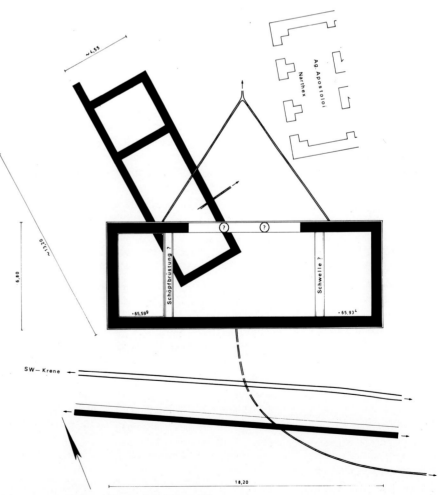

Abb. 115 Athen, Agora, Südost-Krene, Grundriß.

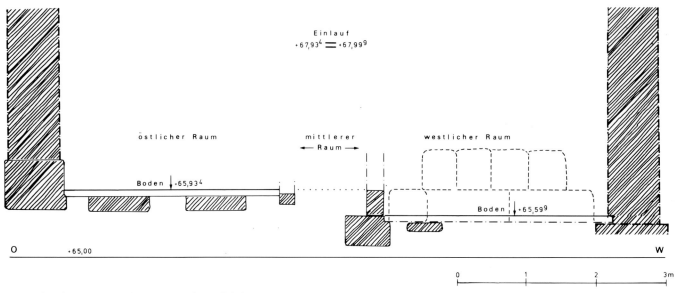

Abb. 116 Athen, Agora, Südost-Krene, Höhenverhältnisse.

Wasserentnahme wird mit Sicherheit für die Südost-Krene nach ihrer Renovierung[212] durch die beiden Ableitungsstränge belegt, die das Wasser aus beiden Teilen der Krene getrennt abführten und die anschließend mit der Y-Verbindung vereint wurden (s. Anm. 169). Die ältere Ableitung hingegen ist nur für den Beckenraum bezeugt.[213] Deren Zeitstellung – jünger als die Rohre des Nordstrangs und in etwa parallel zu den Ableitungsrohren der älteren Dipylon-Krene (Nr. 34) – darf die Südost-Krene nicht herabdatieren; denn das überschüssige Wasser kann zunächst auch in ungeregelten Bahnen abgeflossen sein. Die nachträgliche Anlage einer Ableitung schließt auch die Möglichkeit einer weiteren Verwendung des Wassers ein.

Die Südost-Krene verkörpert bereits jenen Typus der quergelagerten, an der Breitseite zugänglichen Krene, der zunächst parallel zu den in die Tiefe führenden Grundrissen[214] auftritt, um dann zukunftsweisend und dominant zu werden.[215] Darüber hinaus weist die Südost-Krene dieselbe Orientierung auf wie das Hephaisteion, das die Ausrichtung der Bauten im Westen der Agora bestimmt; im Süden mußte die Planung der Südost-Krene und der benachbarten Südstoa I und der Münze zudem Rücksicht auf die Geländestufe und die sogenannte Südstraße nehmen.

Unter allen bekanntgewordenen Krene-Bauten Athens ist die Südost-Krene auf der Agora die älteste und die einzige, die direkt mit dem spätarchaischen Wasserleitungsnetz in Verbindung steht. Alle anderen Krenai des Nordstrangs[216] und der Nebenarme wurden in nacharchaischer Zeit errichtet. Die archaischen Krenai des Süd- und Weststrangs wurden bislang nicht aufgefunden.

Südwest-Krene auf der Agora

Der im Laufe des 5. und 4. Jhs. v. Chr. steigende Wasserbedarf manifestiert sich in Athen in der Verlängerung des Nordstrangs (Abb. 17, 49) zur Versorgung des spätklassischen Neubaus im Südwesten der Agora (Abb. 117 f.).[217] Trotz des schlechten Erhaltungszustandes, der selbst im Fundamentbereich desolat ist, läßt sich der architektonische Entwurf dieser Krene wiedergewinnen. Im Ausschlußverfahren bietet sich nämlich keine andere Rekonstruktionsmöglichkeit als die von den Ausgräbern vorgelegte (Abb. 117). Damit kann der Grundriß im Typus als gesichert gelten: ein L-förmiges Becken und davor eine ebenfalls rechtwinklig umbiegende Stoa, die zusammen ein Walmdach nach sich ziehen. Diese Grundrißform ist unter den Krenai der griechischen Welt selten, findet aber gerade in Athen eine Stütze: in dem guterhaltenen L-förmigen Becken der jüngeren Dipylon-Krene (Abb. 144). Diese vielleicht für Athen charakteristische Lösung kann auch für andere Krenai der spätklassischen Bauphase, etwa für die Pnyx-Krene, nicht ausgeschlossen werden.

In dieser architekturtypologischen Sicht als auch in ihrer Größe nimmt die Südwest-Krene auf der Agora eine beachtenswerte Stellung ein. Die Grundfläche erreicht mit ca. 228,47 m² fast die lichte Größe des Leitungsreservoirs für die Krene in Megara (ca. 232 m²).[218] So wie die megarische Krene sind auch alle anderen griechischen Krenai[219], auch die jüngeren Krenai in Korinth, erheblich kleiner.[220] Im Vergleich zu heutigen Bungalows werden die folgenden Größenverhältnisse der drei besterhaltenen Leitungs-Krenai in Athen deutlich; dabei ist zu berücksichtigen, daß der Größe der Dipylon-Krene durch den Winkel im Stadtmauertor Grenzen gesetzt sind.

	Südost-Krene auf der Agora	Südwest-Krene auf der Agora	jüngere Dipylon-Krene
Baumaterial	Kalkstein	Kalkstein	Kalkstein/Marmor
Architektonische Ordnung	dorisch	dorisch	ionisch
Dachform	Satteldach	Walmdach	Walmdach
Grundfläche der Krene	ca. 123,76 m²	ca. 228,47 m²	ca. 87,77 m²
Wandlänge für Wasserspeier	ca. 27,40 m	ca. 38,00 m	ca. 16,02 m
Beckenfläche	ca. 31,80 m²	ca. 101,83 m²	ca. 41,23 m²
Fassungsvermögen bei 0,80 m hohem Wasserstand	ca. 25 m³	ca. 81 m³	ca. 33 m³

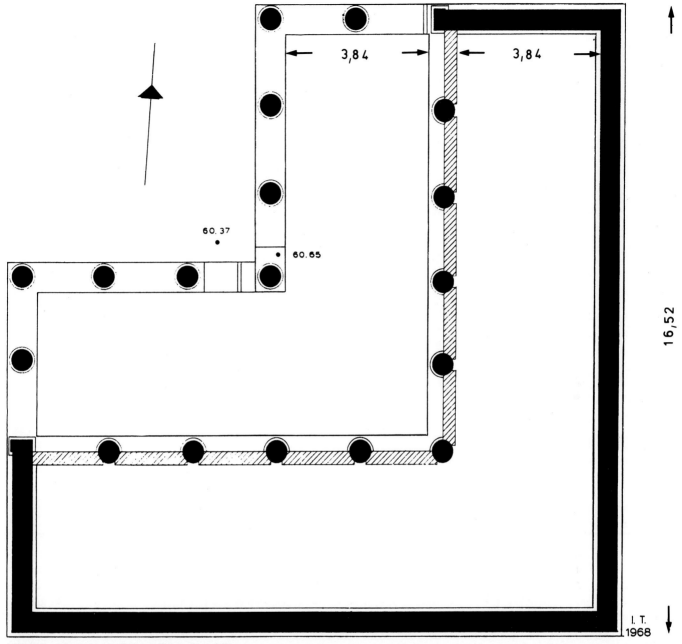

Abb. 117   Athen, Agora, Südwest-Krene, Grundriß.

Bei der jüngeren Krene auf der Agora handelt es sich genauso wie bei der jüngeren Krene am Dipylon um Installationen, die ausschließlich zum Wasserschöpfen bestimmt waren. Da bei der älteren Südost-Krene vielleicht die Möglichkeit des direkten Wasserzapfens gegeben war, wurde in einem südwestlichen Anbau an die Südwest-Krene eine Zapfstelle vermutet.[221] Eine Krene muß aber nicht eine unmittelbare Wasserentnahme anbieten – im Gegenteil: unter allen Leitungs-Krenai dominiert bei weitem das Schöpfbecken, und zwar ohne zusätzliche Zapfstelle. Durch die Bevorzugung von Becken in klassischer und hellenistischer Zeit wurde ein ständiger und häufig unnützer Wasserauslauf unterbunden. Mittels Schieber, wie in Megara in situ

erhalten, konnte das Wasser aus den Becken gezielt abgelassen werden, im Falle der Südwest-Krene in die «great drain» (Abb. 13), also ohne weitere Nutzung in einen Hauptabwasserkanal.

Zwei Architekturglieder[222] können heute eher der Südwest-Krene zugeschrieben werden als früher, weil sie sich von denen der Pnyx-Krene (Abb. 130 ff.) in Material und Steinmetztechnik deutlich absetzen. Leitungstechnisch geben die beiden Wandquadern mit eingearbeiteter Leitungsrinne der Südwest-Krene (Abb. 119–122) und der Pnyx-Krene (Abb. 130–132) in gegenseitiger Ergänzung den Stand wieder, wie man im 4. Jh. v. Chr. das Wasser durch die Rückwand einer Krene lenkte, um mehrere Wasserspeier zu beschicken. Das zweite Zeug-

nis, das Fragment einer Brüstung (Abb. 123), bekräftigt die Rekonstruktion mit Schöpfbecken und steht mit der Schleifrinne und den Löchern für die Aufnahme von Spitzamphoren der besser erhaltenen Brüstungsplatte der Pnyx-Krene (Abb. 136–139) nahe.

A   Wandquader mit Leitungsrinne (Abb. 119–122).
Agora A 3464, derzeit auf dem Westfundament der Südwest-Krene.
Fundort: in mittelalterlicher Mauer am Areiopag.
Heller Kalkstein.
Maße: s. Abb. 119.
Nur an einer Seite gebrochen (Abb. 121); an der Gegenseite (Fuge) die Hälfte einer zweiten Ausflußrinne für einen Wasser-

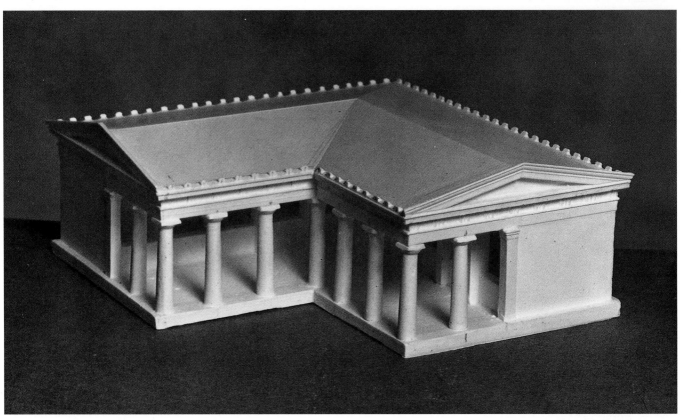

Abb. 118   Athen, Agora, Südwest-Krene, Modell.

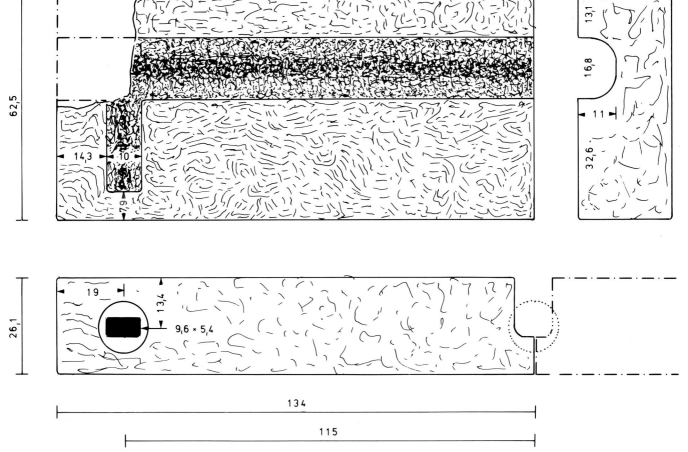

Abb. 119   Athen, Agora A 3464, Wandquader mit Leitungsrinne und Wandausfluß.

Abb. 120–122 Athen, Agora A 3464, Wandquader mit Leitungsrinne und Wandausfluß.

Abb. 121

Abb. 122

Abb. 123   Athen, Agora 1374, Fragment einer Brüstungsplatte.

speier; axialer Abstand der Ausflußrinnen 1,15 m. Über dem gut erhaltenen Ausflußloch (Abb. 122) geglätteter bogenförmiger Streifen, vor dem der Wasserspeier angebracht wurde.
Literatur: unpubliziert, erwähnt von Camp 126.

B   Brüstungsfragment (Abb. 123).
Agora A 1374, derzeit aufbewahrt im Nordteil der Südwest-Krene.
Fundort: in später Füllschicht in der Südwestecke der Agora.
Heller Kalkstein, allseits gebrochen, erhaltene Höhe 0,51 m.

Tief ausgehöhlte Schleifspurrinne; Tiefe der Löcher 7 und 11 cm.
Literatur: unpubliziert, erwähnt von H. A. Thompson, Hesperia 17, 1948, 153 f.; Camp 95.

Kollytos-Krene

Südlich der Akropolis besagt eine Abzweigung, ein vom Südstrang im Doppelstollenbereich abgehender Stollen (s. S. 26) mit dem Rohr Nr. 19 des jüngeren Typus C, daß eine Krene am Fuß des

Mouseion-Hügels gelegen haben muß. Der erste Abschnitt der Stollenleitung richtet sich zur Talsenke zwischen Akropolis-Südabhang und Mouseion-Nordostabhang und zu der dort hinabführenden Straße (Plan 9). Aus den Höhen geht hervor, daß dieser Arm unter der Straße oder dicht benachbart verlaufen sein muß. Die Stollensohle liegt nämlich bei der Abzweigung bei +84,03 m; südlich folgen die Höhenlinien +90 und +80 m, die der Stollen unterlaufen haben muß. Im weiteren Verlauf nach Südosten kann die Leitung weiter mit größerem Gefälle als Stollen oder mit geringerem Gefälle als Kanal ausgeführt worden sein. Das hängt auch von der − unbekannten − Lage der Krene ab, die in dem rund 350 m langen Bereich zwischen der 80-m-Höhenlinie und der themistokleischen Stadtmauer zu suchen ist.

Dieses Gebiet gehört zum Stadtteil Kollytos[223], der in der antiken Literatur häufiger genannt wird als alle anderen.[224] Danach galt Kollytos als verkehrsreiches, beliebtes Stadtviertel mit Privathäusern namhafter Athener. Es wurde vom στενωπὸς Κολλυτός durchzogen, von einer der bekanntesten Straßen «ganz in der Mitte der Stadt», die als Verkehrsader und Agora diente.[225] Der Anschluß dieses Stadtteils an das Wasserleitungsnetz lag aus antiker Sicht somit nahe und war aufgrund günstiger topographischer Gegebenheiten gut realisierbar.

Vorstadt-Krene

Eine antik ebenso bedeutsame Verbindung stellt ἡ διὰ Κοίλης καλουμένης ὁδός (= der Weg durch die sog. Senke) dar.[226] Ihrem Namen entsprechend führt sie

Abb. 124   Athen, Vorstadt-Krene, Brüstung.

Abb. 125   Athen, Vorstadt-Krene, Schleifrinne.

Abb. 126 Athen, Vorstadt-Krene, Brüstung und Südwand des Vorraums.   Abb. 127 Athen, Vorstadt-Krene, Pflaster im Vorraum.

durch das Tal zwischen dem Pnyx-Hügel und dem westlich davon gelegenen Hügel im Norden und dem Mouseion-Hügel im Süden (Plan 9). Ihre antike Führung ist durch Ablaufkanäle, Wagenradspuren und Rillen für Saumtiere gesichert.[227]

Der sich im Südwesten Athens ausbreitende und nach dem Tal benannte Stadtteil Koile bewahrt beiderseits der Koile-Straße die dichtesten Spuren antiker Besiedlung, die in Athen überhaupt angetroffen wurden.[228] Das entspricht der schriftlichen Überlieferung, nach der Koile ebenso wie Kollytos eine eigene Agora besaß.[229]

Der Leitungsstollen unterläuft die Koile-Straße (s. S. 26), durchzieht diesen großen Stadtteil vollständig und mündet etwa 860 m nach der Abzweigung und 125 m nach der Unterquerung der westlichen Stadtmauer in eine wiedergefundene Krene[230] (Abb. 124–127). Diese wird hier Vorstadt-Krene genannt, um den Namen Koile-Krene für eine zu erwartende Krene innerhalb der Stadtmauer aufzuheben.

Unter dem späteren Umbau in eine Zisterne ist die (teils ausgebrochene) Brüstung einer Schöpfkrene über etwa 6 m Länge sichtbar; die ursprüngliche Länge war größer. Die aus Marmor gearbeitete Brüstung (80–90 cm hoch und etwa 20 cm stark) gibt sich durch eine tiefe Schleifrille als solche zu erkennen. Das Schöpfbecken liegt östlich der Brüstung, westlich davor bezeichnet ein altes Pflaster aus harten, graublauen, unregelmäßigen, bis zu 60 x 60 cm großen Kalksteinplatten den Vorraum der Vorstadt-Krene (Abb. 127). Die wassertechnische Bauart und die architektonische Form dieser Krene muß man sich ähnlich der kleineren Krene im Westen von Megara vorstellen (Abb. 128, 129), jedoch mit erheblich größerem Becken.

Abb. 128 Megara, kleine Krene im Westen der Stadt.

Abb. 129 Megara, kleine Krene im Westen der Stadt.

Pnyx-Krene

Von der Krene am Fuß des Pnyx-Hügels wurde nicht ein Fundamentrest aufgefunden[231] (s. u. S. 106 f.). Dennoch muß hier an einer ungefähr zu lokalisierenden Stelle eine Krene gestanden haben, die durch den Pnyx-Arm und einige Bauglieder belegt ist. Das bestätigen auch Nachuntersuchungen der American School[232], die eine Bebauung dieses Gebiets vom 4. Jh. v. Chr. bis in die Spätantike ergaben. Das stimmt mit der Zeitstellung des zuleitenden Poros-Kanals überein, der nicht älter als das 4. Jh. v. Chr. ist (s. S. 104).

In den Mauern des ungewöhnlich großen, spätantiken Wohnhauses, unter dem Dörpfeld den «Platz der Enneakrounos» vermutete, wurden an der mit FO gekennzeichneten Stelle in Plan 8 drei spezifische Krene-Steine verbaut. Die zweckentfremdete Wiederverwendung zeigt an, daß die Zuleitung zumindest in der späten Kaiserzeit nicht mehr betrieben wurde – ganz entsprechend dem Nordstrang; denn die Südost-Krene wurde entweder 267 n. Chr. durch die Heruler zerstört oder schon früher nicht mehr gespeist[233]; Pausanias hat sie indes als Gebäude noch gesehen.[234]

Die drei Bauglieder der Pnyx-Krene[235] und der zuleitende Kanal wurden aus dem gleichen, mittelharten Poros gearbeitet, der offenbar von derselben Lagerstätte stammt.[236] Dadurch wird ihre Zusammengehörigkeit und Gleichzeitigkeit wahrscheinlich.

A Wandquader mit Leitungsrinne (Abb. 130–132).
Fundort: nahe östlich des römischen Mosaikfußbodens; Poros.
Maße: s. Abb. 130.
Vorderseite: Reste von Kalkputz und darüber Sinterschichten; beides wurde laut Tagebuch von den Ausgräbern entfernt.
Oberseite: eingetiefte Rinne.
Literatur: W. Dörpfeld, AM 19, 1894, 505; Gräber 50 f. Abb. 30.

B Wandquader für Wasserausfluß (Abb. 133–135).
Poros.
Maße: s. Abb. 133.
Vorderseite: Reste von Kalkputz und darüber etwas Sinter. Unregelmäßiger, in etwa birnenförmiger Ausbruch, dahinter Durchbohrung zur Aufnahme eines Wasserrohres. Unten rechteckige Ausarbeitung, vielleicht für Einbringung eines Zapfens zum Aufhängen von Gefäßen.
Literatur: W. Dörpfeld, AM 19, 1894, 505; Gräber 50 f. Abb. 30.

C Brüstungsblock (Abb. 136–139).
Verbaut als Fußbodenplatte; Poros.
Maße: s. Abb. 136.
Beckenseite: verputzt mit einer älteren und einer jüngeren Stuckschicht, darüber laut Tagebuch stellenweise Sinterablagerungen, heute nicht mehr erhalten. 2 Schleiffrillen.
Gegenseite: die nur grobe Glättung setzt zweite Quaderreihe voraus.
Oberseite: Z-Klammern, Löcher für Spitzamphoren (?), vgl. Lang Abb. 26.
Literatur: Tagebuch II (1893) 24; Gräber 51 ff. Abb. 31.

Zugehörigkeit möglich

D Dorisches Kapitell, heute nicht auffindbar, verbaut in einem Fundament nahe dem Fundort von Nr. A–C.
Poros.
Maße: H um 28 cm, Dm 27,5 cm, Abacus-H 7,6 cm, Abacus-B 52 cm.
Literatur: Tagebuch I (1892) 52 mit Skizze von Körte.

E Triglyphon, zur Hälfte erhalten, heute nicht auffindbar, wiederverwendet im Fundament einer Mauer südlich des sog. «großen Bassins». Poros, errechnete Breite 57 cm.
Literatur: Gräber 54.

F Abfluß-Rinne (Abb. 140, 141).
Poros.
Maße: s. Abb. 140.
Allein dieselbe Steinart wie bei den anderen Architekturteilen läßt daran denken, daß diese offene Rinne von der Ableitung des Krene-Beckens stammen kann. Der Stein (ohne Muffenprofil) zeigt eine Ausarbeitung für die Verbindung mit dem nächsten Rillenstein mittels Bleiband, vgl. Delphi, ältere Kastalia-Krene, P. Amandry, BCH Suppl. IV (1977) 204 ff. Abb. 30 ff.
Literatur: unpubliziert.

Die Brüstungsplatte (C) und der Wandquader für einen Wasserausfluß (B) schließen zwei Möglichkeiten ein: Entweder entsprach der Grundriß dieser Krene der Rekonstruktion der Südost-Krene mit Schöpfbecken und Zapfraum. Oder die Pnyx-Krene wurde allein als Schöpfkrene ausgelegt, und Wasserspeier wurden oberhalb des Beckens installiert. Letzteres ist die gängigste Form einer Leitungskrene. Die Kombination von Zapf- und Schöpfkrene[237] hingegen tritt noch seltener auf als eine Zapfkrene, die ihrerseits weit hinter der Schöpfkrene zurücksteht.

Anders als die Vorstadt-Krene wurde die Pnyx-Krene wahrscheinlich mit in die Brüstung eingelassen Säulen entworfen, so wie es für die Südwest-Krene auf der Agora rekonstruiert wurde[238] und etwas später für die Krenai in Sikyon und Ialysos belegt ist.[239] Eine Rekonstruktion der Front müßte von der Säuleneinlassung (C) und dem dorischen Kapitell (D) ausgehen, dessen Größe eine Gesamthöhe von 2,94 m nahelegt, was 9 dorischen Fuß oder 10 attischen Fuß entspricht. Wegen der dorischen Ordnung könnte auch das Triglyphenfragment E zugehören.

Der technisch interessanteste Fund ist der Quader mit der eingebauten Leitung (A). Dieser vermittelt einen Einblick, wie das Wasser in klassischer Zeit von einer Tonrohrleitung durch die Wand zu einem Ausfluß geleitet wurde: in diesem Fall direkt durch einen kleinen Kanal in der Wand und nicht, wie der Verputz in dieser Leitungsrinne zeigt, durch ein Bronze- oder Bleirohr. Eine vergleichbare Wasserführung wurde an der Krene für die Heilige Quelle in Korinth beobachtet.[240] Die Zuleitung führt über eine außerhalb des Gebäudes offene Steinrinne längs durch die Wand in Form eines Miniaturkanals direkt zu dem südlichen, in situ befindlichen Bronzewasserspeier in Form eines Löwenkopfes.

Die Lage der Pnyx-Krene läßt sich durch die Zu- und Ableitungen einkreisen. Nach der Gabelung innerhalb des Pnyx-Arms (Plan 8) wurden beide Leitungen wieder so dicht zusammengeführt, daß die Krene unweit nördlich des Abbruchs dieser Leitungen gelegen haben muß.[241] Da zudem der Wassereinlauf in gewisser Höhe über dem Beckenboden anzusetzen ist, muß die Krene entsprechend tiefer gelegen haben, tiefer auch als das Leitungsniveau von +83,83 m. Diese Faktoren treffen nur in dem Raum zusammen, der in Plan 8 punktiert ist. Zu dieser Lage passen auch die Ableitungskanäle[242] (Plan 8), und zwar unabhängig davon, welche Form der Grundriß aufwies: ob quergelagert wie die Südost-Krene und die Dipylon-Krene, ob annähernd quadratisch wie die ältere Kastalia in Delphi[243] und die Südwest-Krene auf der Agora oder langgestreckt wie einige archaische Krenai.[244]

Damit bleibt für die Lage der Pnyx-Krene nur ein engbegrenzter Raum, der etwas südlich der «Dörpfeldschen Kallirrhoe/Enneakrounos» und wenig östlich des «Bassin des Peisistratos» liegt (s. u. S. 106 f.).[245]

Die Befunde im Pnyx-Arm und im Weststrang, insbesondere die Höherlegung

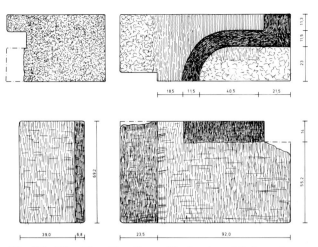

Abb. 130–132   Athen, Pnyx-Krene, Wandquader mit Leitungsrinne.

Abb. 131

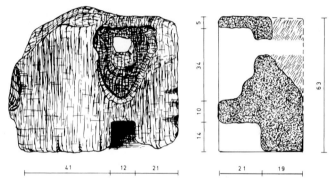

Abb. 133–135   Athen, Wandquader mit Wasserausfluß.

Abb. 132

Abb. 134

Abb. 135

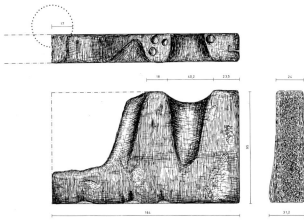

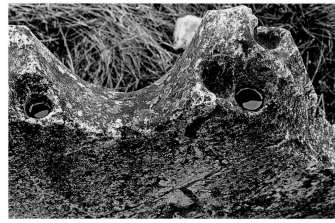

Abb. 136–137 Athen, Pnyx-Krene, Brüstungsplatte.

Abb. 137

Abb. 139

Abb. 138–139 Athen, Pnyx-Krene, Brüstungsplatte.

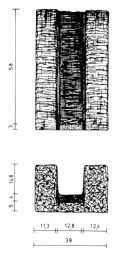

Abb. 140–141 Athen, Pnyx-Krene (?), Ableitungsrinne.

Abb. 141

des Leitungsniveaus, erweisen die Zuleitung als nacharchaisch, was auch Dörpfeld gesehen hat. Da das Gefälle in diesem Nebenarm ohne Höherlegung der Leitung am Ende des Südstrangs nicht ausgereicht hätte, ist die Möglichkeit nahezu auszuschließen, daß hier eine ältere Nebenleitung durch eine jüngere ersetzt wurde.

Insgesamt bedeuten die Befunde, daß auch die Pnyx-Krene zur jüngeren Bauphase dieses Leitungsabschnittes gehörte. Die ältere Leitung führte hingegen unter der Pnyx-Straße weiter nach Norden und versorgte dort eine andere, noch unbekannte Krene – genauso wie der Kanal des 4. Jhs. v. Chr.

Dipylon-Krene

Die ältere und die jüngere Dipylon-Krene[246] (Abb. 16) erweisen sich wasserbautechnisch als nächst verwandt. Unterschiede muß es bei einem zeitlichen Abstand von rund 150 Jahren in der aufgehenden Krene-Architektur gegeben haben. Die wiederverwendeten Bauglieder (s. u.) weisen aber darauf hin, daß im Grundriß nicht mit grundlegenden Veränderungen zu rechnen ist. Das wiederum hängt mit der Lage zusammen: sowohl die ältere als auch die jüngere Dipylon-Krene sind an den stadtseitigen Winkel des Dipylon, an den Raum vor der nordöstlichen Treppenmauer gebunden, durch die jeweils die Zuleitung hindurchgeführt wurde.

Für die Anbindung beider Krene-Bauten an die Akademie-Leitung und damit an die archaische Fernleitung muß man sich erneut vergegenwärtigen, daß ein direkter Anschluß einer Wasserleitung an eine Krene nur bei Hanglagen wie an der Südseite der Agora möglich ist. In einem mehr oder weniger ebenen Gelände muß die unterirdisch verlegte Zuleitung im letzten Abschnitt vor der Krene übertägig angelegt werden, um in die Rückwand einer Krene münden zu können – genau so wie es an der jüngeren Dipylon-Krene und an der älteren Kastalia-Krene in Delphi erhalten ist (Abb. 147). Stand zudem eine Krene nicht am Ende, sondern im Verlauf einer Versorgungsleitung, so mußte von dieser in entsprechender Höhe eine kurze Nebenleitung zur Krene abgeführt werden.

Für die beiden Krenai am Dipylon und die dort tief gelegene Akademie-Leitung heißt das (Abb. 146): die ältere Zuleitung mit einem Ausfluß in Höhe von +47,79 m muß im Bereich der 50-m-Höhenlinie von der Akademie-Leitung abgezweigt worden sein, die jüngere Zuleitung mit einer Mündungshöhe von +48,67 m (Abb. 148, 149) entsprechend etwas höher. Damit stehen die ältere und die jüngere Dipylon-Krene in einer vergleichbaren Stellung zur Akademie-Leitung wie die Pnyx-Krene zum Weststrang. Ferner erklärt sich so die tiefe Lage der Akademie-Leitung im Bereich des Dipylon (Abb. 146).

Die ältere Krene an dieser Stelle wird durch funktional wesentliche Bauelemente belegt: durch die genannte Wasserzuleitung, die weiter nördlich und beachtlich tiefer als die jüngere durch die gemeinsame Rückwand geführt wurde, und durch die Wasserableitung, die von der Südecke ausgeht und in Richtung auf den Eridanos führt. Genauso wie bei der Südost-Krene erfolgte auch hier die Ableitung durch Tonrohre, die sich von Zuleitungs- oder Frischwasserrohren durch den kleineren Querschnitt unterscheiden.

Mit der Zu- und Ableitung ist auch der Typus der älteren, weitgehend verlorenen Krene bekannt. Da der lichte Höhenabstand zwischen der Oberkante des Ableitungsrohrs und der Sohle der Einlaufrinne lediglich 1,05 m beträgt, kann es sich nur um eine Schöpf-Krene gehandelt haben, um ein Schöpfbecken vor der Rückwand – genauso wie in dem Nachfolgebau. Nach Lage der Ableitung kann das ältere Bodenniveau im Becken nicht niedriger als um +46,80 m gelegen haben, wegen des Einlaufs aber auch nicht wesentlich höher (Abb. 146). Danach lag die Einlaufsohle um 1,00 m über dem Beckenboden, möglicherweise 3 dorische Fuß über dem Fußboden.

Die Form der primären, nicht wiederverwendeten Ableitungsrohre (Nr. 34, Abb. 107–111) verweist die ältere Krene nicht in die ersten Jahre nach dem themistokleischen Stadtmauerbau, sondern eher gegen die Mitte des 5. Jhs. v. Chr. In diesem Fall datieren die Rohre die ältere Krene genauer als die zugewiesenen Architekturfragmente[247], die im Nachfolgebau wiederverwandt wurden. Die Formgebung der Antenbasis (Abb. 142) und der beiden Säulenbasen (Abb. 143) ist nicht prägnant genug, um spezifisch für die themistokleische oder die perikleische Zeit zu sprechen. Diese Bauglieder indizieren eine ionische Krene mit zwei bis drei Marmorsäulen. Deren Front kann, wie später, zur Straße orientiert worden sein (Abb. 16) – bei quergelagertem, wohl noch nicht L-förmigem Wasserbecken vor der Treppenmauer des Dipylon. Die ältere Krene kann aber auch, wie bei frühen Vertretern dieser architektonischen Gattung überliefert, mit einer Fassade an der Schmalseite, mit zwei Säulen in antis und einem in der Tiefe gelegenen Becken entworfen worden sein. Die Lage der Zu- und die Ableitung und das zu vermutende Walmdach erlauben beide Grundriß-Möglichkeiten.

Abb. 142 Athen, ältere Dipylon-Krene, Antenbasis.

Abb. 143 Athen, ältere Dipylon-Krene, Säulenbasis.

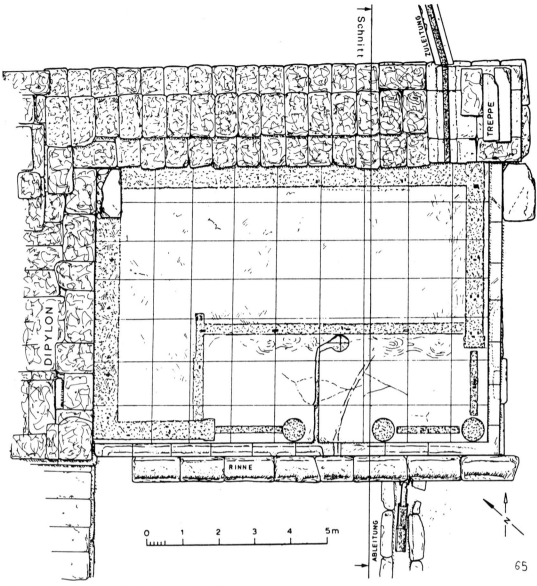

Abb. 144   Athen, jüngere Dipylon-Krene, Grundriß.

Die jüngere Dipylon-Krene, nunmehr in die Jahre 307–304 v. Chr. datiert[248], zeichnet sich durch einen so guten Erhaltungszustand des Bodenbereichs aus, daß die Raumaufteilung gesichert und eine Rekonstruktion des Oberbaus möglich ist (Abb. 151). Der L-förmige Grundriß des Poros-Beckens ist, wie anläßlich der Südwest-Krene gesagt, eher ein athenisches als ein gemeingriechisches Merkmal. Entwicklungsgeschichtlich ist auf das Innenverhältnis des in frühhellenistischer Zeit relativ großen Beckens zu der kleinen Verkehrsfläche hinzuweisen. Letztere wurde mit Marmor vom Hymettos ausgestattet und war nur noch durch ein einziges, durch das mittlere Interkolumnium zu betreten. Die weiteren Zwischenräume zwischen Säulen und Zungenwänden wurden mit Schrankenplatten zugesetzt, wohl um eine geordnete Wasserentnahme zu erreichen, im Gegensatz

zu dem «Durcheinander», das nach Aristophanes rund hundert Jahre zuvor an einer Krene herrschte.[249]

Im Vergleich zur älteren Krene wurde der Beckenboden um 0,68 m (oder etwas weniger), der Einlauf um 0,88 m angehoben. Dadurch vergrößerte sich der Abstand zwischen Einlauf und Boden auf 1,18 m. Die Zuleitung, eine Rinne in mächtigen Quadern (Abb. 147–149), wurde nahe der Ostecke des Beckens rechtwinklig durch die Rückwand geführt. Außerhalb der Rückwand führt die Steinrinne nicht gradlinig, sondern leicht verkantet auf die Krene zu (Abb. 147). Die Richtung könnte zu der Vermutung führen, das Wasser sei von außerhalb der Stadt, aus einer nördlichen oder nordöstlichen Richtung herangeführt worden. Diese geringfügige Biegung rührt aber wahrscheinlich von dem Bogen her, den die Zuleitung nach der Aufteilung in

Akademie- und Dipylon-Arm beschreiben mußte, um rechtwinklig durch die Krene-Rückwand zu verlaufen.

Auf der anderen Seite besagt die selten gut erhaltene Zuleitung nicht, daß diese Krene mit nur einem Wasserausfluß ausgestattet wurde. Vor der Treppenwand des Dipylon ist nämlich die Krene-Rückwand verloren, in der eine Weiterführung und Aufteilung des Wassers bautechnisch genauso angelegt worden sein kann wie bei der Südwest-Krene auf der Agora (Abb. 119–122) und wie bei der Pnyx-Krene (Abb. 130–132). Der einzige überkommene Stein von der Rückseite, im nördlichen Winkel des Beckens gelegen, trägt bis heute seinen hydraulischen, unter Wasser abbindenden Putz in mehreren Schichten.

Die gängigen Brüstungshöhen griechischer Krenai (vgl. Abb. 136) erlauben bei ebenerdigen Becken keinen höheren

Abb. 145 Athen, jüngere Dipylon-Krene, Ansicht.

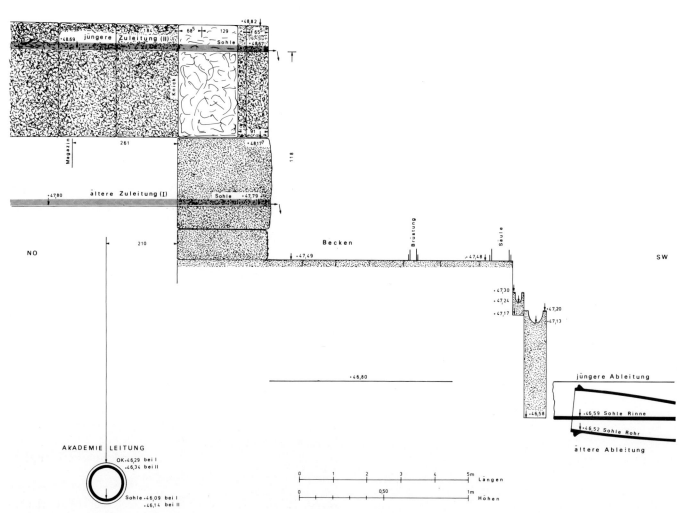

Abb. 146 Athen, ältere und jüngere Dipylon-Krene und Akademie-Leitung, Höhenverhältnisse.

Abb. 147–149 Athen, jüngere Dipylon-Krene, Zuleitung.   Abb. 148

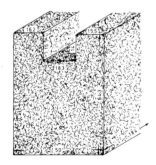

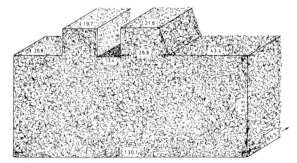

Abb. 149   Abb. 150 Athen, jüngere Dipylon-Krene, Ableitung.

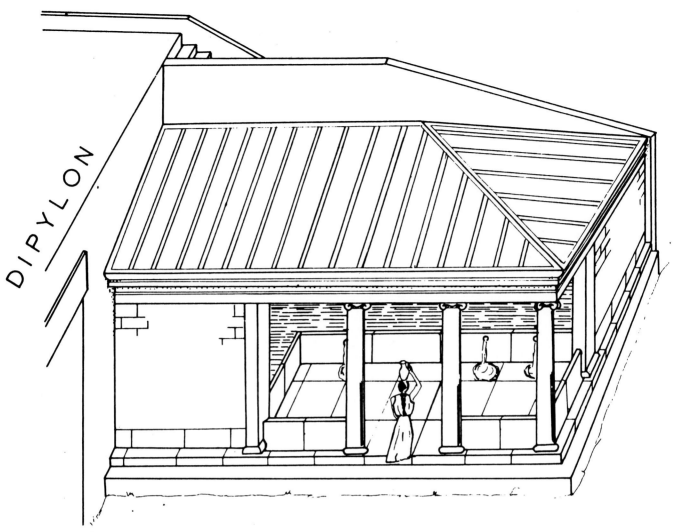

Abb. 151   Athen, jüngere Dipylon-Krene, Rekonstruktion.

Wasserstand als etwa 0,80 m Höhe. In diesem Fall betrug das Fassungsvermögen der jüngeren Dipylon-Krene etwa 33 m³. Die jüngere Ableitung (Abb. 150) wurde im Vergleich zur älteren weiter nördlich nahe dem Eingangsbereich verlegt und wies dieselbe Richtung hin zum Eridanos auf. Jedoch wurde das abfließende Wasser durch eine Tonrinne geleitet, die in einem massiven Steinkanal verlegt wurde.

Insgesamt betrachtet konnten bisher sechs Krene-Bauten am Leitungsnetz nachgewiesen werden: die archaische Südost-Krene am Ende des Nordstrangs, die frühklassische und die frühhellenistische Krene am Dipylon, die klassische Vorstadt-Krene, die spätklassische Südwest-Krene auf der Agora und die etwa gleichzeitige Pnyx-Krene nahe dem Weststrang. Die Anzahl der Krenai mag sich in Zukunft erhöhen, aber wohl kaum auf neun archaische Krenai, wie Levi in seiner Interpretation des Namens Enneakrounos annahm[250]; denn unter den genannten Bauten findet sich nur einer, der zweifelsfrei mit der ersten Leitung verbunden ist, eben die Südost-Krene. Der Haupteinwand gegen die Theorie, das Wasserleitungsnetz Athens habe neun Krenai gespeist, richtet sich gegen die Negierung des Wasserursprungs. Die Überlieferung (Anm. 2) besagt nicht, daß Leitungswasser durch neun Röhren oder durch neun Krenai zugänglich gemacht wurde, sie besagt ausdrücklich, daß das Wasser der bekannten Quelle Kallirrhoe aus einer Krene mit neun Röhren ausfloß.

Krene-Darstellungen

Vorstufen und Vasenbilder der Enneakrounos

Aus den hundert Jahren zwischen 560 und 460 v. Chr. sind mehr als einhundertfünfzig Krene-Darstellungen auf athenischen Vasen erhalten. Dabei ist eine auffallende Konzentration in der spätarchaischen schwarzfigurigen Malerei und auf Hydrien der letzten Formstufe vor der Kalpis zu konstatieren. Ältere Versuche, aus diesen Vasenbildern Grundrisse von Krene-Bauten abzuleiten[251], fanden bislang zu Recht keine Zustimmung, weil es sich nicht um eine Vielzahl individueller Einzelentwürfe gehandelt haben kann, sondern um einige wenige Krene-Gebäude. Innerhalb einer chronologisch aufgebauten Reihe aber kristallisieren sich durch Vergleiche und Maler-Gruppierungen einige spezifische, durch ihre Architektur geprägte Typen heraus.

Die Zeitstufe 1 (etwa 560–540 v. Chr.) gibt, von einer Ausnahme abgesehen[252], noch keine Krene-Gebäude wieder. Vornehmlich auf Siana-Schalen und tyrrhenischen Amphoren werden kleine und offene Wasserentnahmestellen vorgeführt, einfache und niedrige Pfeiler oder Säulen mit nur einem Wasserausfluß in Form eines Rohres oder eines Löwenkopfes. Diese kleinen, nicht überdachten Wasserzapfstellen[253] konnten über kurze Zuleitungen permanent oder temporär versorgt werden und stellen im Vergleich zu Brunnen eine wassertechnische Neuerung dar. Sie sagen wasserbauhistorisch dann aber wenig aus, wenn sie wie zu dieser Zeit häufig an den Troilos-Mythos gebunden sind und die Krene jeweils als Topos der Auflauerung erscheint.[254] In dieser ältesten Stufe der dem Wasser verbundenen Darstellungen erscheint nicht eine Wiedergabe eines Brunnens. Die Wasserversorgung aus stehendem Wasser, aus Brunnen und Zisternen war ebenso altüberkommen wie alltäglich, so daß sie wahrscheinlich deshalb nicht als darstellenswert erachtet wurde, nicht in diesen Jahrzehnten und nicht während der gesamten spätarchaischen Zeit bis hin zu den Perserkriegen. Hierüber hinaus brauchen die wenigen Vorläufer an dieser Stelle nicht zu interessieren, wohl aber die folgenden Darstellungen der Ennea-

krounos, um diese von den Krenai des Leitungssystems abzusetzen.

Mit der Zeitstufe 2 (wenige Jahre nach 520 v. Chr.), mit den Vasenbildern des Lysippides/Andokides-Malers und des Antimenes-Malers (Tabelle 2), tritt plötzlich und unvermittelt das Thema der überdachten Krene, des eigenständigen Krene-Gebäudes in zahlreich erhaltenen Exemplaren auf.[255] Dargestellt werden jeweils die wasserholenden Frauen vor einer Krene in Seitenansicht mit prostyler Säulenstellung dorischer Ordnung, gelegentlich ein Pultdach und durchgehend Löwenkopf-Wasserspeier im Profil. Diese übereinstimmenden Merkmale verbinden die zeitlich und stilistisch nahe beieinanderstehenden Vasenbilder auch zu einer typologischen Gruppe (Tabelle 2). Speziell diesen architektonischen Krene-Typus, diesen Prostylos mit Pultdach, bezeichnen die Maler einmal mit ΚΑΛΙΡΕ ΚΡΕΝΕ und einmal mit ΚΑΛΙΡΟΕ.[256] Diese später nie wiederkehrende Namensbeischrift identifiziert den Krene-Typus der Zeitstufe 2 mit der Kallirrhoe-Quelle im Ilissostal, die von den Peisistratiden zu einer Enneakrounos genannten Krene gefaßt wurde.[257] Damit findet diese Gruppe der Vasenbilder einen festen Bezug, die Krene ist als Quellhaus ausgewiesen und gehört in die Zeit der Peisistratiden (527–510 v. Chr.), nicht in die des Peisistratos, wie es die Vasenbilder in Übereinstimmung mit Thukydides bekunden.

Vasenbilder der Leitungs-Krenai

Auf die Enneakrounosstufe folgt eine nicht sehr lange Pause, die athenischen Vasenmaler greifen dieses Thema nicht auf – bis in der Zeitstufe 3 der Priamos-Maler[258] und die Maler der Leagros-Gruppe mit besonderem Interesse und in kurzer Zeit andere Krene-Bauten in vielfacher Wiederholung vorstellen. Diese Gruppe (Tabelle 3) bietet stilistisch ein ebenso geschlossenes Bild wie die ältere Gruppe. Jetzt aber erscheint nicht immer derselbe Krene-Typus, vielmehr werden verschiedene Architekturformen wiedergegeben:

A ein Säulenbau in Vorderansicht mit zwei bis vier Säulen in antis (Tabelle 3 Nr. 1–7, Abb. 152–157), nach der Hydria in London (Nr. 1 , Abb. 152) mit Giebel zur Eingangsseite. Die Wasserausflüsse befinden sich an den Seiten- und an den Rückwänden.

B eine Krene mit zwei bis drei prostylen Säulen (Tabelle 3 Nr. 8–13, Abb. 158–162), im Gegensatz zur Kallirrhoe/Enneakrounos in Vorderansicht und mit Giebel dargestellt. Die Wasserspeier werden ausnahmslos an der Rückwand verzeichnet. Die Krene als Prostylos ist in Griechenland ebenso verbreitet wie die Krene als Antenbau.

C ein Amphiprostylos von der Seite (Tabelle 3 Nr. 14–20, Abb. 163–167), gleichsam im Schnitt dargestellt, mit der Traufe zur Eingangsseite und dem Giebel zur Schmalseite. Architektonisch richtig liegt also der Dachfirst über der Mittelwand. Aus der Mittelwand tritt das Wasser nach beiden Seiten aus, und das Krene-Gebäude ist demgemäß von zwei Seiten zugänglich. Dieser funktional sinnvolle Entwurf findet derzeit keine Parallele.

D ein Prostylos in Seitenansicht oder ein Säulenbau in antis (Tabelle 3 Nr. 21–30, Abb. 168), immer ohne Dachangabe. Das Wasser fließt, von einer Ausnahme (Nr. 27) abgesehen, jeweils aus der Rückwand.

Bei der Auswertung dieser künstlerischen Bildwerke kann und darf nicht jedes Detail oder jede Variation als Abbild der Wirklichkeit verstanden werden. Um so mehr überzeugen die erstaunlichen Gemeinsamkeiten innerhalb der gesamten Gruppe. Beinahe in jedem Bild werden Metopen und Triglyphen dargestellt[259], und eben diese Elemente des Oberbaus fehlen in der vorausgehenden Kallirrhoe/Enneakrounos-Stufe. Damit sind diese vier Krene-Typen alle als dorisch gekennzeichnet und folglich das seltener auftretende ionische Kapitell als subjektiver Wechsel speziell des Priamos-Malers anzusehen[260] (Abb. 152, 157, 159 f., 162). Die Stange unterhalb des

Abb. 152 Hydria London, British Museum B 332.

Abb. 153 Hydria London, British Museum B 329.

Tabelle 1 Zeitstufe 1

Nr.	Gefäßform	Museum	Inv.-Nr.	Fundort	Maler	Beazley ABV	Nachweis	Krene-Bau	Kran	arch. Form	Wasserspeier Zahl	Wasserspeier Form	Mythos
1	Krater	Florenz, Mus. Arch.	4209	Chiusi	Klitias	76.1	E. Simon, Die griechischen Vasen (1976) Taf. 57	+		Antenbau	2	Löwe	Troilos
2	Siana-Schale	Tarent, MN.	4342	Tarent	Heidelberg-M.	66.55	CVA Taranto 3 Taf. 26 f.		+	Mauer, Sonnendach	1	Löwe	Hesperiden
3	Siana-Schale	New York, Metr. Mus.	01.8.6		Group C		J. Beazley, MMA Studies 5, 1934/36, 102 Nr. 4.95 Abb. 2		+	Pfeiler	1	Rohr	Troilos
4	Siana-Schale	Paris, Louvre	CA 6113		C-Painter		H. Brijder, Siana Cups (1983) 237 f. Nr. 20 Taf. 10h		+	Pfeiler, überdacht	1	Löwe	Troilos
5	Siana-Schale												
6	Pyxis-Deckel	Eleusis, Arch. Mus.	4211	Eleusis			B. Dunkley, BSA 36, 1935/36, 158 Taf. 22c		+	Pfeiler	1	Löwe	Troilos
7	Hydria	New York, Metr. Mus.	45.11.2	Vulci	Maler v. London B 76	85.2	EAA IV (1961) 684 Abb. 815		+	Pfeiler	1	Rohr	Troilos
8	Amphora	London, Brit. Mus.	97.7–21.2		Maler v. London B 76	86.8	CVA Brit. Mus. 4 Taf. 35		+	Pfeiler	1	Rohr	Troilos
9	Amphora (?) Fr.	Athen, Slg. Vlastos		Athen	nahe d. Maler v. London B 76	88.0	unpubliziert		+		1		Troilos
10	Dinos	Paris, Louvre	E 876	Etrurien	Maler v. Louvre E 876	90.1	CVA Louvre 3 Taf. 21–23		+	Pfeiler	1	Löwe	Troilos
11	Amphora	Philadelphia, Univ. Mus.	2522		Tyrrh. Gruppe Timaides-M.	95.1	K. Schauenburg, JdI 85, 1970, 47 Abb. 11		+	Säule	1	Rohr	Troilos
12	Amphora	Kiel, Priv. Bes.			Tyrrh. Gruppe		K. Schauenburg a.O. 54 Abb. 21		+	Säule	1	Rohr	Troilos
13	Amphora	Rom, Pal. Cons.	96	Vulci	Tyrrh. Gruppe Castellani-M.	95.2	CVA Roma, Mus. Cap. 1 Taf. 12.5–6		+	Pfeiler	1	Löwe	Troilos
14	Amphora	Rom, C. Guglielmi		Vulci	Tyrrh. Gruppe	95.3	unpubliziert		+		1		Troilos
15	Amphora	München, Antiken-Slgg.	1436	Vulci	Tyrrh. Gruppe Timaides-M.	95.4	E. Buschor, Griechische Vasen (1940) 107 Abb. 124		+	Pfeiler	1	Rohr	Troilos
16	Hydria	Wien, Kunsthist. M.	3614	Caere	nahe der Tyrrh. Gruppe	106	M. Heidenreich, MdI 4, 1951, 17 Taf. 24.2		+	Pfeiler	1	Rohr	Troilos
17	Becher Fr.	Athen, NM.	Akr. 2146	Athen, Akr.	Painter of the Vatican Mourner		Graef-Langlotz, Vasen Akropolis I 217 Taf. 93		+	Pfeiler	1	Löwe	Troilos
18	Amphora	Boston, MFA	1970.8			140.2	CVA Boston 1 Taf. 6		+	Pfeiler	1	Löwe	Troilos
19	Schale	Würzburg, M. v. Wagner-M.	L 354		Phineus-Maler		FR I 209 ff. Taf. 41		+	Pfeiler	1	Löwe	(Derivat)

Tabelle 2 Zeitstufe 2

Nr.	Gefäßform	Museum	Inv.-Nr.	Fundort	Maler	Beazley ABV	Nachweis	architekt. Typus	architekt. Ordnung	Ansicht von	Zahl der Säulen	Dach	Wasserspeier Form	Wasserspeier Ansicht
1	Hydria	Oxford, Ashmolean Mus.	1910.755				unpubliziert	Prostylos	dorisch	links	–	–	–	Profil
2	Hydria	Würzburg, M. v. Wagner-Mus.	L 304	Vulci		678	E. Langlotz, Griech. Vasen in Würzburg (1932) Nr. 304	Prostylos	dorisch	links	–	–	Löwe	Profil
3	Hydria	London, Brit. Mus.	B 333	Vulci	Replik von Nr. 2, anderer Maler	677,3	CVA London, Brit. Mus. (6) III He Taf. 90,1; 91,3	Prostylos	dorisch	links	–	–	Löwe	Profil
4	Hydria	London, Brit. Mus.	B 331	Vulci	Lysippides/Andokides-Maler	261,41	CVA London, Brit. Mus. (6) III He Taf. 88,3; 91,1	Prostylos	dorisch	links	–	–	Löwe	Profil
5	Hydria Frgt.	Athen, Nat. Mus.	Akr. 732	Athen Akr.		261,677	B. Graef – E. Langlotz, Vasen von der Akr. I Nr. 732 Taf. 47	Prostylos	dorisch	links	–	–	Löwe	Profil
6	Hydria	Boston, Mus. of Fine Arts	28.47		Art des Lysippides-Malers(?)		CVA Boston (2) Taf. 80	Prostylos	dorisch	rechts	–	–	Löwe	Profil
7	Hydria	Leiden, Mus. v. Oudheden	P.C. 63	Vulci	Antimenes-Maler	266,1	CVA Leiden (2) Taf. 13–16	Prostylos	dorisch	vorn	3	Satteldach	Löwe	en face
8	Hydria	Rom, Vatikan	426	Vulci	Antimenes-Maler	266,2	C. Albizzati, Vasi del Vaticano (1924) Taf. 65	Prostylos	dorisch	links	–	Pultdach	Löwe	Profil
9	Hydria	London, Brit. Mus.	B 336	Vulci	Antimenes-Maler	266,3	CVA London, Brit. Mus. (6) III He Taf. 90,4; 93,2	Prostylos	dorisch	links	–	–	Löwe	Profil
10	Hydria	Compiègne, Mus. Vivenel	1055	Nola			CVA Compiègne Taf. 6,2	Prostylos	dorisch	links	–	–	Löwe	Profil
11	Hydria Frgt.	Xanthos	1196	Xanthos			H. Metzger, Xanthos IV (1972) 112 Nr. 205 Taf. 49	Prostylos	–	links	–	–	Löwe	Profil
12	Hydria	München, Antiken-Slgg.	1690	Vulci	verwandt mit Antimenes-Maler	280,1	B. Dunkley, BSA 36, 1935/36, 167 Abb. 9	Prostylos	dorisch	links	–	Pultdach	Rohr	Profil
13	Hydria	München, Antiken-Slgg.	1693	Vulci	verwandt mit Antimenes-Maler	280,2	Ebenda 162 Abb. 7	Prostylos	dorisch	links	–	–	Löwe	en face
14	Hydria	London, Brit. Mus.	B 330	Vulci	Art des Antimenes-Malers	276,1	CVA London, Brit. Mus. (6) III He Taf. 88,2; 89,4	Prostylos (?)	dorisch	links	–	Pult-/Satteldach	Löwe	Profil/en face
15	Hydria Frgt.	Florenz, Mus. Arch.	3793				CVA Firenze (5) III H Taf. 18	Prostylos		links	–	–	–	–
16	Hydria	Berlin, Pergamonmus.	F 1725				E. Fölzer, Die Hydria (1906) Nr. 287 Taf. 10	Prostylos	dorisch	links	–	–	Löwe	Profil
17	Alabastron	London, Brit. Mus.	B 672				J. Hülsen, Milet I 5, Abb. 6	Prostylos	dorisch	links	–	–	Löwe	Profil

Verlagerung auf den Troilos-Mythos

Nr.	Gefäßform	Museum	Inv.-Nr.	Fundort	Maler	Beazley ABV	Nachweis	architekt. Typus	architekt. Ordnung	Ansicht von	Zahl der Säulen	Dach	Wasserspeier Form	Wasserspeier Ansicht
18	Hydria	Berlin, Pergamonmus.	F 1895	Vulci	Antimenes-Maler	268,31	Roscher, ML III 2, 2731 Abb. 8 s.v. Polyxena	Prostylos	dorisch	links	–	–	Löwe	Profil
19	Hydria	Leipzig, Universität	T 49		Antimenes-Maler (?)		K. Schauenburg, JdI 85, 1970, 53 Abb. 19	Prostylos	dorisch	links	–	–	Löwe	Profil
20	Hydria	Hannover, Kestner Mus.					Ebenda 52 f. Abb. 20	Prostylos	dorisch	links	–	–	Löwe	Profil
21	Schale	Paris, Cab. Méd.	330				A. de Ridder, Cab. Méd. Cat. d. vases (1902) Abb. 41	Prostylos	dorisch	links	–	–	Löwe	Profil
22	Schale	London, Brit. Mus.	E 13	Vulci	kinship to Kachrylion	Beazley, ARV^2 109.1626	Dunkley a.O. 158.172 Abb. 10	Prostylos	dorisch	links	–	–	Maultier	Profil

Abb. 154   Hydria London, British Museum B 329.

Abb. 155   Hydria Würzburg, Martin-von-Wagner-Museum L 316.

Abb. 156   Hydria Boston, Museum of Fine Arts 61.195.

Abb. 157   Hydria Boulogne s. M., Mus. 406.

Tabelle 3 Zeitstufe 3

Nr.	Gefäßform	Museum	Inv.-Nr.	Fundort	Maler	Beazley ABV	Nachweis
A Säulenbau in antis							
1	Hydria	London, Brit. Mus.	B 332	Vulci	Priamos-Maler	333.27	E. Diehl, Die Hydria (1964) T 245 Taf. 38.1
2	Hydria	London, Brit. Mus.	B 329	Vulci	Priamos-Maler	334.1	AD II Taf. 19
3	Hydria	Würzburg, M. v. Wagner-M.	L 316	Vulci	Priamos-Maler	334.2	E. Langlotz, Griech. Vasen in Würzb. (1932) Taf. 94
4	Hydria	Boston, MFA	61.195		Priamos-Maler	para 147. 5 bis	CVA Boston 2 Taf. 81
5	Hydria	Rom, Villa Giulia		Vulci	Priamos-Maler	para 148. 5 quater	M. Moretti, Nat. Mus. of Villa Giulia (1963) A.27
6	Hydria	Boulogne s. M., Mus. d'art	406	Vulci	Priamos-Maler	332.21	J. Boardman, RA 1972, 67 Abb. 5
7	Skyphos	Athen, NM.	12531				A. Malagardis, AntK 28, 1985, 71 ff. Taf. 19.4
B Prostylos (Fassade mit Giebel)							
8	Hydria	Toledo (Ohio), Mus. of Art	61.23		Priamos-Maler	para 147. 5 ter	CVA Toledo 1 Taf. 23.2 + 24.3
9	Hydria	Bari, Mus. arch. pr.	3083		Priamos-Maler	334.4	unpubliziert
10	Hydria	Würzburg, M. v. Wagner-M.	L 317		Priamos-Maler	334.5	E. Langlotz a.O. Taf. 96
11	Hydria	Madrid, Mus. Arch.	10924		Painter of Madrid fountain	335.1	CVA Madrid 1 Taf. 8.4 + 12
12	Hydrietta	Athen, Agora	P 2642	Athen, Agora			E. Vanderpool, Hesperia 15, 1946, 311 Taf. 61
13	Lekythos	Hannover, Kestner Mus.			Class of Delos 547	para 168.2	Münzen & Medaillen XXII (1961) Nr. 140 Taf. 43
C Amphiprostylos							
14	Hydria	London, Brit. Mus.	B 334	Vulci	Leagros-Gruppe	365.71	CVA London, Brit. Mus. 6, Taf. 90.2 + 91.4
15	Hydria	Paris, Louvre	F 296	Cumae(?)			CVA Paris, Louvre 6 (IIIH) Taf. 71.1,2,3,5
16	Hydria	München Antiken-Slgg.	1715	Vulci	Leagros-Gruppe	366.74	B. Dunkley, BSA 16, 1935/36, 156 Abb. 5
17	Hydria	London, Brit. Mus.	B 335	Vulci	Leagros-Gruppe	para 165. 74 ter	CVA London, Brit. Mus. 6, Taf. 90.3 + 93.1
18	Hydria	Rom, Vatikan	417	Vulci	Leagros-Gruppe Acheloos-Maler	384.26	EAA I (1958) 16 Abb. 29
19	Kalpis	Rom, Mus. Torlonia	73	Vulci	Hypsis	ARV² 30.2	AD II Taf. 8
20	Lekythos	Tarent, MN.		Tarent			CVA Taranto 2 Taf. 15.3–4
D Prostylos in Seitenansicht oder Sicht durch einen Säulenbau in antis							

Nr.	Gefäßform	Museum	Inv.-Nr.	Fundort	Maler	Beazley ABV	Nachweis
21	Hydria	Neapel, MN.	Stg. 12	Vulci	Priamos-Maler	334.3	CVA Napoli 1 Taf. 34.1 + 35.1,3
22	Hydria	Leningrad, Eremitage	B 169		nahe Priamos-M.		Stephani 282
23	Hydria	New York, Metr. Mus.	06.1021.77		Class of Hamburg 1977.477	para 148	H. McClees, Daily Life (1933) 42 Abb. 51
24	Hydria	München, Antiken-Slgg.	1716	Vulci	Leagros-Gruppe	362.25	K. Schauenburg, JdI 85, 1970, 48 Abb. 12
25	Hydria	Luzern, Kunsthandel			Leagros-Gruppe	para 164. 25 bis	Ars Antiqua III (1961) Nr. 96 Taf. 41
26	Hydria	Berlin (Ost), Staatl. Mus.	F 1908	Vulci	Leagros-Gruppe	365.70	H. Sulze, AA 1936, 30 Abb. 8
27	Hydria	London, Brit. Mus.	B 337	Vulci	Leagros-Gruppe	366.73	CVA London, Brit. Mus. 6, Taf. 90.1 + 93.3
28	Hydria	Paris, Louvre	F 288	Etrurien			CVA Paris, Louvre 6 (IIIH) Taf. 69.2–3
29	Hydria	Paris, Louvre	F 302		Leagros-Gruppe	para 165. 74 bis	CVA Paris, Louvre 6 (IIIH) Taf. 72.4,7
30	Hydria	Athen, Mus. Kanellopoulos					A. Malagardis, AntK 28, 1985, 71 ff. Taf. 20.3

architekt. Typus	architekt. Ordnung	Ansicht	Zahl der Säulen	Dach	Wasserspeier Form	Ansicht
Antenbau	ion.	v. vorn	2	Sattel Giebel	Löwe	Profil
Antenbau	dor.	v. vorn	4	—	Rohr Löwe	Profil en face
Antenbau	dor.	v. vorn	3	—	Löwe	Profil en face
Antenbau	dor.	v. vorn	2	—	Löwe Mault.	Profil en face
Antenbau abk. Dar.	ion.	v. vorn	(1)	—	Löwe	en face
Antenbau abk. Dar.	ion.	v. vorn	(2)	—	Löwe	Profil
Antenbau (?)	dor.	v. vorn			Löwe	Profil
Prostylos	dor.	v. vorn	2	Sattel Giebel	Löwe	en face
Prostylos	ion.	v. vorn	2	Sattel Giebel	Löwe	en face
Prostylos	ion.	v. vorn	2	Sattel Giebel	Löwe	en face
Prostylos	dor.	v. vorn	3	Sattel Giebel	Löwe	en face
Prostylos	ion.	v. vorn	3	Sattel Giebel	Löwe	en face
Prostylos	dor.	v. vorn	2	Giebel Andeut.	Löwe	en face
Amphiprostylos	ion.	v. Seite	(2)	Sattel Giebel	Löwe	Profil
Amphiprostylos	dor.	v. Seite	—	abkürz. Darst.	Löwe Mault.	Profil
Amphiprostylos	ion.	v. Seite	(2)	—	Löwe	Profil
Amphiprostylos	dor.	v. Seite	(2)	Sattel Giebel	Löwe	Profil
Amphiprostylos	dor.	v. Seite	(2)	—	Löwe Mault.	Profil
Amphiprostylos	dor.	v. Seite	(2)	Sattel Giebel	Löwe Maske	Profil
Amphiprostylos	dor.	v. Seite	(2)	—	Löwe	Profil

architekt. Typus	architekt. Ordnung	Ansicht	Bem.	Wasserspeier Form	Ansicht
Prostylos	dor.	v. Seiten	Verdoppelung	Löwe	Profil
Prostylos	dor.	v. rechts		Löwe	Profil
Prostylos	dor.	v. rechts		Löwe	Profil
Prostylos	dor.	v. rechts		Löwe	Profil
Prostylos	dor.	v. rechts		verdeckt	
Prostylos	dor.	v. rechts		Löwe	Profil
Prostylos	dor.	v. rechts		Löwe	en face
Prostylos	dor.	v. rechts		Löwe	Profil
Prostylos	dor.	v. Seiten	Verdoppelung	Löwe	Profil
Prostylos	dor.	v. rechts		Löwe	Profil

Gebälks, ein Kennzeichen der älteren Enneakrounos-Stufe[261], kehrt bei diesen Krenai niemals wieder.

Wurde die Enneakrounos, den Vasenbildern der Zeitstufe 2 (Tabelle 2) nach zu urteilen, mit einem Pultdach ausgeführt, so bezeugen die zahlreichen Giebeldarstellungen dieser Gruppe für die Typen A, B und C ein Satteldach, und das läßt auf eine größere Grundfläche schließen.

Als Wasserspeier geben die Maler fast immer einen Löwenkopf an. Dieses stets wiederkehrende Repertoire erweitern drei Maultierköpfe (Abb. 164, 166) und eine Silens-Maske[262] (Abb. 167). Das einfache Rohr (krounos), über dem auf einer Londoner Hydria zweimal Roß und Reiter das Bild schmücken (Abb. 153 f.), dürfte realiter vielleicht weiter verbreitet gewesen sein[263], als es die Vasenbilder erscheinen lassen. Andererseits sind in diesen Speierköpfen nicht nur künstlerische Gepflogenheiten zu sehen. Das zeigen die originalen Krene-Wasserspeier in Form eines Löwenkopfes, wie sie in situ in der «Heiligen Quelle» in Korinth[264] und in Ephesos[265] gefunden wurden, und in Form eines Silenskopfes, der sehr viel später für eine Krene auf Zypern gearbeitet wurde (Abb. 169).

Ein weiteres und verbindendes Merkmal liegt in der Alltäglichkeit dieser Bilder: jeweils unabhängig vom Troilos-Mythos werden in allen Fällen die wasserholenden Athenerinnen mit ihren Gefäßen vorgeführt – so konkret, daß diese in einigen Darstellungen mit Namen genannt werden[266] (Abb. 153 f., 167, 168). Mit der Volkstümlichkeit der Hauptbilder gehen auch die Schulterbilder dieser Hydrien einher. Dominierten in der Zeitstufe 2 noch Krieger und Kampfszenen auf den Hydrienschultern, so werden in der Zeitstufe 3 die athenischen Frauen in den oberen Bildern vornehmlich von Jünglingen und Wagenlenkern, von Wagen und Wagenrennen begleitet, nur einmal von einem Symposion (Nr. 6) oder dem Brettspiel zweier Heroen (Nr. 26). Selbst das zu dieser Zeit so favorisierte Thema der Herakles-Kämpfe tritt in diesen Gruppen zurück (Nr. 2, 9, 10, 18), und zugleich wird die Schutzeigenschaft dieses Heros derart aktualisiert, daß Herakles auf der Hydria in Boulogne s. M. (Abb. 157) gegen eine Schlange vorgeht, weil diese den Zugang zur Krene behindern oder das Wasser verunreinigen oder vergiften kann. Unter allen überwiegend aus dem täglichen Leben gegriffenen Themen der Haupt- und Schulterbilder kommt der Darstellung einer Krene mit Dionysos und Hermes (Nr. 1) eine besondere Bedeutung zu (s. u.).

Abb. 158 Hydria Toledo (Ohio), Museum of Art 61.23.

Abb. 159 Hydria Bari, Museo Archeologico Provinciale 3083.

Abb. 160 Hydria Würzburg, Martin-von-Wagner-Museum L 317.

Abb. 161 Hydria Madrid, Museo Arqueológico 10924.

Entscheidend bei allen Gemeinsamkeiten[267], die den mindestens drei unterschiedlichen Krene-Bauten übergeordnet sind und die sich auch von den Zügen jüngerer Krene-Darstellungen absetzen, ist der Umstand, daß alle Bilder des Priamos-Malers und der Maler der Leagros-Gruppe annähernd gleichzeitig gemalt wurden: zwischen den älteren und jüngeren Vertretern dieser Gruppe liegen nur wenige Jahre.[268]

Zuordnungen

All diese Faktoren und die Zeitstellung im ausgehenden 6. Jh. v. Chr. berechtigen zu einer Verknüpfung der Krenai am Ende der Leitungsstränge mit denen der bildlichen Darstellungen der Zeitstufe 3, die zur gleichen Zeit verschiedene Krene-Entwürfe spiegeln und die ganz spezifisch die Versorgung mit fließendem Wasser rühmen.[269] Dabei ist es kaum zu bestimmen, welche Architektur der Vasenbilder (Typus A–D) auf welche Krene im Stadtgebiet Bezug nimmt, weil nur eine der spätarchaischen Krenai im Grundriß überkommen ist. Erschwerend kommt hinzu, daß die Vasenmaler ausschließlich Wasserausflüsse, nicht aber das Schöpfen aus einem Becken wiedergeben, und mit einer oder mehreren Schöpfkrenai wie in Megara (Abb. 128 f.) muß auch im spätarchaischen Athen gerechnet werden, denn zu allen Zeiten und in allen Räumen Griechenlands dominieren die Schöpfkrenai bei weitem vor den Zapfkrenai.

Abb. 162   Hydrietta Athen, Agora Museum P 2642.

Dennoch lassen sich einige Indizien verfolgen. Neben der Krene mit zwei Säulen in antis auf einer Hydria in London (Nr. 1 Abb. 152) erscheinen Dionysos und Hermes in übermenschlicher Größe. Die Einbettung einer Krene in ein kultisches Umfeld tritt hier nicht zum ersten Mal auf[270], wohl aber die Verbindung mit Hermes und Dionysos. Kulte für jede dieser Gottheiten werden für Athen zahlreich überliefert[271], eine Kultvergesellschaftung aber nur für die Agora, für Hermes Agoraios[272] und Dionysos Lenaios.[273] Gleichsam expressis verbis wird dieses Zusammengehen der Kulte auf einem stilistisch jüngeren Skyphos in Athen aufgezeigt (Nr. 7). Die dargestellte Krene schließt sich typologisch an jene auf der Hydria in Boulogne s. M. an (Nr. 6 Abb. 157). Inhaltlich und religionsgeschichtlich erlauben Hermes und Dionysos, die beide in Hermengestalt auf einem Stufenaltar wiedergegeben werden, im Hinblick auf die dargestellten Opfer- und Festriten «zwei Hypothesen: die Handlung findet in einem Dionysos und Hermes gemeinsamen Heiligtum statt, in der Nähe einer Quelle auf

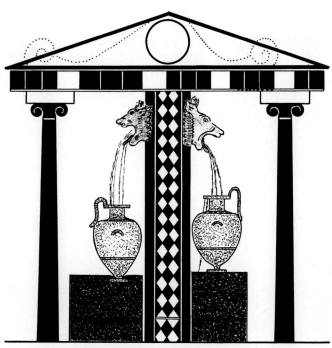

Abb. 163   Hydria London, British Museum B 334.

Abb. 164   Hydria Paris, Louvre F 296.

Abb. 165 Hydria München, Antikensammlungen 1715.

Abb. 166 Hydria Rom, Vatikanisches Museum 417.

der Agora, . . . oder es handelt sich um ein beiden Göttern gemeinsames, auf der Agora gefeiertes Fest, vielleicht die Lenaien, . . .».[274]

Nach umsichtiger Prüfung verschiedener Kriterien durch A. Malagardis erscheint für den Skyphos in Athen der Handlungsraum auf der Agora als sehr wahrscheinlich. Damit wären auch Dionysos und Hermes auf der Hydria in London (Nr. 1) aufgrund desselben Krene-Typus als Gottheiten der Agora bestimmt. Und die Krene, jeweils als Säulenbau in antis (Typus A), müßte die Südost-Krene auf der Agora spiegeln.[275] Der aufgefundene Grundriß mit den seitlich gelegenen Räumen legte von Anfang an eine Rekonstruktion mit Säulen in antis, besser zwischen Zungenmauern nahe. Nur über die Anzahl der Säulen sagen weder der örtliche Befund noch die Vasenbilder (s. Tabelle 3) Verbindliches aus.[276]

Schwieriger zu beurteilen ist der Typus D, weil nicht zu definieren ist, ob ein Prostylos in Seitenansicht oder eine Sicht durch einen Säulenbau in antis dargestellt wurde. Hinzu kommen verschiedene Werkstatt-Traditionen: die Krene als Antenbau (Typus A) und als Prostylos (Typus B) wurde vornehmlich vom Priamos-Maler wiedergegeben, der fragliche Typus D hingegen von Vertretern der Leagros-Gruppe, die auch den Amphiprostylos (Typus C) malten. Die Wiedergabe auf den Hydrien Nr. 21 und Nr. 29 können als Verdoppelung einer prostylen Krene in Seitenansicht oder auch als die Südost-Krene auf der Agora mit Wasserentnahme auf zwei Seiten gedeutet werden, unabhängig davon, ob das Wasser gezapft oder geschöpft wurde. Diese Möglichkeit spräche für die Deutung des Typus D als Antenbau.

Der Krene in Form eines Amphiprostylos (Typus C, Abb. 163–167) wurde einmal der ihr eigene Name beigeschrieben: ΚΡΕΝΕ ΔΙΟΝΥΣΙΑ (Nr. 19, Abb. 167). Dieselbe Darstellung zeichnet sich zudem durch einen Wasserspeier aus dem dionysischen Bereich, durch einen Silenskopf aus, wie er realiter von einer Krene in Amathus auf Zypern überkommen ist (Abb. 169). Bedeutungsvoll sitzt auf einer anderen Hydria (Nr. 14, Abb. 163) über der amphiprostylen Krene und neben dem Seitenakroter der Gott Dionysos selbst, gleichsam als Schirmherr dieses Gebäudes.

Da zahlreiche Krenai Eigennamen trugen[277] – allein in Athen außer der genannten «Enneakrounos» die «Klepsydra» (Fassung der Quelle Empedo)[278], die «Krene unter den Weiden»[279] oder die

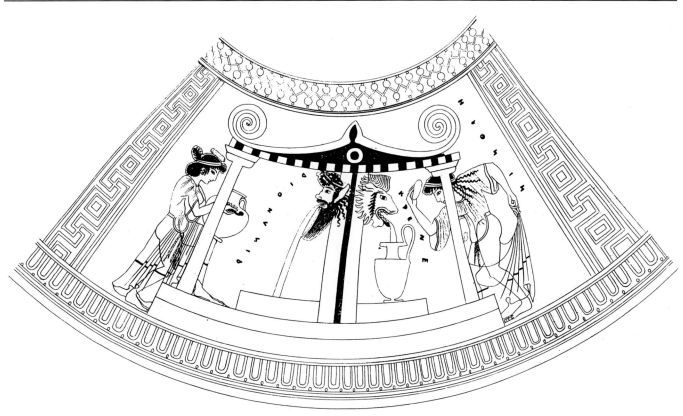

Abb. 167   Kalpis Rom, Museo Torlonia 73.

«Panops-Krene»[280] –, muß auch der Name Dionysia eine ganz bestimmte Krene ansprechen. Da ferner die Enneakrounos im Ilissostal allen Hinweisen nach als Prostylos mit Pultdach (Tabelle 2) und die Südost-Krene auf der Agora als Antenbau mit Satteldach entworfen wurde, muß die ΚΡΕΝΕ ΔΙΟΝΥΣΙΑ andernorts gesucht werden. Eine Krene am Weststrang kommt dafür nicht in Betracht, weil der dortige, von Dörpfeld als Dionysion en limnais bezeichnete und gelegentlich bis heute als solcher geltende Bezirk[281] (Abb. 10) schon bald nach den Ausgrabungen als Heiligtum des Herakles Alexikakos identifiziert wurde.[282]

Aus diesen Gründen und aufgrund der dionysischen Bezüge liegt es nahe, die Krene namens Dionysia beim Heiligtum des Dionysos Eleuthereus zu suchen, das von den Peisistratiden besonders favorisiert wurde[283] und durch das eben der Südstrang führt. Dies muß Vermutung bleiben, solange hier nicht wenigstens die Fundamente einer archaischen Krene bekanntwerden. Hinweise auf eine dortige Krene aber lassen sich nennen:
– Die Anlage des rund 1000 m langen Südstrangs läßt sich nicht allein für eine Krene am Ende des Weststrangs begründen: auch die Gebiete südlich der Akropolis müssen an die Wasserversorgung angeschlossen worden sein, zumal in diesem Bezirk südlich der Akropolis Wohngebiete lagen.[284]

– Im Bereich des Heiligtums für Dionysos Eleuthereus muß auch die älteste Leitung – wie die späteren – wegen der gegebenen Höhen in einem Kanal verlegt worden sein. An einen Kanal läßt sich, wie gesagt, am besten eine Krene anschließen, sehr viel besser als an eine Stollenleitung. Da dies die einzige Kanalstrecke des Südstrangs ist, der westlich bald wieder in einen Stollen übergeht, ist die Verbindung von Dionysos-Heiligtum und Krene Dionysia leitungstechnisch zu stützen.
– Nicht zuletzt ist die traditionelle Bindung an den Ort zu nennen. Im Südwesten dieses Dionysos-Heiligtums

Abb. 168   Hydria Berlin, Staatliche Museen F 1908.

Abb. 169   Amathus, Krene mit Wasserspeier in Form eines Silenskopfes.

wurde in augusteischer Zeit ein großes Nymphaeum in Form eines Monopteros erbaut[285], möglicherweise in der Nachfolge einer alten Krene; denn die Monopteros-Architektur ist unter den Wasserbauten und auch unter den Nymphäen selten[286] und ist durch ihre schützende und bewahrende Aufgabe charakterisiert.

Auch bei gebotener Relativierung sprechen die Befunde aus verschiedenartigen Quellen übereinstimmend für eine Krene auf der Agora als Säulenbau in antis (Typus A, am Nordstrang). Für die Krene in Form eines Amphiprostylos (Typus C, am Südstrang) ist die Lage südlich der Akropolis nur erschlossen. Danach verbleibt für die Krene mit prostyler Säulenstellung (Typus B) am ehesten ein Ort am unteren Weststrang im Stadtteil Melite.

Treffen diese Kombinationen die tatsächlichen Verhältnisse im spätarchaischen Athen, dann wären für drei Krenai auch deren kultische Verbindungen bekannt: die Kallirrhoe/Enneakrounos (Zeitstufe 2) gemäß Thukydides mit Dionysos

en limnais und dem Anthesterienfest, die Südost-Krene auf der Agora mit Dionysos Lenaios und Hermes Agoraios und möglicherweise mit dem Lenaienfest, die Krene Dionysia mit Dionysos Eleuthereus und dem Fest der städtischen Dionysien. Im Hinblick auf Dionysos muß dabei auch die stetige Zunahme dionysischer Motive in der athenischen Vasenmalerei in den letzten Jahrzehnten des 6. Jhs. v. Chr. berücksichtigt werden.

In den folgenden Jahrzehnten bekunden die athenischen Vasenmaler oder ihre Auftraggeber weiterhin Interesse an dem Krene-Thema. Dieses läßt quantitativ nicht nach, nimmt aber qualitativ zunehmend ab – nicht zuletzt weil es als volkstümliches Sujet an die auslaufende schwarzfigurige Malerei gebunden blieb. Auf die oben behandelten Hydrien folgen Derivate, genrehafte Umsetzungen, flüchtige Andeutungen des Krene-Rahmens, Übertragungen auf kleine Gefäßformen, abkürzende Darstellungen, eine erneute Zuwendung zum Troilos-Motiv und die Wiederaufnahme einfacher Pfeiler und Säulen mit nur einem Ausfluß.

Im Gegensatz dazu sprudelt aus den älteren, teils meisterhaft gemalten Hydrienbildern das Novum. An mehreren Stellen der Stadt fließt ständig Wasser, und diese Stellen mit frischem Trinkwasser werden lebhaft frequentiert: «Eben an der Krene hab' ich mir in der Dämmerung die Hydria vollgeschöpft – mühsam genug unter dem Lärm und Gedränge an der Krene und dem Geklirr der Hydrien.»[287]

Athen besaß als eine der ersten Städte Griechenlands ein derart großes und verzweigtes Wasserversorgungsnetz und besaß zugleich Malerwerkstätten, die diese Nachricht wie Herolde bildlich verbreiteten. Diese Botschaft verblieb selten in Athen, sie ging vor allem nach Etrurien, und im dortigen Vulci muß die Nachfrage besonders groß gewesen sein (Tabelle 3). Dieses Ziel teilten die Hydrien mit vielen anderen Vasen und anderen Darstellungsinhalten. Hier aber wurden Nutzbauten vorgestellt, die der damaligen Welt bis dahin unbekannt waren und die die führende Rolle Athens auf diesem Gebiet dokumentierten.

Datierungen und historischer Kontext

Spätarchaische Anlage

Die relativ-chronologischen Kriterien zur Datierung der ersten groß ausgelegten Wasserversorgungsanlage für Athen weisen in die archaische Zeit und dort in den spätarchaischen Zeitraum. Allein die Spätarchaik aber umfaßt viele Jahrzehnte und verschiedene politische, gesellschaftliche und wirtschaftliche Konstellationen. Für die Zuordnung des Athener Leitungsnetzes an diese oder jene spätarchaische Phase fehlen direkte Befunde mit absolut-chronologischen Hinweisen sowie schriftliche Zeugnisse. Dennoch läßt sich die Bauzeit dieses gewaltigen Leitungsbaus auf einen engbegrenzten Zeitraum einkreisen.

In dieser Hinsicht erweist sich der Leitungsbau selbst, die Stollen- und Kanalstrecken der Fernleitung sowie des Nord- und Südstrangs, als unergiebig; denn diese beiden Grundformen des Wasserleitungsbaus sind aus archaischer Sicht bereits altüberkommen und können von sich aus nicht datierungskräftig sein. Auch die Tonrohre als eigentliche Leitungsträger innerhalb der Stollen und Kanäle stehen in älterer Tradition und werden über die archaische Zeit hinaus noch jahrhundertelang eingesetzt, so wie auch die Stollen-Schacht-Bauweise noch in römischer Zeit gepflegt wurde, beispielsweise bei allen Leitungen für die Hauptstadt Rom oder bei der Fernleitung für Bologna.[288]

Etwas bestimmter, aber auch noch verhalten sprechen vier Merkmale für eine relativ frühe Anlage. Der Schacht neben dem Stollen im oberen Ilissostal (Abb. 41), der mit den Schächten der Verbindungsstollen im Südstrang (Plan 7) nicht zu verwechseln ist, kann aus einem Richtungsfehler resultieren, kann aber auch für eine hohe Datierung sprechen. Die Doppelstollenstrecke des Südstrangs, die einen großen Erfahrungsschatz im Hinblick auf Gebirgsschläge verrät, findet nur unter den älteren griechischen Wasserleitungen Parallelen, nämlich in der vor dem Tod des Polykrates (522 v. Chr.) zumindest begonnenen Eupalinos-Leitung auf Samos und in den drei Leitungen von Syrakus, die höchstwahrscheinlich in klassischer Zeit ange-

legt wurden.[289] Zeitlich Genaueres schließt auch dieses Phänomen des griechischen Wasserleitungsbaus nicht ein. Wenig mehr besagen die älteren Kanalstrecken, die sich von den jüngeren Steinkanälen durch die einfache Anlage unterscheiden. Das anstehende Erdreich wurde lediglich ausgehoben, und die Leitungsrohre wurden in diesen Erdkanälen ohne weitere Schutzvorrichtungen verlegt. Ferner verbindet sich das Umlenkbecken zwischen Süd- und Weststrang, zwischen Stollen- und Kanalstrecke (Abb. 29), in Form und Größe und Funktion mit dem Becken der samischen Eupalinos-Leitung (Abb. 30), auch wenn die Ausführung auf Samos sorgfältiger ist. Insgesamt besagen somit alle Merkmale des Leitungsbaus nicht mehr als: spätarchaisch.

Für einen relativen Zeitansatz nach der Anlage der samischen Wasserleitung sprechen allgemein ein immer wieder zu beobachtendes, von Ionien ausgehendes Ost-West-Gefälle und ganz konkret die Formen der Zuleitungsrohre. Obwohl die Rohre auf Samos und in Athen unterschiedliche Werkstatttraditionen und damit verbunden andersartige Muffenprägungen dokumentieren, zeigt ein Vergleich, daß der samische Rohrtypus A (Abb. 99) zusammen mit zwei Einzelstücken vom Athener Kerameikos (Gruppe 1, Abb. 88–95) merklich älter ist als die Rohre des Leitungsnetzes (Gruppe 2 und athenischer Typus A).

Der samische Rohrtypus A wurde oben in der Gruppe 1 mit dem später als Kindergrab wiederbenutzten Rohr Nr. 21 parallelisiert, das sich durch einen aufgemalten Kopf (Abb. 91) auszeichnet. U. Knigge[290] hat diese Protome durch stilistische Vergleiche mit Vasen, Terrakotten und Gemmen in die Mitte oder das 3. Viertel des 6. Jhs. v. Chr. eingeordnet. Dieser Ansatz wird durch zahlreiche Parallelen auf schwarzfigurigen Vasenfragmenten von der Agora bestätigt[291], die zumeist aus dem 3. Viertel des 6. Jhs. v. Chr. stammen.

Da die gesamte Eupalinos-Leitung offensichtlich in einem Zuge ausgeführt wurde, da ferner die Stadtmauer auf Samos auf die Leitungstrasse Bezug nimmt und dieser Befestigungsring be-

reits 525/524 v. Chr. die Stadt vor dem Angriff der Lakedaimonier wirksam schützte[292], muß Eupalinos die Leitung samt Tunnel im 3. Viertel des 6. Jhs. v. Chr. begonnen haben.[293] Ob die Fertigstellung und Inbetriebnahme noch vor oder erst nach dem Tod des Polykrates (522 v. Chr.) erfolgte, muß offenbleiben. Gefolgert werden kann aber aus den Rohrvergleichen und aus den differenzierten Befunden im Kerameikos, daß das athenische Leitungsnetz im 3. Viertel des 6. Jhs. v. Chr. noch nicht begonnen wurde, daß vielmehr alle frühen Rohre des Nord- und Südstrangs im letzten Viertel des 6. Jhs. v. Chr. gefertigt wurden. Auf der anderen Seite können diese Rohre im Vergleich zu denen der Gruppe 3 (Abb. 77–84) und zusammen mit anderen Indizien auch nicht später, nicht zu Anfang des 5. Jhs. v. Chr. datiert werden.

Die Rohre des Leitungsnetzes stimmen in proportionaler Sicht (Gruppe 2) und in den typologischen Merkmalen (Athenischer Typus A) so weitgehend überein, daß eine zeitliche Differenzierung zwischen Nord- und Südstrangrohren nicht möglich ist. Die beiden Hauptarme nördlich und südlich der Akropolis müssen ungefähr gleichzeitig angelegt worden sein. Genauso wie die samische Eupalinos-Leitung scheint auch das Wasserleitungsnetz für Athen trotz erheblich größerer Ausdehnung ohne längere Bauunterbrechung erstellt worden zu sein. Davon zeugen auch die Vasenbilder der Zeitstufe 3 (s. u.), die erst nach der Inbetriebnahme auf den Markt kommen konnten und die alle noch dem 6. Jh. v. Chr. angehören.

Für die Geschichte des Wasserleitungsbaus würde eine Datierung nach den Anlagen auf Samos und vor denen in Megara (um 490 v. Chr.), eine Datierung in das letzte Viertel des 6. Jhs. v. Chr. ausreichen. Aus historischen und politischen Gründen aber ist ein genauerer Ansatz anzustreben, um die Anteile der Peisistratiden und der nachfolgenden, demokratisch orientierten Regierung zu bestimmen. Diesem Ziel kommen auch die Begleitfunde und Begleiterscheinungen wenig entgegen. Die Aufschriften und Ligaturen auf den Rohren des Nordstrangs können nicht auf das eine oder andere Jahrzehnt des ausgehenden 6. Jhs. v. Chr. festgelegt werden. In dem einzigen gesicherten spätarchaischen Krene-Bau, der Südost-Krene auf der Agora, wurde keine datierende Keramik oder Vasenmalerei gefunden. Dasselbe trifft auch für das ältere Haus unter dieser Krene (Abb. 115) und für den Zuleitungskanal, für den westlichen Abschnitt des Nordstrangs zu.[294]

Die bautechnischen Merkmale der nur wenig über den Fundamenten und dem Fußboden erhaltenen Südost-Krene, nämlich die polygonale Fundamentstruktur, das Baumaterial Kalkstein und eine Z-Klammer, treten verbreitet in archaischer und klassischer Zeit auf und erlauben keinen konkreten Vergleich mit einem der wenigen Bauten aus den letzten Jahrzehnten des 6. Jhs. v. Chr.[295] Darüber hinaus bleibt der Bodenbelag aus Marmor in den beiden seitlichen Räumen der Südost-Krene bemerkenswert, weil er in die Wand eingelassen wurde und daher zur ersten Bauphase gehören muß. Die Verwendung von Marmor wiederum spricht nicht gerade für einen hohen Ansatz im 6. Jh. v. Chr. Letztlich wird die Südost-Krene eher durch ihre Zuleitung, durch die Rohre des Nordstrangs als durch sich selbst datiert.

Innerhalb des letzten Viertels des 6. Jhs. v. Chr. bieten die Vasenbilder weiteren Aufschluß. Diese spiegeln das plötzlich an mehreren Stellen Athens ständig fließende Frischwasser (Abb. 152–168) und stellen dieses Novum in wenigen Jahren auf erstaunlich vielen Hydrien dar, die großenteils für den Export bestimmt waren. Aber auch die Datierungsfähigkeit der Vasenmalerei kann nicht als uneingeschränkt gelten, weil zwei Möglichkeiten nebeneinanderstehen. Nach der herkömmlichen Chronologie der spätarchaischen Vasenmalerei, begründet von Pernice und Langlotz, wirkte der noch schwarzfigurig denkende Antimenes-Maler (Zeitstufe 2) zur Zeit des Lysippides/Andokides-Malers, also zu Beginn der rotfigurigen Vasenmalerei um 530 oder um 525 v. Chr. Eben dieser Antimenes-Maler und sein nächster Umkreis geben die Enneakrounos genannte Krene im Ilissostal wieder, die Thukydides (II 15, 5) als Werk der Peisistratos-Söhne nennt und die dementsprechend nach 527 v. Chr. erbaut wurde.

Auf diese Gruppe der Enneakrounos-Vasen folgt eine gewisse Pause, und danach greifen der Priamos-Maler und die Maler der Leagros-Gruppe dieses Thema mit einer vorher und späterhin nicht gekannten Intensität auf, jedoch mit

anderen Krene-Bauten. Nach der herkömmlichen Chronologie arbeiteten diese Maler der Zeitstufe 3 in den Jahren um 520 bis 515/510 v. Chr. Da ihre Hydrienbilder die Inbetriebnahme der langen Wasserleitungswege und der Krene-Bauten voraussetzen, wäre danach das gesamte Leitungsnetz in der späten Peisistratidenzeit erstellt worden und vor dem Ende der Tyrannenzeit, vor 510 v. Chr. abgeschlossen worden. Danach wäre diese aufwendige Wasserversorgung in Gänze eine Leistung aus der Zeit der Peisistratos-Söhne. Die enormen damit verbundenen Anstrengungen hätten aber in der Literatur keinen Niederschlag gefunden, obwohl doch gerade eine gute Wasserversorgung von großem Nutzen für die Athener Bürger und von nicht zu unterschätzender Bedeutung für Wirtschaft, Gewerbe und Handel war. Dies gilt in besonderem Maße für eine so frühe Zeit, in der andere Großstädte der griechischen Welt noch lange, nicht selten noch Jahrhunderte auf vergleichbare Anlagen warten mußten.

Daneben steht eine modifizierte Chronologie spätarchaischer Denkmäler Athens, die stärker als Langlotz der Anbindung an historisch überlieferte Daten verpflichtet ist und die von den wenigen Nahtstellen zwischen historischer und archäologischer Überlieferung ausgeht – so von der Angabe Herodots (V 62), nach der die Giebelskulpturen des Alkmeoniden-Tempels in Delphi nach der Schlacht bei Leipsydrion, nach 514/13 gearbeitet wurden.[296] Der Priamos-Maler und die Maler der Leagros-Gruppe wiederum malten unbestrittenermaßen später als die mit den delphischen Giebelskulpturen gleichzeitigen Vasenmaler, nämlich rund zehn Jahre später. Da ihre Krenebilder in kürzester Zeit entstanden, können diese um 505 v. Chr. datiert werden.[297]

Historisch würde das bedeuten, daß das Großbauprojekt zur Wasserversorgung, das schätzungsweise eine Bauzeit von mehr als fünf Jahren erforderte, in den letzten Jahren der Peisistratidenzeit begonnen und streckenweise ausgeführt wurde, daß es aber beim Sturz des Hippias noch nicht zu Ende geführt war, daß es in den Jahren vor und nach 510 v. Chr. ausgeführt wurde.

Neben der historischen Verpflichtung gegenüber den Quellen bietet diese Möglichkeit im Vergleich zu der ersten einen Vorteil: sie vermag zu erklären, warum dieses nutzbringende und vollendete Bauunternehmen literarisch weder positive Anerkennung noch negative Kritik, nicht einmal Erwähnung fand, obwohl die Vasenmaler den Nutzen immer wieder

vor Augen führten. Weder das Haus der Peisistratiden noch die nachfolgende demokratische Regierung Athens konnten nämlich auf diese Leistung einen Alleinanspruch erheben.

Dies ist im Zusammenhang damit zu sehen, daß in der späten Peisistratidenzeit zwei weitere Großbauprojekte begonnen, aber nicht fertiggestellt wurden. Aristoteles[298] überliefert ausdrücklich, daß die Festung am Hafen Mounichia, die Hippias nach der Ermordung des Hipparchos (515/514 v. Chr.) als Rückzugsort mit Fluchtmöglichkeit erbauen ließ, bei dessen Verbannung noch nicht fertiggestellt war, so daß sich Hippias und seine Familie dort noch nicht verschanzen konnten. Zum anderen stellte nach dem Ende der Tyrannis ein mehrheitlicher Beschluß des Rates der Athener den Weiterbau des Olympieion ein[299], jenes riesigen Dipteros, der in den letzten Jahren des Hippias bis zum Versatz der unteren Säulentrommeln erstellt wurde.

Allein diese Überlieferungen schließen zwei städtebauliche Gesichtspunkte ein. Zum einen müssen mit drei außergewöhnlich weiträumig angelegten Großbaustellen die Möglichkeiten des spätarchaischen Athen erschöpft gewesen sein, so daß es nicht verwundert, aus dieser Zeit kaum andere Bauten oder architektonische Maßnahmen gesichert zu wissen. Zum anderen wurden zwei dieser drei Großprojekte mit Sicherheit erst unter Hippias und dessen immer drückender werdendem Joch[300] begonnen und konnten bis zu seinem Ende nicht fertiggestellt werden.

Trifft dasselbe, wie oben dargelegt, für die langen Wasserleitungsstrecken zu, dann ergeben sich aufschlußreiche Parallelen zu Samos. Nach jüngsten, noch unpublizierten Untersuchungen von H. Kienast wurde dort der spätarchaische Dipteros für Hera tatsächlich unter Polykrates begonnen, wenn auch nicht fertiggestellt. Nach dem Tod des Polykrates (522 v. Chr.) begann man in Athen mit einem dorischen Dipteros gleicher Größenordnung für Zeus Olympios. Ferner sind die örtlichen Gegebenheiten und die daraus abgeleitete Verbindung von Hafen und Festung sowie die Lage zueinander auf Samos und in Athen-Mounichia nahezu deckungsgleich, wie Luftaufnahmen belegen. In beiden Fällen wurde das Kastro so positioniert, daß eine Flucht zu Wasser ohne Berührung des nahegelegenen Hafens möglich und erklärtes Ziel war, wie der Fluchtweg des Polykratesnachfolgers Maiandrios zeigt.[301] Nicht zuletzt besaß Samos bereits vor 510 v. Chr. eine funktionierende Wasserleitung.

Diese drei Bauprojekte, die in ihrem Baubeginn auf Samos älter sind als in Athen, zwingen aufgrund ihrer Gleichartigkeit zu der Folgerung, daß in Athen zur Zeit der späten Tyrannis eine *imitatio* geplant und begonnen wurde: ein überdimensionierter Sakralbau für Zeus, gleichsam im Wettstreit mit dem für Hera, ein Nutzbau zu Diensten der Bevölkerung und des Stadtstaates und ein Festungsbau *ad personam*. Einzelbelege für diese *imitatio* sollen an anderer Stelle erscheinen; insgesamt aber läßt sich darauf hinweisen, daß der Plan einer Wasserleitung für Athen erst unter Hippias konkrete Formen annahm, die Trasse festgelegt und wahrscheinlich an mehreren Stellen mit der Durchführung begonnen wurde; denn die Rohrbefunde sprechen für ununterbrochene Bauarbeiten und die Vasenbilder für einen Abschluß im letzten Jahrzehnt des 6. Jhs. v. Chr. Während die Wasserleitung auf Samos zusammen mit dem spätarchaischen Heraion und dem Wellenbrecher-Damm vor dem Hafen von Herodot und Aristoteles in gegenseitiger Ergänzung als Werk des Polykrates genannt wird[302] und dort zwei der drei nach Herodot größten Bauwerke der Hellenen vollendet wurden, konnten in Athen alle drei von Hippias initiierten Großbaustellen während seiner kurzen Alleinherrschaft nicht bis zu Ende geführt werden; das Olympieion und Mounichia blieben liegen, nur das Wasserleitungsnetz wurde weitergeführt.

Sieht man von Zisternen und dem Quellwasser im Ilissostal ab, das in der Enneakrounos gefaßt wurde und das wasserversorgungstechnisch von lokaler Bedeutung war, so gab es in Athen bis zum Ende des 6. Jhs. v. Chr. keine andere Trinkwasserversorgung als durch Brunnen, die durch ein Solonisches Dekret geregelt wurde.[303] Vor diesem Hintergrund verdient die Initiative des Hippias ebenso große Würdigung wie die Übernahme durch die Boule.

Nacharchaische Bauphasen

Die nacharchaischen Maßnahmen zum Athener Leitungsnetz erstrecken sich nicht über viele Zeiten oder Jahrhunderte. Abgesehen von ständig anfallenden Wartungs- und Reparaturarbeiten, die nur gelegentlich faßbar werden, konzentrieren sich in griechischer Zeit alle zusätzlichen Unternehmungen auf zwei Erweiterungs- und Renovierungsphasen. Die Kaiserzeit hingegen hat keine größeren Beiträge geleistet, sie war vielmehr auf die Konservierung des Bestehenden durch Sicherungsmaßnahmen und Reparaturen bedacht – bis dann in hadrianischer Zeit eine vollständig neue Leitung mit hochgelegenem Verteilerbecken am Lykabettos (Plan 3) die Wasserversorgung des damaligen Athen übernahm.

In einer gesonderten Studie müßte die Wasserversorgung Athens vor und nach den Perserkriegen untersucht werden, unter Einbeziehung von Quellen, Brunnen, Zisternen und lokalen Leitungen. Es gibt nämlich mehr als einen Hinweis darauf, daß die Wasserversorgung 480 v. Chr. von den Persern gestört wurde. Zu diesen gehört unter anderem eine Ballung von Schalenbildern, auf denen das mühselige Schöpfen von Brunnenwasser wiedergegeben wird und die aufgrund der stilistischen Verwandtschaften alle den ersten Jahren nach 480 v. Chr. angehören.

Eine solche Studie müßte klären, ob in der persischen Besetzung Athens die Ursache für eine Veränderung im Südstrang zu sehen ist oder nicht. In jedem Fall wurde die ältere Streckenführung des Südstrangs südlich des Herodes-Atticus-Odeion und unter dem Heiligtum der Nymphe über einen längeren Abschnitt mit neuen Rohren ausgelegt, die nach den Perserkriegen gearbeitet wurden (Abb. 77). Insgesamt betrachtet macht nämlich die Formung der Halsmanschette von archaischer bis in hochklassische Zeit eine Entwicklung durch, die der zunehmenden Echinus-Straffung an dorischen Kapitellen parallel verläuft. Innerhalb dieses Werdegangs, zu dem auch weitere Muffenveränderungen und die weitgehende Aufgabe der Bauchung gehören, stehen die Rohre aus dem Heiligtum der Nymphe denen der um 450 v. Chr. zu datierenden Akademie-Leitung näher als denen des spätarchaischen Leitungsnetzes. Daher muß dieser Abschnitt des Südstrangs, wie auch ein Graffito auf einem der Rohre zeigt, nach 480 v. Chr. erneuert worden sein.[304]

Eine zweite Leitungsrenovierung ist im Kerameikos fest datiert: 451/450 v. Chr. wird die teils als Stollen durch den Südhügel, teils als Kanal geführte Leitung as 1, die höchstwahrscheinlich die archaische Verlängerung des Weststrangs bildete, zerstört und unmittelbar darauf als as 2 wiederhergestellt. Dieses durch die Befunde im Kerameikos gesicherte Jahr stellt ein wesentliches und weiterführendes Datum dar; denn die weiteren Maßnahmen des 5. Jhs. v. Chr. konzentrieren sich aufgrund anderer Kriterien eben um die Mitte dieses Jahrhunderts.

Nach 460 v. Chr. muß die Boule der Stadt Athen einen oder mehrere umfassende Beschlüsse zur Wasserversorgung gefaßt haben, die sich auf eine wesentliche Erweiterung des archaischen Leitungsnetzes bezogen: auf die Anlage der langen Wasserleitung, die im östlichen Athen von der Hauptleitung abgezweigt und mindestens bis zum Dipylon, allen Anzeichen nach bis zur Akademie geführt wurde. Übereinstimmend belegen die um 460 v. Chr. erbaute Stoa Poikile, auf die diese Leitung Rücksicht nimmt (Abb. 13), und die Rohrformen (Abb. 78–80), die etwas jünger als die aus der genannten Erneuerung im Südstrang sind, 460 v. Chr. als *terminus post quem*.

Damit gehört diese das nördliche und nordwestliche Athen versorgende Leitung nicht der kimonischen, sondern der perikleischen Zeit an, denn nach 461/60 v. Chr. vertrat Kimon politisch keine führende Rolle mehr. So wird auch die an diese Leitung angeschlossene ältere Dipylon-Krene in das Jahrzehnt nach 460 v. Chr. datiert. Sie gilt *communis opinio* als themistokleisch, und das themistokleische Dipylon mit seiner langen südöstlichen Schenkelmauer samt Treppe (Abb. 16) muß von vornherein für die Aufnahme einer Krene konzipiert worden sein. Nur die Ausführung einer bis dorthin rund 1400 m langen Leitung muß nicht gleichzeitig mit dem Stadtmauerbau einhergehen. Das ältere Krene-Gebäude kann bereits etwas vor 460 v. Chr. errichtet worden sein, so wie die Ableitungsrohre (Abb. 108–111) im Vergleich zu denen der Zuleitung ein klein wenig älter sein können. Der Anschluß an die Akademie-Leitung und die Inbetriebnahme kann jedoch erst nach 460 v. Chr. erfolgt sein.

Die weitere Führung dieser Leitung über den Kerameikos hinaus nach NNW, möglicherweise bis zur Akademie, wird durch die ungewöhnlich lange und selten gut erhaltene Strecke unmittelbar östlich des Dipylon belegt (Abb. 48) und von den Ausgräbern anhand der scherbenreichen Füllung der Baugrube in das 3. Viertel des 5. Jhs. v. Chr. datiert.[305] Die Straffung der Rohre und die Kragenbildung bestätigen diesen Ansatz nach der Mitte des Jahrhunderts und vor Beginn des Peloponnesischen Krieges.

Darin sind zwei Möglichkeiten eingeschlossen. Entweder wurde die Weiterleitung östlich des Dipylon im Anschluß an die Zuleitung bis zur älteren Dipylon-Krene durchgeführt; oder diese nördlichste Leitung Athens wurde nach einer Pause von nicht vielen Jahren weiter stadtauswärts geleitet. Wesentlicher als einige wenige Jahre einer möglichen Unterbrechung ist die Zusammengehörigkeit der einzelnen Leitungsabschnitte, die alle innerhalb der perikleischen Zeit geschaffen wurden. In diesem Zusammenhang ist die stark fragmentierte Inschrift zu verstehen[306], die einen Einsatz des Perikles für die Wasserversorgung Athens erkennen läßt, die aber in den wesentlichen Passagen und Begriffen nicht erhalten, sondern ergänzt ist, so daß sich daraus die Maßnahmen unter Perikles nicht genau bestimmen lassen.

Nur mit einem *terminus post quem* läßt sich die zweite und ebenfalls sehr lange Erweiterung des spätarchaischen Netzes zeitlich bestimmen, nicht aber genau einkreisen: die zum Stadtteil Koile führende und bis in das Gebiet zwischen den Langen Mauern reichende Koile-Leitung, die vom westlichen Abschnitt des Südstrangs abgezweigt wurde und die mit der dortigen Umleitung gleichzeitig sein dürfte (Plan 7, 9). Leitungstechnisch gibt es für die Datierung dieser Umleitung und der Koile-Leitung keinen einzigen Anhaltspunkt. Allein die Lage der Vorstadt-Krene außerhalb und westlich der themistokleischen Stadtmauer im Bereich zwischen den zum Piräus führenden Langen Mauern datiert sie in die Zeit nach 431 v. Chr., als zu Beginn des Peloponnesischen Krieges die Bewohner Attikas nach Athen evakuiert wurden: «Die Stadt konnte die Zusammenströmenden nicht fassen, weshalb später auch das Gebiet der Langen Mauern aufgeteilt wurde».[307] Die Wasserversorgung dieser durch den Peloponnesischen Krieg bedingten Vorstadt wirft zudem die zur Zeit unbeantwortbare Frage auf, ob zu diesem Zweck die Koile-Leitung angelegt oder eine existierende verlängert wurde. Wurde dieser Arm zunächst nur zu einer Krene im Stadtteil Koile geführt, dann kann er auch älter sein und zu den Maßnahmen der perikleischen Zeit gehören. Das muß aber nicht sein; diese Leitung kann auch im Zusammenhang mit dem Wiederaufbau der Langen Mauern im Jahre 393 v. Chr. unter Konon stehen. Koile-Leitung und Vorstadt-Krene müssen auf der anderen Seite der dritten Bauphase, der zweiten Hälfte des 4. Jhs. v. Chr., vorausgehen; denn durch den Bau des Diateichisma zu Ende des 4. Jhs. v. Chr.[308] wurde der Stadtteil Koile vom Stadtgebiet abgetrennt und in der Folgezeit weniger intensiv besiedelt.

Die letzte weitreichende Erweiterungs- und Erneuerungsphase läßt sich gut sichern. Bestanden die Kanalstrecken der perikleischen Zeit wie die der spätarchaischen Erstanlage noch aus einfachen Erdbettungen und Erdauffüllungen der Baugrube, so wurden die Kanäle des 4. Jhs. v. Chr. aus massiven Porosquadern er-

richtet und oben mit starken Porosplatten abgedeckt; und diese schützten nun überwiegend offene Wasserleitungsrinnen aus Stein oder Ton (Abb. 49–52). Das Westende des archaischen Nordstrangs mit seinen mächtigen Tonrohren wurde aufgegeben; deren Funktion übernahm ein solcher Poros-Kanal, der über die Südost-Krene hinaus nach Westen bis zur Südwest-Krene verlängert wurde. Die Keramik aus diesem Kanalabschnitt wird von den Ausgräbern in das 3. Viertel des 4. Jhs. v. Chr. datiert[309], ebenso die wenigen Begleitfunde aus der Südwest-Krene.[310] Die aufgehende Architektur der Südwest-Krene ist bis auf Einzelstücke verloren. Aber allein die ungewöhnliche Größe und der L-förmige Grundriß[311] sind vor der spätklassischen Zeit nicht belegt.

Im Zuge dieser dritten Bauphase wurde auch die damals rund 170 Jahre alte Südost-Krene renoviert. Die ungefähre Gleichzeitigkeit der Anlage des Poros-Kanals, des Neubaus der Südwest-Krene und der Renovierung der Südost-Krene wird für letztere am besten durch die Erneuerung der Abflußleitungen belegt, die parallel zu den Instandsetzungsarbeiten im Innern durchgeführt wurde. Die Wiederverwendung der archaischen Rohre, die aufgrund mehrerer Merkmale aus dem Nordstrang stammen dürften, setzt den Bau des Poros-Kanals voraus.

Die oben begründete Verlegung des Südstrangs südlich der Akropolis muß ebenfalls im späteren 4. Jh. v. Chr. erfolgt sein. Von diesem jüngeren Südstrang geht nämlich die Leitung zum Stadtteil Kollytos ab (Plan 7, 9), deren Rohr mit dem der Weststrang-Renovierung nahezu identisch ist (s. u.). Die primäre Ursache für die Verlegung des Südstrangs muß der spätklassische Neubau des Dionysos-Theaters gewesen sein, das vergrößert und erstmals mit steinernen Sitzreihen ausgestattet wurde. Dieser Theaterbau wurde unter Lykurgos vollendet, der nach 338/37 v. Chr. erfolgreich die Finanzverwaltung Athens leitete.[312]

Den Poros-Kanal im Weststrang und die gut erhaltene, bautechnisch gleichlautende Kanalstrecke im Pnyx-Arm hat Dörpfeld in seinen Tagebüchern wiederholt als Werke des 4. Jhs. v. Chr. angesprochen – zu Recht. Heute ist es möglich, diesen Ansatz auf die 2. Hälfte und wahrscheinlich auf das 3. Viertel dieses Jahrhunderts zu konkretisieren; denn die Bauweise und die Dimensionierungen dieser Poros-Kanäle im westlichen Bereich sind dem auf der Agora nächst verwandt. Zudem findet das für die Weststrangerneuerung neugefertigte Rohr

(Abb. 86) mit seinem straffen Kontur und geringen Durchmesser in dem Kollytos-Rohr (Abb. 87) eine so exakte Parallele, daß daraus wiederum das 3. Viertel des 4. Jhs. v. Chr. spricht.

Wenn die Erneuerung des Weststrangs und der aufgefundene Zustand des Pnyx-Arms der ausgehenden klassischen Zeit angehören, so besagt das noch nicht, daß es nicht einen älteren Pnyx-Arm und damit eine archaische Pnyx-Krene gegeben haben kann. Die wenigen Architekturglieder dieser Krene können vom Material und von der Art der Bearbeitung aus betrachtet sowohl dem späten 6. als auch dem 4. Jh. v. Chr. angehören. Aber der Brüstungsblock belegt, daß hier Säulen in das Parapet eingelassen wurden (Abb. 136), so wie es für die Südwest-Krene auf der Agora rekonstruiert wurde (Abb. 117). Derartige Innensäulen in der Brüstung vor dem Schöpfbecken sind charakteristisch für die Krenearchitektur der spätklassischen und dann auch der hellenistischen Zeit[313], sind aber im 6. Jh. v. Chr. noch unbekannt. Auch setzt der Anschluß dieser Krene an den Weststrang die Höherlegung der Sohle im Südstrang voraus, die erst im Zuge der Weststrang-Erneuerung erfolgte. Damit erweist sich die sogenannte Dörpfeld-Enneakrounos weder als Quell-Krene noch als archaische Krene. Wohl aber gehörte der Weststrang bereits zur Erstanlage.

Die letzte Etappe des spätklassischen Gesamtkonzepts stellt die jüngere Dipylon-Krene dar. Diese wird von G. Gruben (mündlich) aufgrund des Bauvorgangs kurz vor dem Neubau des Dipylon angesetzt, der durch eine Bauurkunde in die Jahre 307–304 v. Chr. datiert ist. U. Knigge[314] hingegen geht von einer gleichzeitigen Errichtung des Torbaus und der Krene aus. In beiden Fällen bewegt man sich im letzten Viertel des 4. Jhs. v. Chr. und damit in frühhellenistischer Zeit. Damit steht die jüngere Dipylon-Krene am Ende der in spätklassischer Zeit geplanten und durchgeführten Erneuerungen und teilt in dieser Hinsicht gleichsam das Schicksal mit der spätarchaischen Leitung as1 für den Kerameikos, die ihrerseits das letzte Glied der spätarchaischen Kette bildet – jeweils aufgrund ihrer Lage am Ende oder im späteren Verlauf des Leitungsnetzes, nachdem zuvor die vorangehenden Strecken renoviert worden waren.

Alle Maßnahmen der zweiten Hälfte des 4. Jhs. v. Chr. dokumentieren gemeinsam, daß um die Mitte dieses Jahrhunderts eine grundlegende Planung zur Regenerierung der Wasserversorgung

Athens aufgestellt worden sein muß; denn nur weil es ein das gesamte Leitungsnetz umfassendes Konzept gab, wird dieses und seine Realisierung heute noch faßbar; bei punktuellen Maßnahmen wäre das kaum möglich. Die finanziellen Voraussetzungen für so aufwendige Arbeiten über lange Strecken und für neue Krene-Bauten waren zu dieser Zeit gegeben.

Unter Eubulos, der zeitweise vielleicht Vorsteher (Epimelit) der Wasserversorgung war[315] und der 354–350 v. Chr. das Amt des Finanzverwalters bekleidete, erhöhten sich die Einnahmen Athens ab 347/46 v. Chr. ganz erheblich und dementsprechend auch die Ausgaben für politische und unpolitische Zwecke. Das änderte sich materiell gesehen auch nach der Schlacht bei Chaironeia (338 v. Chr.), nach der Niederlage gegen Philipp von Makedonien nicht wesentlich. Im gleichen Jahr begann nämlich die sparsame Finanzverwaltung des genannten Redners Lykurgos, der unter anderem das Dionysos-Theater vollendete, das Stadion erbaute und trotz aller Aktivitäten eine volle Staatskasse hinterließ.

Die Notwendigkeit, einen Teil der öffentlichen Gelder in den Erhalt und in Erweiterungen des Leitungsnetzes investieren zu müssen, geht ferner aus einer Reihe von Umständen hervor, die für die Jahrzehnte nach 350 v. Chr. eine anhaltende Dürre belegen.[316] Zugleich sank der Grundwasserspiegel ab, die Zisternen nahmen im Vergleich zu den Brunnen stetig zu, die Lebensmittelversorgung war allein aus dem trockenen Attika nicht zu gewährleisten, und auch Getreideimporte konnten eine Hungersnot um 330 v. Chr. nicht verhindern.[317] In derartigen Situationen muß die Sicherung einer guten Wasserversorgung vorrangig behandelt werden.

Chronologische Folge

v. Chr. Geb.

vor 510	Baubeginn	des spätarchaischen Wasserleitungsnetzes
nach 510	Fertigstellung	der Fernleitung, des Nord-, Süd- und Weststrangs, der Südost-Krene am Ende des Nordstrangs und weiterer Krene-Gebäude
nach 480	Südstrang:	Rohrerneuerung unter dem Heiligtum der Nymphe
nach 460	Akademie-Leitung:	Anlage bis zum Dipylon, Bau der älteren Dipylon-Krene
nach 460/50	Akademie-Leitung:	Weiterführung Richtung Akademie
nach 450	Weststrang:	Wiederherstellung der zerstörten Leitung as1 im Kerameikos
5./4. Jh.	Südstrang:	Umleitung im Westabschnitt, Abzweigung und Anlage der Koile-Leitung, Bau der Vorstadt-Krene
350–325	Nordstrang:	Verlängerung und Kanalbau, Bau der Südwest-Krene, Renovierung der Südost-Krene
	Südstrang:	Verlegung nach Süden im Bereich des Dionysostheaters, Abzweigung des Kollytos-Arms, Anhebung des Sohlenniveaus im Westteil
	Weststrang:	Erneuerung der südlichen Kanalstrecke, Abzweigung des Pnyx-Arms, Bau der Pnyx-Krene
307–304	Akademie-Leitung:	Neubau der jüngeren Dipylon-Krene

Zu den Tagebüchern der Grabungen am Westabhang der Akropolis

Abb. 170   Athen, Dörpfeld-Grabung in Planquadrat B 7–8 in Dörpfeld Plan 38 (Dörpfeld: A = Mündung der großen Leitung, B = großes römisches Bassin, C = kleines, spätrömisches Bassin).

Im Archiv des Deutschen Archäologischen Instituts Athen werden acht Tagebücher der Grabungen unter W. Dörpfeld von 1892 bis 1897 westlich der Akropolis aufbewahrt. Ich danke G. Jöhrens für alle Hilfe und die Möglichkeit, diese Tagebücher durchsehen zu können.

Sie wurden im Laufe der Jahre von mehr als zwanzig Mitarbeitern geführt, so von Körte, Ziehen, Schmidt, Münzer, Schrader, Dragendorff, Bodensteiner, Friedrich, Schiff, von Fritze, Bergman, Zahn, Ziebarth, Heinze, Mayr, Rubensohn und von weiteren Mitarbeitern mit von mir nicht zu entschlüsselnden Initialen. Dörpfeld selbst schrieb alle Eintragungen zu den Wasserleitungen, das heißt zu denjenigen, die er für peisistratidisch hielt, und zu den späteren Umbauten dieser Leitung.

Nur die drei ersten Kladden (1892–1894) enthalten Hinweise zur Hauptwasserleitung: Heft I und II einiges zum Weststrang und zum dortigen Stollenende, Heft III weniges zum Südstrang und nichts zu der Doppelstollenstrecke. Heft VIII von 1897 hält die Untersuchungen zum Koile-Arm fest.

Die im allgemeinen knappen, dem Grabungsalltag angepaßten Notizen mit einigen Skizzen, die bisher unpublizierten Grabungsphotos (Abb. 5–8, 19, 20, 27, 170–173) und gute Pläne mit zahlreichen Höhenangaben standen F. Gräber zur Verfügung, als er Jahre später, nämlich 1902 mit der Bearbeitung des Wasserleitungsmaterials begann – lange nach Abschluß der Grabungen, an denen er selbst nicht teilgenommen hatte.

Speziell zum Weststrang und zur sogenannten Dörpfeld-Enneakrounos: Auf S. 3 des ersten Tagebuchs von 1892 findet sich zum zweiten Grabungstag eine Skizze mit einem leicht trapezförmigen Bassin.[318] In dieser Form wird das skizzierte Bassin in alle später publizierten Pläne übernommen[319] und mit Hauptbassin oder Bassin des Peisistratos beschriftet. Dazu W. Dörpfeld[320]: «Die Umfassung soll aber nach Möglichkeit festgestellt werden» und Gräber[321]: «Leider scheint aber auch nicht eine einzige Quader davon erhalten zu sein.»

Ebenso hypothetisch wie das Bassin sind die folgenden Rekonstruktionen: das westlich vorgelagerte Vorbassin (r15), der östlich anschließende Schöpfbrunnen, der nördlich gelegene Platz der Enneakrounos und der Laufbrunnen; denn wie aus den Tagebüchern[322] und Dörpfeld Taf. 38 hervorgeht, handelt es sich allerorts um kaiserzeitliche Befunde oder um Rekonstruktionslinien.

Steht die Lage der gesuchten Enneakrounos fest, so hat das Konsequenzen:

Abb. 171   Athen, Dörpfeld-Grabung, sogenanntes älteres Bassin von NO (Dörpfeld: A = Stützmauer eines Fußweges zur Pnyx, B = älteres Bassin mit Kalkputz, C = römische Wasserleitung, D = jüngeres Bassin).

Abb. 172 Athen, Dörpfeld-Grabung, Suchgräben unter der damaligen Fahrstraße.

– Dann muß auch die Quelle Kallirrhoe gefunden werden. Die 9 Ausflüsse werden im sogenannten Laufbrunnen am Platz der Enneakrounos verzeichnet, die als Kallirrhoe gedeutete Anlage Y[323] aber steht in keinem wassertechnischen Zusammenhang mit der Enneakrounos. De facto handelt es sich bei Y (hier Abb. 173) um einen Brunnen, der hinter einer Felskammer abgeteuft und wie der Brunnen im Amyneion (s. S. 27) nach seinem Versiegen mit Leitungswasser unbekannter Herkunft aufgefüllt wurde. Zuleitung und Mosaik in der Felskammer wurden in der Kaiserzeit verlegt.[324]

– Ferner müssen Baureste unmittelbar westlich des sog. Hauptbassins der Enneakrounos, weil sie älter sind als die sonstigen römischen (nicht peisistratidischen) Mauerzüge, zu einem vorpeisistratidischen Bassin gehören.[325] Dieses sogenannte Alte Bassin soll von dem oberen Stollen der Doppelstollenstrecke aus versorgt worden sein, obwohl dort aus mehreren Gründen (s. S. 36 ff.) keine Leitung verlegt werden konnte, obwohl keine Verbindung zwischen oberem Stollen und «Altem Bassin» besteht und obwohl die durch das «Alte Bassin» geführte Abzweigung vom Pnyx-Arm römischer Zeit ist.[326]

– Schließlich muß die Zuleitung zur Dörpfeld-Enneakrounos konsequenterweise die Hauptleitung sein und diese muß hier ihr Ende finden.[327]

Positiv verbleiben der zuleitende Poros-Kanal, der Pnyx-Arm, einige Bauglieder der Pnyx-Krene und ein Abzugskanal –

jeweils nacharchaischer Zeit. Die Literatur mit ablehnender, seltener zustimmender Haltung zu den Rekonstruktionen von Dörpfeld sowie dessen Verteidigungsschriften wurden von Judeich 199 Anm. 2 zusammengestellt.

Abb. 173 Athen, Dörpfeld-Grabung, Vorraum des Brunnens Y (Dörpfelds Kallirrhoe).

Detlef K. Richter

Geologische Situation beim Ilissos-Quellgebiet

Die präneogenen Einheiten des Einzugsgebiets der archaischen Wasserleitung – Quellgebiet des Ilissos – werden im Zonenschema Griechenlands zur Pelagonischen Zone gestellt (Übergangsbereich zum sich südöstlich anschließenden Medianen Kristallin-Gürtel).[328] Hierbei handelt es sich um eine paläozoischen Schichten aufliegende mesozoische Karbonatplattform, die in der höheren Kreide absinkt und von einem oberstkretazisch-alttertiären Flysch überlagert wird.

Die Höhen des Hymettos werden von metamorphen Kalken triadisch-jurassischen Alters (?) ausgemacht, an die sich nach Westen vorwiegend oberstkretazische (Maastrichtian) Athener Schiefer anschließen (vgl. Abb. 174). Nach einer Kompilation von Dürr[329] stellt der Hymettos eine Sattelstruktur aus Marmoren und kristallinen Schiefern dar, die an der Nordwestflanke von den jungpaläozoischen (?) Kara-Schiefern sowie oberstkretazischen Athener Schiefern tektonisch überlagert werden.

Das direkte Einzugsgebiet der archaischen Wasserleitung – Bereich der Quellfassungen – wird von einer nach SE ansteigenden Gebirgsflußfläche nordwestlich des nördlichen Marmorzugs vom Hymettos[330] markiert. Als präneogene Einheit sind hier die «flyschoiden» Kara-Schiefer verbreitet, an die sich nach Westen die lithologisch sehr ähnlichen Athener Schiefer senonen Alters[331] anschließen. Die Kara-Schiefer setzen sich aus einer polyphas deformierten, niedrigmetamorph überprägten, feinkörnigen siliziklastisch-karbonatischen Wechselfolge (Hellglimmer-Neubildungen, undulöse Quarze mit vernähten Korngrenzen, Quarz-Subkornbildung u. a.) zusammen, in die sich lokal nicht durchhaltende marmorartige Kalk- und quarzitische Sandsteinbänke einschalten.

Nach Südwesten nimmt eine Schotterbedeckung der Kara-Schiefer zu. Im Geröllspektrum dieser bis über 10 m mächtigen grobklastischen Sedimente dominieren Marmore des Hymettos gegenüber Siliziklastika, die vorwiegend der direkt liegenden Einheit entstammen dürften. In Oberflächennähe sind die plio/pleistozänen Schotter meist zu Calcretes verfestigt, wie es für semiaride Gebiete typisch ist.

Direkt nördlich des Quellgebiets bei B/C in Plan 1 schließt sich an die Schiefer nach einer Störungszone mit silifiziertem Karbonat (Quarz, Fe-Dolomit, Fe-Oxihydrate) ein EW-streichendes Vorkommen serpentinisierten, Chromit/Picotit-führenden Peridotits an, bevor die nördlich folgende Anhöhe von einem kretazischen (?) Kalk eingenommen wird. Ob es sich bei den letztgenannten Lithologien um Reste einer tektonischen Decke[332] oder um Fragmente in einer flyschdominierten Großschwerzone (Melange) handelt, ist zur Zeit noch offen.

Die Schiefer haben bis auf Kluft- und Scherfugenbereiche eine relativ geringe Wasserdurchlässigkeit, was einen Ober-

Abb. 174 Geologische Übersichtsskizze von Attika mit NW/SE-Profil durch den Hymettos und Markierungen zur Lage des Ilissos-Quellgebiets.

flächenabfluß zu den Vorflutern begünstigt. Im weiter stadtwärts gelegenen Bereich des Ilissostals sind die lithologisch ähnlichen Athener Schiefer beiderseits des Tals – wenn auch meist nur gering – wasserführend.[333] Neben Oberflächenabfluß spielen im Einzugsgebiet der archaischen Wasserleitung Quellen eine Rolle, die an Störungen in den Schiefern selbst sowie zwischen den Schiefern und den karbonatreichen Einheiten im Norden wie Osten des Wasserleitungsbeginns gebunden sind.

Henning Fahlbusch

Die Abschätzung der Leistungsfähigkeit der archaischen Wasserleitung Athens

Aus den vorhergehenden topographischen Beschreibungen geht hervor, daß die archaische Wasserleitung Athens durch Quellwasser aus dem oberen Ilissostal gespeist wurde. Im Stadtbereich wurde es in einen Süd- und einen Nordstrang aufgeteilt.

Der Südstrang versorgte neben dem Bereich des Olympieions auch die Krene am Pnyx sowie die Stadtteile Kollytos und Koile. Der Nordstrang führte zur Agora und möglicherweise darüber hinaus bis zum Kerameikos. Anscheinend später wurde die Akademieleitung an die Hauptversorgungsader angeschlossen, da noch nicht alle Ressourcen genutzt wurden.

Nachfolgend soll der Frage nachgegangen werden, wieviel Wasser wohl in archaischer Zeit in die Metropole geleitet wurde.

Wie bereits in den vorherigen Kapiteln ausgeführt, bestand das Leitungssystem aus Tonrohren. In ihnen floß das Wasser mit freiem Gefälle, die Rohrleitungen waren also Freispiegelleitungen. Lediglich am Beginn des Südstranges wird eine kleine Senke mit Hilfe eines Tonrohrdruckstranges von geringer Druckhöhe überwunden worden sein. Oberirdische Leitungsführungen auf Bogenbrücken wurden zu dieser Zeit noch grundsätzlich vermieden, dagegen war das Prinzip kommunizierender Röhren lange bekannt und praktiziert.

Der Durchfluß in Freispiegelleitungen berechnet sich nach Manning/Gauckler/Strickler[334] zu:

$$Q = A \cdot k_{St} \cdot r_{hy}^{2/3} \cdot l^{1/2} \ [m^3/s]$$

Hierin bedeuten:

Q = Durchfluß $[m^3/s]$
A = durchflossene Querschnittsfläche $[m^2]$
k_{St} = Rauheitsbeiwert $[m^{1/3}/S]$
r_{hy} = hydraulischer Radius = $A/l_u \ [m]$
l_u = benetzter Umfang $[m]$
l = Energieliniengefälle $[-]$

Die Größen $A \cdot r_{hy}^{2/3}$ sind durch den Querschnitt vorgegeben, der Rauheitsbeiwert hängt vom Material ab, das Energieliniengefälle wird entscheidend von der Topographie bestimmt.

Querschnittsgrößen

Zur Bestimmung der Querschnittsmaße liegen nur die Werte der Rohrmaße von o. S. 66 vor. Danach ergeben sich folgende mittleren Durchmesser für die Leitungen:

Südstrang: 16,5 cm
Nordstrang: 20,0 cm

Hecht[335] wies bereits darauf hin, daß es auch in der Antike das Prinzip gewesen sei, Maße in «glatten» Zahlen zu verwenden. Daher sollte der Durchmesser des Südstranges vielleicht 9 Daktylen und der des Nordstranges wohl 11 Daktylen betragen haben.

Von der Hauptleitung sind Rohre anscheinend nicht in situ gefunden worden. Für die Abschätzung der nach Athen geflossenen Wassermenge ist die Kenntnis dieses Querschnittsmaßes aber unumgänglich. Aufgrund folgender Überlegungen scheint es sinnvoll zu sein, die o. S. 69 in Gruppe 1 aufgeführten Rohre mit einem mittleren Durchmesser von 26 cm bzw. etwa 13 Daktylen der Hauptleitung zuzuordnen. In der Antike wurde das fließende Wasser dem jeweils durchflossenen Querschnitt gleichgesetzt. Die Dimension entsprach somit einer Flächeneinheit. Diese Tatsache ist durch Frontinus ausführlich anhand des Wasserversorgungssystems Roms beschrieben worden.[336] Wenngleich unbekannt ist, wann das Prinzip eingeführt wurde, ist es nicht unwahrscheinlich, den Griechen bereits dasselbe Wissen wie den Römern zuzuordnen. Übertragen auf die Leitungen Athens hieße das, daß – voll durchflossenen Querschnitt bei den Planungsüberlegungen vorausgesetzt – der Querschnitt der Hauptleitung genauso groß sein müßte wie die Querschnittssumme aus Nord- und Südstrang.

$$A_H = A_N + A_S \ [m^2]$$

Aufgelöst nach dem Durchmesser ergibt sich

$$d_H = d_N^2 + d_S^2 \ [m]$$

Unter Berücksichtigung der erwähnten Durchmesser $d_S = 16{,}5$ cm (Südstrang) und $d_N = 20$ cm (Nordstrang) ergäbe sich ein Wert für den Hauptstrang von $d_H = 25{,}9$ cm, also eine Zahl entsprechend der der Gruppe 1. Für die weiteren Berechnungen wird daher ein Durchmesser von 26 cm für den Hauptstrang zugrunde gelegt.

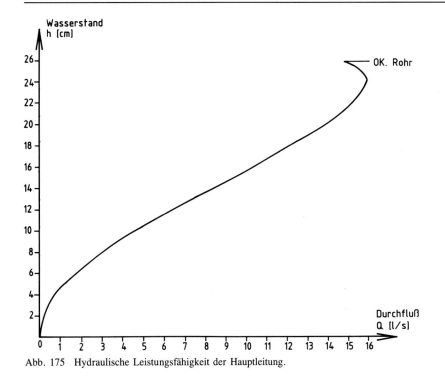

Abb. 175 Hydraulische Leistungsfähigkeit der Hauptleitung.

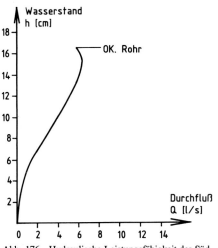

Abb. 176 Hydraulische Leistungsfähigkeit des Südstranges.

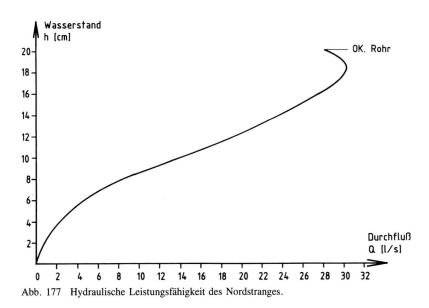

Abb. 177 Hydraulische Leistungsfähigkeit des Nordstranges.

Rauheitsbeiwert und Gefälle

Der Rauheitsbeiwert wird anhand von Tabellen zu $k_{St} = 70$ m $^{1/3}$/S abgeschätzt. Garbrecht[337] hat Rohre von der Madradagleitung Pergamons im hydraulischen Labor untersucht und den Widerstandsbeiwert bei voll durchflossenen Rohren zu $\lambda = 0,028$ bestimmt, was dem o. a. k_{St}-Wert etwa entspricht.

Maßgebend für die Leistungsfähigkeit einer Freispiegelleitung ist das kleinste Gefälle. Nach den Werten in den Tabellen S. 7 (Hauptstrang), S. 11 (Nordstrang) und S. 11 (Südstrang) ergeben sich folgende maßgebliche Gefällewerte, die der weiteren Berechnung zugrunde gelegt werden:

Hauptleitung $l = 0,06\%$
Nordstrang $l = 0,88\%$
Südstrang $l = 0,1\ \%$

Unter Berücksichtigung der o. a. Werte wurde das Durchflußvermögen durch die drei Stränge in Abhängigkeit von der Abflußtiefe ermittelt und in den Abb. 175 bis 177 graphisch dargestellt. Demnach ergibt sich, daß durch den Hauptstrang maximal knapp 16 l/s (d. h. etwa 370 m³/Tag) Wasser nach Athen flossen. Dieses wurde auf 2 Stränge aufgeteilt. Maximal 40% dieses Durchflusses konnten in den Südstrang abgegeben werden, da sowohl der kleine Durchmesser als auch das geringe Gefälle dessen Leistungsfähigkeit beschränkten. Dagegen konnte im Nordstrang aufgrund des großen Gefälles deutlich mehr Wasser als im Hauptstrang abgeführt werden.

Aus ingenieursmäßiger Sicht lassen die vorstehend geäußerten Gedanken folgende Schlußfolgerung zu:

1. Die Hauptleitung bildete zusammen mit dem Nord- und dem Südstrang eine Planungseinheit. Sie dürften gleichzeitig realisiert worden sein.
2. Die Leistungsfähigkeit des Südstranges war sehr beschränkt, zumal mit dem Kollytos-, Koile- und Pnyxbereich zusätzlich zur Region des Olympieions viele Bezirke mit Wasser zu versorgen waren. «Überschuß»-Wasser dürfte daher eher im Nordstrang vorhanden gewesen sein, so daß aus hydraulischen und wasserwirtschaftlichen Gründen eine Anbindung des Weststranges an den Nordstrang wahrscheinlicher ist als an den Südstrang.
3. Insgesamt wurde das Wasserdargebot der Hauptleitung zur Bedarfsdeckung im Nord- und Südstrang aber nicht ausgenutzt, so daß der Anschluß der Akademieleitung möglich wurde.

Anhang

Abkürzungen

Außer den Abkürzungen und Sigeln im AA 1991, 699 ff. und in der Archäologischen Bibliographie werden hier verwendet:

Camp = John McKesson Camp, The Water Supply of Ancient Athens from 3000 to 86 B.C., University Microfilms International, Ann Arbor, Mich. 1979.

Dörpfeld = Wilhelm Dörpfeld, Antike Denkmäler II 4 (1901) 1 f. Taf. 37, 38.

Glaser = Franz Glaser, Antike Brunnenbauten (KPHNAI) in Griechenland, Österr. Akademie der Wiss., Phil.-Hist. Klasse, Bd. 161, Wien 1983.

Gräber = Friedrich Gräber, Die Enneakrounos, AM 30, 1905, 1–64 Taf. 1–3.

Grewe = Klaus Grewe, Planung und Trassierung römischer Wasserleitungen (Wiesbaden 1985).

Judeich = Walther Judeich, Topographie von Athen, Handbuch der Altertumswiss. III 2.2 (München 1931²).

Lang = Mabel Lang, Waterworks in the Athenian Agora, Agora Pict. Bk. 11 (Princeton 1968).

Levi = Doro Levi, Enneakrounos, AS Atene 39/40, 1961/62, 149–171.

Tagebuch = Wilhelm Dörpfeld und Mitarbeiter, Grabungstagebücher I–VIII (1892–1897) zu den Grabungen westlich der Akropolis (s. o. S. 106).

Tölle-Kastenbein = Renate Tölle-Kastenbein, Antike Wasserkultur (München 1990).

Travlos = John Travlos, Bildlexikon zur Topographie des antiken Athen (Tübingen 1971).

Wasserversorgung Bd. 1 = Geschichte der Wasserversorgung, Bd. 1: Sextus Iulius Frontinus. Curator Aquarum. Wasserversorgung im antiken Rom. Hrsg. Frontinus-Gesellschaft (München 1986³).

Wasserversorgung Bd. 2, Bd. 3 = Geschichte der Wasserversorgung, Bd. 2 und Bd. 3: Die Wasserversorgung antiker Städte. Hrsg. Frontinus-Gesellschaft (Mainz 1987 und 1988).

Ziller = Ernst Ziller, Untersuchungen über die antiken Wasserleitungen Athens, AM 2, 1877, 107–131 Taf. 6–9.

MW = Mittelwert; F = Fuß; AF = attischer Fuß; DF = dorischer Fuß; RF = römischer Fuß; e = entspricht; min = mindestens.

Anmerkungen

1 Samos: Herodot III 60; Megara: Pausanias I 40,1 (mit irrtümlicher Datierung).

2 Thuk. II 15,5; anders Pausanias I 14,1. Zur älteren Forschungsgeschichte Judeich 193 ff., 202. Zu Kallirrhoe-Enneakrounos zuletzt R. Tölle-Kastenbein, JdI 101, 1986, 55 ff. (mit den weiteren schriftlichen Zeugnissen).

3 Mit Krene bezeichneten die Griechen eine von Menschenhand angelegte, offene oder überdachte Wasserentnahmestelle an Quellen oder Leitungen; zum Begriff Krene vgl. R. Tölle-Kastenbein, AA 1985, 451 ff.

4 So die gesamte ältere Literatur, später z.B. J. Travlos, Poleodomike Exelixis (1960) 116 ff. Taf. 2; Levi 167 ff.; P. G. Kalligas, ADeltion 18, 1963 (B) 16 f. Abb. 1; J. S. Boersma, Athenian Building Policy from 561/0 to 405/4 B.C. (1970) 23 f.; H. A. Thompson – R. E. Wycherley, Agora XIV (1972) 199; W. Zschietzschmann, RE Suppl. XIII (1973) 70 f. s. v. Athenai – Berechtigte Kritik bei Camp 64, 72 f.

5 Ziller 109; danach Gräber 56 f., 60 f.; vgl. A. Kordellas, Αἱ Ἀθῆναι ἐξεταζόμεναι ὑπὸ ὑδραυλικὴν ἔποψιν (Athen 1879) 66 f., 122 f.; A. Milchhöfer in: Curtius-Kaupert, Karten von Attika II (1883) 21 Blatt IV.

6 Hinzuweisen ist vor allem auf die zahlreichen Publikationen des Leichtweiß-Instituts Braunschweig und seines Leiters G. Garbrecht sowie auf die Veröffentlichungen der Frontinus-Gesellschaft zur Förderung der Geschichte der Rohrleitungs-, Energie- und Wassertechnik.

7 Zur geologischen Struktur Athens und seiner Umgebung s. C. Wachsmuth, Die Stadt Athen im Altertum I (1874) 91 ff.; A. Milchhöfer in: Curtius-Kaupert, Karten von Attika II (1883) 18 ff.; R. Lepsius, Geologie von Attika (Berlin 1893, Atlas 1891); Gräber 3 ff.; Judeich 46 ff.

8 Die im folgenden in Klammern gesetzten Buchstaben beziehen sich auf Plan 1 und 2. Dem Plan 1 wurde bewußt die kartographische Aufnahme des vorigen Jahrhunderts zugrunde gelegt (s. Nachweise), weil der damalige Zustand den antiken Verhältnissen näher kommt als der heutige. Insofern können die Fluß- und Bachläufe in Plan 1 und 2 nicht unbedingt deckungsgleich sein.

9 z. B. Gräber 57; Judeich 202; H. A. Thompson, Hesperia 25, 1956, 51; ders. Agora XIV (1972) 199; Glaser 68.

10 Entfernung vom Stadtzentrum bis in den Bereich der pentelischen Marmorbrüche nahe 18 km; vgl. die Galermi-Leitung für Syrakus mit einer Länge von 29 km. In Athen griff man erst in hadrianischer Zeit über so große Distanzen aus, vgl. Ziller 120 ff.; J. Travlos (Anm. 4) 116 ff.; zuletzt A. Tanoulas in: Athens in Prehistory and Antiquity (ed. Ministry of Culture, Athen 1985) 22 f. Abb. 1 f. – Vgl. E. Vanderpool, Charistirion A. K. Orlandos A (1965) 165 ff., bes. 174.

11 Von Kaisariani aus betrachtet: Luftlinie zwischen den Höhenlinien 260 und 160 m = 1830 m, mittleres lineares Gefälle 5,5%; vom oberen Ilissostal aus gesehen: Luftlinie zwischen 260 und 160 m = 2780 m, mittleres lineares Gefälle 3,6%.

12 vgl. Levi 160 f.; Camp 64; zuletzt H. Kienast in: Wasserversorgung Bd. 2, 167.

13 Strabon IX 1,24.

14 Himerios, or. III 3.

15 So A. Milchhöfer in: Curtius-Kaupert, Karten von Attika II (1883) 22.

16 Zuletzt H. Kienast, Mannheimer Forum 86/87, 200 ff. Abb. 13 f.; vgl. R. Tölle-Kastenbein, Herodot und Samos (1976) 64 f. Abb. 5 f.

17 So wie wahrscheinlich die acharnische Leitung dem Kephissos folgte, E. Vanderpool (Anm. 10) 172.

18 Ziller 112.

19 So Ziller 112 (die Tiefe und die Art der Schächte besagen, daß mit «Canal» Stollen gemeint ist). Die Leitung verlief dicht unterhalb des Klosters und wandte sich, einer ausgesprochenen Senke folgend, dem Punkt F zu. Die neuzeitliche Sammlung des Wassers durch diesen Stollen in einem überwölbten Reservoir spricht nicht gegen einen Leitungsstollen oder eine ursprüngliche Zugehörigkeit zur archaischen Hauptleitung.

20 Gräber 58 f., Untersuchungen der Kgl. Hofgartenverwaltung zur Wiederbenutzung der antiken Wasserleitungen.

21 Curtius-Kaupert, Atlas von Athen (1878) Blatt II, S. 16; Höhe zu I: 107 m. Der Bogen bei I spiegelt sich in den hier stumpfwinklig aufeinanderstoßenden Ost-West-Straßen.

22 Ziller 112.

23 vgl. Curtius-Kaupert (Anm. 21); H. A. Thompson – R. E. Wycherley, Agora XIV (1972) 199.

24 Antoninos (Archimandritos), AEphem 1856, 1449 ff., bes. 1455.

25 vgl. Ziller Taf. 7 (Höhen in engl. feet).

26 Korinth (Anm. 28) 25,77 m; Samos: letzter Schacht vor dem Tunnel 13,80 m, vorletzter Schacht 14,50 m (E. Fabricius, AM 9, 1884, 174); Syrakus: Ninfeo- und Paradiso-Leitung bis zu 29 m Tiefe, Tremilia-Leitung bis zu 19 m Tiefe.

27 vgl. Vitruv VIII 1,1 und 6,12.

28 Anders zur Flurbewässerung, z. B. westlich von Korinth: dort wurden die Stollenwände mit wasserfestem Stuck für den direkten Wasserdurchfluß verputzt, H. S. Robinson, Hesperia 38, 1969, 1 ff. Taf. 1.

29 Die Tonrohre wurden antik häufig zerstört, entfernt, andernorts wiederverwendet oder neuzeitlich entwendet. Von den mehr als hundert Tonrohren, die Fabricius im vorigen Jahrhundert an der Eupalinos-Leitung auf Samos freilegte, konnte 90 Jahre später kein einziges wiedergefunden werden. Daher ist ein Schluß e silentio gefährlich, vgl. Camp 73.

30 Bei einem günstigen Wechsel von wasserdurchlässigen und -undurchlässigen Schichten trieb man einen breiten Sickerstollen oder eine Sickerkammer schräg zum Streichen der Horizonte mit minimalem Gefälle vor, so daß in allen durchlässigen Schichten das Wasser angezapft wurde. Dabei verlegte man einen oder auch mehrere Stollen gerade so tief in das anstehende Gestein, daß man möglichst viel Wasser auffing, zugleich aber ein Aufstauen des Wassers vermied. Maximale, abgerundete Länge der Sickergalerien in Korinth: Peirene 27 m, Glauke 32,5 m, Lerna 22 m, in Perachora 29 m. Durchschnittliche Breite der korinthischen Sickerstollen: 2,00 bis 2,30 m, maximale Breite 3,80 m (Glauke). Zu Peirene s. B. H. Hill, Corinth I, VI (1964) 54 ff. Abb. 31 f.

C. H. Morgan II, AJA 42, 1938, 366 Abb. 4 (gute Sicht in eine Sickergalerie); zu Glauke s. B. H. Hill a.O. 200 ff. Abb. 124, 126, 130 ff.; zu Lerna s. C. Roebuck, Corinth XIV (1951) 102 ff. Plan A, C; zu Perachora s. R. A. Tomlinson, BSA 64, 1969, 195 ff. Abb. 4 ff. Taf. 50, 56 f.

31 Judeich, Plan I; J. Travlos (Anm. 4) Taf. 2; danach Levi 168 Abb. 5.

32 R. Tölle-Kastenbein, Festschrift für Y. Inan (1990) 419 Abb. 2.

33 Die Höhenangabe +85,34 m im Dionysos-Heiligtum (Abb. 18) besagt für den Sattel dasselbe, ist aber für die archaische Leitung wegen der späteren Verlegung des Südstrangs irrelevant.

34 Höhe des Sattels im vorigen Jahrhundert an der Fundstelle S 1 (Kreuzung Odos Kydathenaion/ Adrianou) +83,2 m, zitiert von Gräber 22.

35 Allein der Olympieion-Peribolos umfaßt mehr als 25 000 m².

36 Leitungsführung von der Mauer der Schatzhausterrasse auf die östliche Altismauer, A. Mallwitz, Olympia und seine Bauten (1981) 191 Abb. 154.

37 Tölle-Kastenbein 66 Abb. 41.

38 Judeich 203; vgl. Anm. 34.

39 Erwogen von Gräber 22.

40 Die in Anm. 36 genannte Leitung wurde bei der Neugestaltung des Stadionzugangs mittels eines Dükers unterführt; F. Gräber in: Adler-Curtius, Olympia II (1892) 179 Taf. 103.7.

41 D. M. Robinson, Olynthos XII (1946) 103 ff., bes. 113 Taf. 91 ff.

42 In spätarchaischer Zeit wurde die Leitung auf Samos vom Quellhaus aus in einem großen, 890 m langen Bogen zum Tunneleingang geführt, um die erforderlichen Höhen für eine Gefälleleitung einzuhalten. Eine Druckstrecke hätte eine sehr viel kürzere, etwa 370 m lange Trasse bewirkt.

43 Im Athener Kerameikos weist die Tonrohrleitung as1/2 nördlich des Stollens durch den Südhügel ein außergewöhnlich starkes Gefälle auf, sie stellt aber nicht einen Teil einer Druckleitung dar.

44 vgl. S. G. Miller, Hesperia 39, 1970, 224 Abb. 1, 230 f. Der exakte Leitungsverlauf könnte Aufschluß über die antike Straßenführung nördlich der Tripodenstraße vermitteln, zumal in dicht bebauten Stadtgebieten die Leitungsschächte am günstigsten in Straßen angelegt werden.

45 Nach Camp 78 ff. Abb. 26 f. liegt der Bodenbelag im Ostteil der Südost-Krene bei +65,93⁴ m, der im Westteil bei +65,59⁹ m; nach H. A. Thompson, Hesperia 25, 1956, 49 f. liegt die Leitung 2,00 bzw. 2,40 m darüber; vgl. Camp 70 mit Anm. 10.

46 I. Miliades, Praktika 1959, 5 f. Taf. 2a; G. Daux, BCH 84, 1960, 624 Abb. 4; Levi 164 ff. Abb. 3; U. Knigge, AA 1972, 617 f.

47 M. Kyrkou danke ich darüber hinaus für die Überlassung von zwei Photographien zu Studienzwecken.

48 Dieser in griechischer Zeit ungewöhnliche, in Athen aber nicht singuläre Stollenzugang sowie die daraus gezogene Schlußfolgerung hinsichtlich der Schächte lassen sich vor der endgültigen Publikation nicht beurteilen; vgl. Levi 164, Camp 71 (statt ca. 10 m muß es heißen: ca. 30 m südlich der Südfront der Skene des Herodes-Atticus-Odeion). Zu seitlichen Stollenzugängen bei römischen Wasserbauten vgl. z. B. die Stollenleitung für Bologna, D. Giorgetti, Wasserversorgung Bd. 3, 183 Abb. 11 oder die Ableitung des Fuciner Sees südlich von Avezzano (Abruzzo), Tölle-Kastenbein 65 Abb. 40.

49 W. Dörpfeld, AM 19, 1894, 144 f.

50 Die Brüchigkeit des Gesteins wurde im Südstollen durch Auskleidungen aufgefangen. Darunter findet sich nicht eine Stelle mit archaischem Ausbau wie auf Samos (Abb. 39). Eine größere Bruchzone wurde hingegen nicht angetroffen, so daß an eine Umfahrung einer solchen Zone wie beim Südausgang des Tunnels auf Samos nicht zu denken ist; vgl. E. Fabricius, AM 9, 1884, 163 ff. Taf. 8; R. Tölle-Kastenbein, Herodot und Samos (1976) 67 Abb. 7 (W. Kastenbein).

51 vgl. Dörpfeld 2.

52 vgl. die unterschiedlichen Wiedergaben in den publizierten Plänen: Dörpfeld Taf. 38; ders. AM 19, 1894, 496 ff. Taf. 14; Gräber Taf. 1.

53 Die Fortsetzung des Weststrangs nach Norden findet sich nur in dem schon 1895 publizierten Plan (hier Abb. 10), fehlt hingegen in den danach publizierten Plänen. Hier werden in Plan 8 Dörpfeld Taf. 38 und die in Abb. 9 und 10 wiedergegebenen Zeichnungen Dörpfelds kombiniert.

54 Tagebuch II (1893) 25; Gräber 24.

55 R. S. Young, Hesperia 20, 1951, 136 Abb. 1 = Taf. 33.

56 Ziller 117 ff. Taf. 8; Judeich 205.

57 R. S. Young, Hesperia 20, 1951, 136 ff. (Grabungen zwischen der Areiopag-Straße, der Piräus-Straße, der Straße der Marmor-Handwerker und der Melite-Straße), 145 ff. (Areiopag-Straße), 167 f. (Melite-Straße).

58 Marcellinus, vita Thuc. 17,55; Anonymos, vita Thuc. 10; vgl. Pausanias I 23,9.

59 Plutarch, Them. 22; ders. de malignitate Herodoti 37; Plan 9, an der antiken Piräus-Straße und der modernen Odos Herakleidon; Travlos 122 Abb. 164 f.

60 Schol. Aristophanes, Frösche 501.

61 Curtius-Kaupert, Atlas von Athen (1878) Blatt 3; Judeich 168, 174 Taf. 1.

62 U. Knigge, AA 1972, 605 ff., bes. 618, 620 ff., 623 (Zitat) Abb. 30, 34, 41: dies. Kerameikos IX (1976) 1 f. Abb. 3; dies. Der Kerameikos von Athen (1988) 103 Abb. 96.

63 Nördlich folgt auf den Stollen ein Leitungskanal, dessen Wände mit Porosplatten ausgekleidet sind.

64 Entfernung zwischen dem nördlichsten Schacht in der Pnyx-Straße (W5 in Plan 8) und dem Pythagoras-Grabmal im Kerameikos rund 775 m (Luftlinie). Deckel-Höhe dieses Schachtes +78,24 m, H. der antiken Straße beim Pythagoras-Grabmal um +43,60 m (U. Knigge, AA 1972, 622 Anm. 64).

65 Ziller Taf. 7; Judeich Plan 1, Planquadrat D4 (Richtung C3).

66 Judeich Plan 1, Planquadrat C3, gelegen in der heutigen Grünanlage im Winkel zwischen Iera Odos und Odos Peiraios, zugeschüttet.

67 D. Ohly, AA 1965, 335 ff. Abb. 32 (Kanal B, ursprünglich oben abgedeckt; Stollen C); U. Knigge, Der Kerameikos von Athen (1988) 130.

68 s. Anm. 41.

69 Die Länge der spätarchaischen Leitung für Megara ist gänzlich unbekannt.

70 Vitruv VIII 6,1.

71 Antoninos (Archimandritos), AEphem 1856, 1449 ff., bes. 1455.

72 Die Nebenleitung kann die themistokleische Stadtmauer stadteinwärts gekreuzt haben oder außen parallel zur Stadtmauer nach Norden zum heutigen Häuserblock Odos Metropoleos/ Boules/Apollonos/Penteli geführt haben. Hier südlich der Kapelle der Hl. Dynamis fand I. Threpsiades, ADeltion 16, 1960 B1 24 f. Abb. S. 23, dicht außerhalb vor der themistokleischen Mauer und dem Proteichisma einen nach NW gerichteten Kanalabschnitt, wohl römischer Zeit. Dieser liegt unweit des Stadtmauertores VIII, des Diochares-Tores (vgl. Strabon IX 397 und die in einem genannten Häuserblock gefundene Inschrift IG II² 2495); gerade in der Nähe von Stadttoren wurden bevorzugt Krenai installiert, so auch in Athen am Dipylon (Abb. 16) oder in Iasos am Osttor (Tölle-Kastenbein 97 Abb. 59). Möglicherweise findet sich hier nahe dem Diochares-Tor die Panops-Krene, vgl. Platon, Lysis 203a, Hesychios, s.v. Πάνοψ.

73 vgl. die Zweifel bei Camp 67 f., 73 und Anm. 15; U. Knigge, AA 1972, 618.

74 So auch Travlos 181.

75 Ziller 110 f. Taf. 7; Becken-Maße: T 6 m, L 6,30 m, B 1 m; wegen der Ausführung in Marmor nacharchaisch.

76 Grabungen von J. Travlos und I. Threpsiades (ADeltion 17, 1961–62 B1 9 ff.), referiert von Levi 170 Abb. 5 (Lage), 6 (Tonrohr); vgl. den älteren Fundbericht von P. Lemerle, BCH 43, 1939, 294. – Im Falle der Zugehörigkeit hätte dieser Arm vom Südstrang westlich des Sattels abgehen müssen.

77 So auch J. Travlos (mündlich) und U. Knigge, AA 1972, 623.

78 s. Anm. 2. Da diese Quellen noch im vorigen Jahrhundert reichlich Wasser spendeten, ist an ein zwischenzeitliches Versiegen kaum zu denken.

79 T. L. Shear jr., Hesperia 53, 1984, 1 ff. Abb. 3 f. Taf. 14a, b; in Abb. 4 sind die schützenden Abdeckplatten verzeichnet. J. M. Camp, The Athenian Agora (1986) 73 Abb. 43.

80 Y. Ph. Nikopoulou, ADeltion 27, 1972, B1, 24 Abb. 4 Taf. 34a; dies. AAA 4, 1971, 2 Abb. 3.

81 F. Noack, AM 32, 1907, 146 f. Abb. 12; G. Gruben, ADeltion 18, 1963, B1, 24 f. Taf. 21b; ders. AA 1964, 403 f. Abb. 13.

82 U. Knigge danke ich vielmals für das Entgegenkommen, die Grabungspläne einsehen zu dürfen, um die Höhenverhältnisse festzuhalten.

83 ADeltion 23, 1968, B1, 94 f. Nr. 81 Abb. 42. – Die Grabung wurde unter dem Haus Nr. 23 durchgeführt.

84 ADeltion 21, 1966, B1, 58 f. Nr. 2 Abb. 3.

85 Ziller 116 Taf. 7; Judeich Plan 1; im Bereich der Odos Hephaistou ist die Beschreibung von Ziller genauer als die Zeichnung von Judeich.

86 Nach Livius XXXI 24, 10 beträgt die Entfernung vom Dipylon zur Akademie 1 römische Meile = 5000 RF/AF und 1471 m. Nach Cicero, de fin. V 1 beträgt diese Entfernung 6 Stadien = 3600 RF/AF e 1059 m. Die bisherigen Grabungen (Literatur bei Travlos 44) sprechen für die Richtigkeit der Angabe des Livius.

87 J. E. Armstrong – J. M. Camp, Hesperia 46, 1977, 147 ff.

88 H. A. Thompson, Hesperia 22, 1953, 32; 25, 1956, 52 f. Taf. 13b; 28, 1959, 96 Taf. 16b; 37, 1968, 57 Abb. 3, 8 Taf. 16; ders. Agora XIV (1972) 200 Taf. 102a, b.

89 Die kleineren wassertechnischen Installationen auf der Agora, beispielsweise für die Tholos oder das Bouleuterion, werden hier nicht erneut behandelt.

90 A. Philadelpheus, AEphem 1921, 85 Abb. 11; ders. Praktika 1921, 26; außerhalb, südlich des ehemaligen Kapuzinerklosters, vgl. dazu Travlos 567 Abb. 709 (Nordpfeil weist nach Osten). Bei dem Kanal westlich des Lysikrates-Denkmals in AEphem 1921, 89 Abb. 8 handelt es sich um einen Abwasser-Kanal, vgl. G. Welter, AM 47, 1922, 74 Taf. 11.

91 Nur erwähnt von P. Kastriotis, Praktika 1914, 93 und Judeich 203.

92 P. Kastriotis, Praktika 1914, 92 f. Abb. 8, vgl. Grundriß vor S. 81. – W. Dörpfeld, Alt-Athen und seine Agora I (1937) Taf. 1 (älterer Plan) vermutete den Verlauf noch südlich außerhalb des Perikles-Odeion. Die von Kastriotis aufgefundene Lage schließt sich jedoch den Befunden südlich des Dionysos-Theaters an. – A. Orlandos, Praktika 1931, 25 ff. und 1932, 27 f. geht anläßlich seiner Grabungen im Odeion des Perikles nicht auf die Wasserleitung ein.

93 Ziller 115; W. Dörpfeld, AM 16, 1891, 444 f.; W. Dörpfeld – E. Reisch, Das griechische Theater (1896) 24 Taf. 1; Gräber 23; K. Kourouniotis, AEphem 1913, 107; Judeich 203 Plan 2; P. Kalligas, ADeltion 18, 1963 B1, 16 f. Abb. 1 (Negativbericht).

94 IG II² 4960.

95 Gräber 18, 25 Abb. 8.

96 Nur in dem Plan von Dörpfeld, Taf. 37 werden die verfolgten Strecken in voller Länge verzeichnet.

97 Dörpfeld Taf. 37 und Tagebuch II (1894) 52.

98 Gräber 28, vgl. 18.

99 Bis auf den Plan Dörpfeld Taf. 37; vgl. Tagebuch VIII (1897) 46–51, 53.

100 Bemerkenswert ist neben der Leitung die Aufdeckung der antiken Straße, die über den Sattel bei der Kirche des Hl. Dimitrios Loumbardiaris weiter westsüdwestlich in die Talmulde zum Stadtteil Koile führt. In dieser Straße verläuft auch ein in den Fels eingearbeiteter Abwasserkanal mit einer im Querschnitt fast quadratischen Tonrinne, streckenweise mit, streckenweise ohne halbkreisförmige Abdeckung aufgefunden. Innenmaße der Tonrinne: H 0,20, B 0,22 m, Wandstärke 3 cm.

101 D. Giorgetti, Wasserversorgung Bd. 3 (1988) 182 Abb. 4.

102 Travlos 169 Abb. 219 Nr. 253.

103 Mit den hier verlegten Leitungen haben die Brunnen und Zisternen am Ostfuß des Pnyx-Hügels (Dörpfeld Taf. 38) nichts zu tun. Die von Z2 zunächst nach Westen und dann nach Norden parallel zum Pnyx-Fuß angegebene Leitung (Gräber 29) wurde größtenteils rekonstruiert und gestrichelt gezeichnet; sie wurde daher hier in Plan 8 nicht aufgenommen. Eine Weiterführung nach Norden ist geländebedingt nicht möglich, so auch U. Knigge, AA 1972, 618; vgl. Gräber 29 und die Höhenlinien in Dörpfeld Taf. 37.

104 Nach Gräber 44 Abb. 24 gleichbleibendes Leitungsniveau bei +83,90 m, in Gräber Taf. 1 ein Gefälle von +83,90 bis +83,88 m bei a4.

105 A. Körte, AM 21, 1896, 288 f. Taf. 11; Judeich 288 ff.; L. Beschi, ASAtene 29–30, 1967–68, 511 ff. Maße der Brunnenmündung: H 62, L 121,1, B 84,3 cm; Durchbohrung für Leitungsanschluß: Dm. 6,5, H. (UK) 40,3 cm.

106 Dörpfeld Taf. 38, ders. AM 17, 1892, 442; Gräber Taf. 1, S. 25: «Auch diese Nebenleitungen dürfen der Epoche des Peisistratos zugeschrieben werden.» Damit ist die Gleichzeitigkeit der Amyneion-Nebenleitung mit dem Weststrang, der der 2. Bauphase angehört, in etwa angezeigt, aber nicht belegt. Eine Leitungsanlage im 4. Jh. v. Chr. würde gut zu den sonstigen Befunden im Amyneion passen, Zusammenstellung der Literatur dazu bei Travlos 76.

107 Die Anfangskanäle, die von Gebäuden aller Art ausgehen (1. Ordnung), münden in Straßenkanäle 2. Ordnung, die in Hauptkanäle mit wachsendem Querschnitt (3. Ordnung) übergehen. Mehrere Hauptkanäle können schließlich in einem Hauptsammelkanal (4. Ordnung) vereint werden, der jedoch nur in sehr großen Städten wie Athen erforderlich ist. In Athen diente wohl zunächst der Eridanos, später der parallel dazu geführte Kanal als cloaca maxima (Abb. 13).

108 vgl. hier S. 39 f.

109 zuletzt H. Kienast, Mannheimer Forum 86/87, 203.

110 W. Dörpfeld, AM 9, 1894, 144 f.

111 Der Tunnel auf Samos (Abb. 38 f.) wird unter die Doppelstollen eingeordnet. Die normalen Stollenstrecken nördlich und südlich des samischen Wasserleitungstunnels wurden bisher nicht eingehend publiziert, mit Ausnahme des Bereichs der Pinge auf der Nordseite des Berges, U. Jantzen u. M., AA 1973, 79 Abb. 2.

112 Das Ende des Stollens erwähnt Gräber 24 nur kurz; genauer Tagebuch II (1894) 41–47, 54, 66 f.

113 Die Höhendifferenz zwischen der älteren (G) und jüngeren Sohle (F) wird leider nicht genannt. Sohlenniveau des anschließenden Poros-Kanals bei Dörpfeld (hier Abb. 29) +83,95 m,

in Dörpfeld Taf. 38 und Gräber Taf. 3 +83,90 m. Für den letzten Wert sprechen alle anderen Höhenangaben von Dörpfeld und Gräber.

114 U. Jantzen u. M., AA 1973, 82 Abb. 12 (W. Hoepfner); Außenmaße ca. 0,88 x 0,88 m, licht 0,63 x 0,63 m.

115 Ausführlicher Tölle-Kastenbein 96 ff.

116 Dort liegt der Beckenboden 0,39 m tiefer als der tiefste Punkt im weiterleitenden Tonrohr.

117 Grewe 91, Abb. S. 88.

118 P. Orsi, NSc 1925, 195 Abb. 24.

119 Gräber 23.

120 Gräber 24 Abb. 7 (hier Abb. 75) = Streufund.

121 vgl. H. Fahlbusch, Vergleich antiker griechischer und römischer Wasserversorgungsanlagen, Mitt. Leichtweiß-Institut Braunschweig, Heft 73 (1982) 34, 43 f.

122 vgl. Akragas, P. Marconi, Agrigento, Topografia ed Arte (1929) 107 Abb. 65.

123 Funde z. B. innerhalb des Bogens der Odos Adrianou (im Depot der Ephorie A' nahe dem Turm der Winde), im Kerameikos (Magazin), vgl. G. Gruben, AA 1969, 39 f. Abb. 13 (4. Jh. v. Chr. bis späte Kaiserzeit).

124 Gräber 28 ff. Abb. 14 f.

125 Der Arbeitsvorgang beim Abteufen eines auszukleidenden Brunnens wurde im Kerameikos anhand der Ringziegel des Dipylon-Brunnens B₁ wiedergewonnen, G. Gruben, AM 85, 1970, 122 f. Abb. 6 Taf. 53.2 (um 300 v. Chr., Dm 0,95 m, H 0,65 m, Wandstärke 3,5 bis 4 cm).

126 F. S. Cavallari – A. Holm, Topografia archaeologica di Siracusa (Palermo 1883) 95 ff. Taf. A und 15; B. Lupus, Die Stadt Syrakus im Altertum (Straßburg 1887) 252 ff. und Plan; B. Pace, Arte e civiltà della Sicilia antica II (1938) 419 ff.; F. Guasparri, Le acque demaniali di Siracusa e l'antico canale Galermi (Rom 1940, nicht erreichbar); A. Burns, Technology and Culture 15, 1974, 389 ff. Abb. 1.

127 Der damit verbundene, hohe Schwierigkeitsgrad der Richtungsübertragung in den Berg wurde besonders gut von D. Werner, Wiss. Zeitschr. der Hochschule für Architektur und Bauwesen Weimar 32, 1986, 52 ff. Abb. 11 dargestellt.

128 Desséchement du Lac Fucino exécuté par S. E. le Prince Alexandre Torlonia. Précis historique et technique par A. Brisse et L. de Rotrou (Rome 1876); vgl. Plinius, NH XXXIII 63 und 124.

129 Exakte Zahlen und Werte können erst genannt werden, wenn die von H. Kienast zu erwartende Grabungspublikation erschienen sein wird.

130 Zur Gefällekorrektur in der Zuleitung s. U. Jantzen u.M., AA 1973, 78 Abb. 2.

131 S. von Wahl, Lueger – Lexikon des Bergbaus (Stuttgart 1962) 239 s. v. Gebirgsmechanik, Gesteinsmechanik.

132 O. Jacobi, Praxis der Gebirgsbeherrschung (Essen 1981²) 78 Bild 1, Tabelle zum Gebirgsdruck um einen Abbau mit und ohne Schutzflöz.

133 Dörpfeld 2; Gräber 16 ff., 22 f.

134 Gräber 19 ff. Abb. 5 f. Taf. 3; für die Verästelungen bei Z7 und Z6 in Plan 7 fehlen genauere Angaben.

135 Gräber 16 f. Abb. 4; zwischen T5 und T8 wurde im oberen Stollen eine Mauer gesetzt, diese mit Stuck überzogen und so beide Systeme getrennt.

136 vgl. Aristoteles, pol. 1330b sowie den möglicherweise verwandten Befund in Syrakus, Via dei Acquedotti 5, A. Burns, Technology and Culture 15, 1974, 396 f. Anm. 17.

137 Ziller 112.

138 Ziller 113 Taf. 8 (7).

139 vgl. Camp 69.

140 W. Dörpfeld – E. Reisch, Das griechische Theater (1896) 24 Taf. 1; Judeich 203 Plan 2; K. Kourouniotis, AEphem 1913, 107; P. G.

Kalligas, ADeltion 18, 1963 B1 16 f. Abb. 1; vgl. Gräber 23.

141 Levi 164.

142 Erwähnung im Tagebuch II (1894) 50, 52 mit Skizze.

143 Skizze mit Legende im Tagebuch III (1894) 58.

144 E. Fabricius, AM 9, 1884, 174 Anm. 4.

145 vgl. den Bergwerksschacht in Laurion, R. J. Forbes, ArchHom K (1967) 3 Abb. 2.

146 L. Arnone, Gli ipogei dell' Agrigento (1952), leider nicht beschaffbar.

147 R. J. Forbes, Studies in Ancient Technology VII (1963) passim.

148 Aus der Fülle der Literatur zu Qanaten sei hier nur genannt: C. Troll, Qanatbewässerung in der alten und neuen Welt, Mitt. Österr. Geogr. Gesell. 105, 1963, 313 ff.; R. J. Forbes a. O. I (1964) 157, 160 ff.; P. W. English, The Origin and Spread of Qanats in the Old World, Proc. Americ. Phil. Soc. 112, 1968, 170 ff.; C. Troll, Madrid, die Wasserversorgung der Stadt durch Qanate im Laufe der Geschichte (Abh. Akad. Wiss. Mainz 1972) 13 ff., 30 ff., 63 ff.; Tölle-Kastenbein 39 ff. Abb. 20.

149 H. A. Thompson, Hesperia 25, 1956, 49 f., Zitat 50, Taf. 12a, 13a (Hauptpublikation); H. A. Thompson – R. E. Wycherley, Agora XIV (1972) 199 Taf. 101a. Eine detaillierte Publikation dieses Leitungsabschnittes und der Südost-Krene steht noch aus. Dasselbe gilt für den Poros-Kanal zur Südwest-Krene.

150 P. Marconi, NSc 1926, 102 f. Abb. 9; B 0,60 m, T 1,90 m, Länge des untersuchten Abschnitts ca. 60 m.

151 H. A. Thompson (Anm. 149) 49.

152 H. A. Thompson, Hesperia 22, 1953, 32; 23, 1954, 37; 25, 1956, 52 f. Taf. 13b; 28, 1959, 96; 37, 1968, 57 Abb. 3, 8 Taf. 16; H. A. Thompson – R. E. Wycherley, Agora XIV (1972) 200 Taf. 102a, b; Camp 130 ff.

153 M. Lang, Waterworks in the Athenian Agora (1968) Abb. 20; vgl. Camp 133.

154 Erst aus römischer Zeit sind Kanaldeckel erhalten, dann aber für Abwasserkanäle; z. B. Aquincum, K. Poczy, Közmüvek a Romai kori Magyarorsagon (Budapest 1980) 117 Abb. 121 f.; Rom, sog. Bocca della verità in S. Maria in Cosmedin, Tölle-Kastenbein 169 Abb. 107.

155 Tagebuch II (1894) 67.

156 Tagebuch II (1894) Skizzen S. 41, 47.

157 Ziller 112.

158 Entwicklungstendenzen in antiker Zeit bei H. Fahlbusch (Anm. 121) 43, in griechischer Zeit bei W. Hoepfner in: U. Jantzen u. M., AA 1973, 87, in archaischer und klassischer Zeit bei U. Knigge, AA 1972, 611 ff.

159 A. Bammer, ÖJh 48, 1966/67 Beibl. 24 Abb. 12 (rechts); ders. ÖJh 50, 1972 (1975) Beibl. 380 ff.; ders. Das Heiligtum der Artemis von Ephesos (1984) Abb. 28 f. – A. Bammer bin ich für zwei Photographien und die Erlaubnis zu deren Publikation zu Dank verpflichtet.

160 In den Zeichnungen Abb. 59 ff. wurden Hals und Kragen aus darstellerischen Gründen etwas auseinandergezogen.

161 Um Außenansicht und Schnitt der Rohre untereinander darstellen zu können, erscheinen die Kragendurchmesser nicht links vom Rohr, sondern rechts.

162 Zum Fehlen der Rohre in den Stollen von Syrakus vgl. A. Burns, Technology and Culture 15, 1974, 392; H. Fahlbusch (Anm. 121) 34.

163 So Judeich 203 zum Südstrang, möglicherweise ein Mißverständnis von W. Dörpfeld, AM 17, 1892, 442 oder AM 19, 1894, 145.

164 H. A. Thompson, Hesperia 22, 1953, 32; D. M. Robinson, Olynthos XII (1946) 106 (außerhalb der Stadt).

165 H. A. Thompson, Hesperia 25, 1956, 50.

166 Frau Choremi und Herrn Camp danke ich für alle Hilfe und die Publikationserlaubnis; Frau Tritou unterstützte mich dankenswerterweise bei der Aufnahme von Nr. 1 und 2.

167 vgl. das Kniestück für eine aufsteigende Leitung in der Krene auf dem Südhügel von Olynthos, D. M. Robinson, Olynthos II 12 Abb. 63 f.

168 vgl. Abb. 115.

169 Beide Stränge bis zur Y-Verbindung und wenige Rohre nördlich derer sind gut erhalten, dann Abbruch.

170 Der moderne Ausdruck «Reibungsverlust» ist hier nicht als physikalische Größe, sondern als empirischer Wert zu verstehen. – Allen Rohren sieht man besonders von innen die Aufbautechnik und die anschließende Weiterbearbeitung auf der Töpferscheibe an. Die Streifen im Innern der Rohre Nr. 4 und 5 können sich durch ringförmig wechselnde Höhen und Tiefen, in denen die Farbe besser erhalten blieb, erklären; ursprünglich waren sie innen wahrscheinlich vollständig bemalt. Die unterschiedlich starke Versinterung läßt den Innenanstrich nicht immer erkennen.

171 Zu dem aufgemalten Kopf und Rohr Nr. 21 (Abb. 91) s. S. 101.

172 vgl. U. Knigge, AA 1972, 612.

173 Camp 68 f.

174 so auch Lang, über Abb. 17; für eine Zweitverwendung dieser Rohre gibt es keine Anzeichen.

175 U. Knigge, AA 1972, 622 (Rohre des Nordstrangs älter als die des Südstrangs).

176 Zweifel an Einheitlichkeit der Anlage bei H. Kienast in: Wasserversorgung Bd. 2, 167.

177 vgl. F. Gräber in: Adler-Curtius, Olympia II (1892) 179 zu Taf. 103.4.

178 vgl. Camp 68 ff.

179 Nut und Feder kommen möglicherweise in der kleinen Zeichnung von Gräber 24 Abb. 7 zu schwach zum Ausdruck.

180 Lichter Halsdurchmesser nur 16,5 cm, im Gegensatz zu dem MW im Nordstrang von 20,1 cm und im Südstrang von 19,5 cm (jeweils Typus A).

181 Das Graffito auf einem Deckel ist leider nicht publiziert.

182 Mit diesem Rohr-Typus B hat U. Knigge, AA 1972, 617, 621 zwei Kerameikos-Rohre als übereinstimmend bezeichnet: Nr. 23 (Leitung bg) und Nr. 12 (Leitung as2). Nr. 12 muß nach den Formeigentümlichkeiten und der gedrungenen Proportion von der älteren Leitung as1 stammen und wiederverwendet worden sein. Auszuschließen ist das Kerameikos-Rohr Nr. 22, das eher älter als gleichzeitig mit dem Südstrang-Rohr Nr. 13 sein dürfte.

183 H. A. Thompson, Hesperia Suppl. IV (1940) 105 Abb. 79.

184 W. Dörpfeld, AM 17, 1892, 441 u. ö.; Gräber 25; Judeich 203; vgl. U. Knigge, AA 1972, 618.

185 Athen, Außenkontur: stark bauchig bei Nr. 1–7, 9, 21, 35; schwach bauchig bei Nr. 8, 12, 13, 17, 22, 23, 25, 31, 32, 34, 36, 37; glatt bei Nr. 16, 18, 19, 24.

186 R. Tölle-Kastenbein, Krümmer und Kniee an antiken Wasserleitungen, Schriftenreihe der Frontinus-Gesellschaft 15 (1991) 13 ff.

187 vgl. Anm. 174.

188 Th. Wiegand – H. Schrader, Priene (1904) 73 (Krümmer in situ an der NO-Ecke der Theaterskene und in der westlichen Theaterstraße).

189 H. A. Thompson, Hesperia 25, 1956, 49.

190 Vitruv VIII 6, 8; ebenso Plinius, NH XXXI 31; vgl. die chemische Analyse der «weißen gipsartigen Masse von großer Festigkeit» in Priene (Anm. 188). U. Kramm, Dichtungsmaterial einer antiken Wasserleitung bei Pergamon, Mitt. des Leichtweiß-Instituts, H. 37 (1973).

191 Ausführlicher zur Leitungsentlüftung R. Tölle-Kastenbein, AA 1991, 25 ff. – Dem Töpfer R. Zumpfe, Bochum, danke ich für diese Hinweise; Reduzierung an der Luft ca. 5%, beim Brand ca. 5%, insgesamt 10 bis max. 14%.

192 z. B. E. Fabricius, AM 9, 1884, 176; G. Weber, JdI 13, 1898, 6; Gräber 24 f.; D. M. Ro-

binson, Olynthos VIII (1938) 310, Olynthos XII (1946) 110; H. A. Thompson, Hesperia 25, 1956, 49; Levi 164; A. Burns, Technology and Culture 15, 1974, 408; Camp 68.

193 Die Mehrzahl aller Löcher liegt in der Kragenhälfte, nur wenige in der Mitte. Rohre stehen und trocknen besser auf dem Kragen als auf dem langen empfindlichen Hals. In dieser Stellung läßt sich ein Loch besser unten als oben ausschneiden.

194 Für den Hinweis danke ich J. M. Camp.

195 Vitruv VIII 6, 9, vgl. VIII 6, 6; U. Knigge, AA 1972, 608 Anm. 40.

196 A. Kottmann, Luft in Wasserleitungen, Schriftenreihe der Frontinus-Gesellschaft, Heft 7 (1984) 82 ff. Abb. 1; vgl. ders. Über die Ursache von Rohrbrüchen in Versorgungsleitungen (Diss. Stuttgart 1978). – A. Kottmann danke ich sehr für seine Auskünfte, von denen manche auch in den Text eingeflossen sind.

197 z. B. Priene, Th. Wiegand – H. Schrader, Priene (1904) 73; bei Leitungen in Priene treten Deckel auf längeren Strecken nicht auf.

198 z. B. Olynthos, D. M. Robinson, Olynthos VIII (1938) 310.

199 s. Anm. 197.

200 D. M. Robinson, Olynthos XII (1946) 110.

201 vgl. G. Weber, JdI 13, 1898, 6 Abb. 9, 10.

202 Vitruv VIII 6, 6 zu *colliquiaria* oder *colliviaria*. Da Vitruv genau zwischen den einzelnen Abschnitten einer Druckleitung differenziert und an dieser Stelle ausdrücklich «in ventre» formuliert, kann colliquiaria mit hydraulischen Türmen (castella) gleichgesetzt werden; vgl. Plinius, NH XXXI 31. Die Funktion der *colliquiaria* wird eindeutig überliefert: per quae vis spiritus relaxetur; nur ihre Bauart bleibt im einzelnen unbekannt.

203 z. B. an den Leitungen Konstantinopels mit geringem Druck; J. Dalman, Der Valens-Aquaeduct in Konstantinopel (1938) 20.

204 H. A. Thompson, Hesperia 22, 1953, 32; 25, 1956, 52 f.; 28, 1959, 96; Lang Abb. 20.

205 Zu Megara s. R. Delbrueck – K. G. Vollmöller, AM 25, 1900, 24 f. Abb. 1 – zu Samos E. Fabricius, AM 9, 1884, 185 Taf. 8; U. Jantzen u. M., AA 1973, 87 f. (samischer Typus D).

206 Ausführlicher R. Tölle-Kastenbein, AA 1985, 451 ff. (dort auch Differenzierung zwischen Schöpf- und Zapf-Krene); vgl. R. E. Wycherley, ClRev 51, 1937, 2 f.

207 Grundlage: H. A. Thompson, Hesperia 22, 1953, 29 ff. Abb. 1; Hesperia 25, 1956, 49 ff.; 27, 1958, 146 ff. Taf. 41; 28, 1959, 96 ff.; ders. GRBS 2, 1959, 33 ff.; H. A. Thompson – R. E. Wycherley, Agora XIV (1972) 197 ff.; ausführliche Behandlung bei Camp 73 ff.; ders. The Athenian Agora (1986) 42 ff.; Fundberichte AA 1952, 172 Abb. 1 f.; BCH 76, 1953, 195 Abb. 3 f.; AA 1955, 264; ferner Travlos 208 Abb. 269 f.; Glaser Nr. 49 Abb. 123 f.; A. C. Bioul, Annales d'Histoire, de l'Art et d'Archéologie de l'Université de Bruxelles 3, 1981 (1984) 90 Abb. 13.

208 Pausanias I 14,1; A. N. Oikonomides, The two Agoras in Ancient Athens (1954) 15 ff., 27 f.; R. E. Wycherley, Agora III (1957) 137 ff.; Levi 149 ff.; U. Knigge, AA 1972, 622 f.

209 Thuk. II 15,5, weitere Quellen bei R. Tölle-Kastenbein, JdI 101, 1986, 59 ff.

210 Nur genannt von H. A. Thompson, Hesperia 25, 1956, 48 und Camp 85 f.; niedrige Fundamente aus Bruchsteinen, vermutlich für Lehmziegelmauern, verzeichnet nur im Plan des Agora Guide (1976³). Zu der vorgezogenen Ostwand vgl. die Entsprechung an der Krene am Lykaion, K. Kourouniotis, Praktika 1909, 198 Abb. 1, 21; Glaser Nr. 24 Abb. 54.

211 Camp 77 f.; Kyma aus Kalkstein Agora A 2443; H 16, L 27, B 31 cm; stark mit Sinter überzogen; wiederverwendet als Türschwelle.

212 H. A. Thompson – R. E. Wycherley, Agora XIV (1972) 200 f.; Camp 86 ff.

213 Die Darstellung der älteren Ableitung mit zwei Armen und einer Y-Verbindung im Plan des Agora Guide (1976³) ist eine Rekonstruktion in Analogie zur jüngeren Ableitung.

214 z. B. Megara, große Krene (Glaser Nr. 51), westliches Becken licht ca. 3 : 8; Megara, kleine Krene (Abb. 128, 129); Korinth, Hl. Quelle (Glaser Nr. 56). Die langgestreckten Grundrisse wurden möglicherweise von den frühen Sickergalerien (Anm. 30) abgeleitet.

215 z. B. Krenai in Eretria, Athen (jüngere Dipylon-Krene), Troizen (Asklepieion), Epidaurus (Asklepieion), Stymphalos (Agora), Lykosoura, Kameiros und Ialysos auf Rhodos; Glaser Nr. 70, 47, 42, 46, 23, 57, 58, 38.

216 Kleinere Abzweigungen und kleinere Krenai nacharchaischer Zeit wie die Nische mit einem Wasserspeier in der Südstoa II (Lang Abb. 23) werden hier nicht einzeln behandelt.

217 T. L. Shear, Hesperia 4, 1935, 360; H. A. Thompson, Hesperia 18, 1949, 213 f.; 24, 1955, 52 ff. Taf. 24a; 25, 1956, 52 f.; 28, 1959, 96; 29, 1960, 364 Taf. 79d; 35, 1966, 42 f.; 37, 1968, 57 Taf. 16; Camp 116 ff.; zusammenfassend Glaser Nr. 48.

218 G. Gruben, ADeltion 19, 1964 A, 37 ff. Taf. 22 ff.

219 Vgl. Glaser Abb. 90–126.

220 Den relativ großen Laodike-Bau in Milet (H. Knackfuß, Milet I 7 [1924] 263 ff. Abb. 278) hat nun B. F. Weber, IstMitt 39, 1989, 585 ff. nicht als Krene-Bau angesprochen.

221 Camp 125 ff.

222 J. Diamant danke ich für alle Hilfe, J. Camp für die großzügige Publikationserlaubnis. – Zu griechischen Wandleitungen R. Tölle-Kastenbein, Schriftenreihe der Frontinus-Gesellschaft 16 (1992) 127 ff.

223 Judeich 176, 180 und 169 Anm. 1 mit Diskussion der Lage, u. a. im Gebiet zwischen Pnyx und Akropolis-Westabhang, das wohl zum Stadtteil Melite gehörte (vgl. Anm. 64); vgl. C. Wachsmuth, Die Stadt Athen im Altertum I (1874) 353, 683 f., II.1 (1890) 262.

224 Aischines I 97 und I 157; ep. V 6; Lysias XXXII 14; Demosthenes XVIII 180; Strabon I 4,7; Plutarch, Demosthenes 11,5 und de exil. 6 (601 c); vgl. Tertullian, de anima 20.

225 Himerios bei Photios, cod. 243 p. 375b, 6 ff.; W. K. Pritchett, Hesperia 22, 1953, 271 Z. 13 ff.; dazu D. M. Lewis, BSA 50, 1955, 16 Anm. 40.

226 Herodot VI 103,3; vgl. Marcellinus, vit. Thuc. 17, 55; Anonym. vit. Thuc. 1 und 10.

227 Curtius-Kaupert, Atlas von Athen (1878) 17; dies. Karten von Attika I (1881) 5; vgl. C. Wachsmuth (Anm. 223) I 343.

228 Curtius-Kaupert, Atlas von Athen (1878) 17 Blatt III; Judeich 168 f., 174, 176, 180; Travlos 392.

229 Agora I 3244 Z. 17; SEG 25, 1971, Nr. 148; den Hinweis verdanke ich dem Source-Book von J. Binder.

230 Ecke Odos Kolokotroni Gennaiou und Odos Antaiou; unpubliziert. K. Tsakos machte mich hilfsbereiterweise auf diese Rettungsgrabung aufmerksam, die einsturzgefährdet ist.

231 Zur sog. Dörpfeld-Enneakrunos: W. Dörpfeld, AM 17, 1892, 443 und AM 19, 1894, 143 f., 505; ders. AD II 4 (1901) 2; Gräber 33 ff., 54; Judeich 197 ff.; H. A. Thompson, Hesperia 25, 1956, 51 f.; Travlos 204; Camp 94 ff.; Glaser Nr. 82.

232 H. A. Thompson, Hesperia 35, 1966, 52; W. Graham danke ich für einige mündliche Auskünfte.

233 H. A. Thompson, Hesperia 22, 1953, 33.

234 Pausanias I 14,1.

235 Gräber 50 ff. Abb. 30–32; referierend B. Dunkley, BSA 36, 1935/36, 173; Camp 95 f.; Glaser Nr. 82.

236 vgl. Tagebuch II (1893) 18.

237 Die frühhellenistische Krene in Pella im Plan-

quadrat A III könnte ebenfalls beide Formen vereint haben; C. Makaronas, ADeltion 16, 1960, 81; Glaser Nr. 50 Abb. 125 f.; vgl. ferner die sog. Kerna in Delphi mit ihren beiden seitlichen Becken und der Speierwand (Glaser Nr. 69).

238 Lang Abb. 26. In die Brüstung eingelassene Säulen kehren an mehreren Krenai wieder, z. B. Korinth (2 Krenai im Asklepieion), Phigalia (Glaser Nr. 17, 41, 44) und Amathus auf Zypern (unpubliziert?).

239 Glaser Nr. 38–40, Abb. 91 ff.

240 B. H. Hill, Corinth I, VI (1964) 169; vgl. den sehr viel jüngeren Befund der kleinen Krene im SO des Tholos-Bezirks auf der Agora, H. A. Thompson, Hesperia Suppl. IV (1940) 96 f. Abb. 73; Glaser 92 Abb. 172; ferner die rekonstruierte Leitungsführung durch die Wand der Krene in Pella (Anm. 237).

241 Das kleine Becken (r 16 in Dörpfeld Taf. 38) ist nach W. Dörpfeld, AM 17, 1892, 441 und Gräber 36 Abb. 17 römisch und dürfte als Verteilerbecken mit der nach W abgehenden, ebenfalls römischen Leitung angelegt worden sein.

242 Eine Entwässerungs-Alternative steht westlich der Pnyx-Straße nicht an.

243 P. Amandry, BCH Suppl. IV (1977) 198 ff. Abb. 23 ff.; ders. BCH 102, 1978, 221 ff. Abb. 1 ff.

244 s. Anm. 214.

245 Zur Rekonstruktion bei Gräber, Taf. 2, danach Judeich 198 Abb. 18: der gesamte Bereich der Dörpfeld-Enneakrounos nimmt mehr als 1200 m² ein – ein viel zu großes Areal für eine archaische oder klassische Krene. Auch zwei Krenai, eine zum Schöpfen und eine zum unmittelbaren Füllen der Gefäße, direkt nebeneinander sind nirgends belegt; zudem ist bis heute nicht eine dreiseitig angelegte Krene bekannt.

246 G. v. Alten, AM 3, 1878, 37 ff.; G. Gruben, AA 1964, 407, 417 Abb. 14; 1969, 39, Abb. 2 nach S. 32; Travlos 302 Abb. 392, 602; Glaser Nr. 47.

247 Antenbasis: H 0,16, erh. L 0,29, erh. B 0,18 m; Säulenbasen: H 0,14⁹/0,16¹, Dm 0,70²/0,70¹ m.

248 U. Knigge, Der Kerameikos von Athen (1988) 73 ff. Abb. 65 f.; vgl. G. Hübner, AM 88, 1973, 97 ff. (fraglich).

249 Aristophanes, Lys. 327–330.

250 Levi 149 ff., 171.

251 A. Orlandos, AEphem 34, 1916, 94 ff. 100 Anm. 11; J. Hülsen, Milet I 5 (1919) 72 ff., 75 Abb. I–VII; B. Dunkley, BSA 36, 1935/36, 142 ff.; vgl. Glaser 181 ff.

252 Klitias-Krater Florenz (Tabelle 1 Nr. 1); der Gesamtzusammenhang zwingt nicht dazu, in dem Antenbau, dem KPENE beigeschrieben ist, ein Gebäude in Athen sehen zu müssen.

253 Eine Siana-Schale in Tarent (Tabelle 1 Nr. 2) gibt einen Ausfluß an einer Mauer und ein Sonnendach, eine Siana-Schale im Louvre (Tabelle 1 Nr. 4) einen überdachten Pfeiler wieder.

254 Zum Troilos-Mythos und zur Auflauerung zuletzt A. Kossatz-Deissmann, LIMC I (1981) 72 ff.

255 Ausführlicher R. Tölle-Kastenbein, JdI 101, 1986, 66 ff.

256 Tabelle 2 Nr. 4 und 5.

257 Thukydides II 15, 5.

258 Zum Priamos-Maler vgl. J. Beazley, Paralipomena (1971) 147.

259 Nicht wiedergegeben bei Nr. 15, 17, 23, 28 der Tabelle 3.

260 Tabelle 3 Nr. 1, 5, 6, 9, 10, 12.

261 Tabelle 3 Nr. 8, 9, 12, 14, 16.

262 Maultiere Tabelle 3 Nr. 15, 18, Maske Nr. 19.

263 Vgl. Hydria München (Tabelle 2 Nr. 12), abgebildet in Anm. 255, 71 Abb. 9.

264 B. H. Hill, Corinth I, VI (1964) 169 f. Abb. 95, 102 f., 106b (nördlicher Löwenkopf), 30 cm über dem Krene-Boden, Abb. 96, 104 f., 106a (südlicher Löwenkopf).

265 Budapest, Museum der Bildenden Künste (unpubliziert?).

266 Tabelle 3, Nr. 2, 14, 19, 26.

267 Zu Musterbüchern und Mustervasen s. Anm. 255, 69.

268 Einer der jüngsten Vertreter dieser Gruppe ist die Hydria des Acheloos-Malers im Vatikan (Tabelle 3 Nr. 18, Abb. 166); wie hier werden nur bei stilistisch jüngeren Bildern gelegentlich verschiedene Variationen in einer Darstellung zusammengefaßt.

269 Die führende Stellung der athenischen Vasenmalerei im Vergleich zu anderen Schulen spricht nicht gegen diese Assoziierung. So wird in keiner anderen, gleichzeitigen Vasengattung, beispielsweise auf keiner Caeretaner Hydria, ein Krene-Gebäude wiedergegeben.

270 Vgl. Amphora ehem. Coll. Heyl, H. Bulle – E. Langlotz, Sammlung antiker Kunst. Baron Heyl (München 1930) II 16 Nr. 100 Taf. 21. Die Krene entspricht denen der Enneakrounos-Stufe (Tabelle 2). Die Deutung von E. Diehl, Die Hydria (1964) 132 Nr. T 269, nämlich der Bezug des sitzenden Dionysos zu Dionysos en limnais und zum Anthesterienfest (Thuk. II 15, 5; L. Deubner, Attische Feste [1932] 93 ff.) sowie die Interpretation der prozessionierenden Frauen als Teilnehmerinnen am Fest Hydrophoria im Bereich des Olympieion zu Ehren der Toten der Deukalionischen Flut, ist zu unterstützen. Die Hydria in London (Tabelle 3 Nr. 1) hingegen scheint einen anderen Zusammenhang zu spiegeln.

271 Vgl. die Übersicht über die Schriftquellen von A. Milchhöfer in: E. Curtius, Die Stadtgeschichte von Athen (1891) I ff. Abtlg. D.

272 R. E. Wycherley, Agora III (1957) 102.

273 F. Kolb, JdI 92, 1977, 130 ff.

274 A. Malagardis, AntK 28, 1985, 71 ff. Zitat S. 92.

275 Auch J. Beazley, zitiert von B. Dunkley (Anm. 251) 157 Anm. 4, sah einen konkreten Bezug zwischen Dionysos und Hermes als Repräsentanten ihrer Heiligtümer und einer nahegelegenen Krene.

276 Die ersten Pläne der Agora-Grabung, z. B. H. A. Thompson, Hesperia 22, 1953, 30 Abb. 1 (J. Travlos 1952) gehen von zwei Säulen aus, die späteren Pläne von drei Säulen, z. B. Travlos 206 Abb. 269; H. A. Thompson – R. E. Wycherley, Agora XIV (1972) 198 Abb. 50. Aufgrund tatsächlich ausgeführter Spannweiten in Stein und Holz und wegen der Häufigkeit von zwei Säulen in antis in der archaischen Architektur werden hier in Abb. 99 zwei Säulen vermutet.

277 R. Tölle-Kastenbein, AA 1985, 467 f. Tabelle 1, 2.

278 Camp, Testimonia T 42 ff.; A. W. Parsons, Hesperia 12, 1943, 191 ff. Abb. 29 ff.

279 Lykourgos, vers. Leocr. 112.

280 Platon, Lysis 203a; Hesych und Photios s. v. Πάνοψ.

281 W. Dörpfeld, AM 20, 1895, 161 ff. Taf. 6; ders. AM 46, 1921, 85 ff.

282 A. Frickenhaus, AM 36, 1911, 113 ff.; O. Walter, AM 62, 1937, 41 ff.

283 Zuletzt F. Kolb, JdI 92, 1977, 124 ff.

284 Judeich 319 Anm. 2.

285 Fundbericht Praktika 1878, 11; W. Dörpfeld – E. Reisch, Das antike Theater (1896) Taf. I; Travlos 180 Nr. B.

286 Neben den Monopteros-Nymphäen mit Säulenkranz wie auf der Athener Agora (W. B. Dinsmoor, jr., Hesperia 43, 1974, 412 ff. Abb. 1 ff.), auf der Agora in Argos (Glaser Nr. 76) oder in Olympia in der Exedra des Herodes Atticus (Glaser Nr. 75) ist besonders auf die Konchenform in Thessaloniki hinzuweisen (Glaser Nr. 77).

287 Aristophanes, Lysistrate 327 ff.

288 Th. Ashby, The Aqueducts of Ancient Rome (1935) passim; zu Bologna s. Anm. 101.

289 Nach H. P. Drögemüller, Zur Topographie und Geschichte einer griechischen Stadt (Gymnasium Beiheft 6, 1969) 92, 123, bes. 135 f. sollen die oben genannten Leitungen in der Epipolai-Terrasse in der Zeit des Dionysios I. bis in die Zeit des Agathokles erstellt worden sein. Die Zerstörung der Syrakusaner Wasserleitung durch die Athener während des Peloponnesischen Krieges (414 v. Chr., Thukydides VI 100,1) betrifft die von außen kommende Galermi-Leitung.

290 AA 1972, 612, 614.

291 M. B. Moore – M. Z. P. Philippides, Attic Black-Figured Pottery, Agora XXIII (1986) z. B. Nr. 384, 451, 720, 1887 Taf. 37, 44, 69, 120.

292 Herodot III 39,54.

293 Vgl. Aristoteles, pol. 1313b.

294 Über den Fundamenten des älteren Hauses: T 472, T 473 und P 25013, so Camp 86 Anm. 27. T steht nicht für Terrakotta, sondern für das südöstliche Grabungsareal. Diese T-Nummern und auch die später zu nennenden erscheinen nur in den Grabungstagebüchern und erhielten als wenig aussagefähige Scherben keine P(ottery)-Nummer. Bei P 25013 handelt es sich um das Fragment einer Halsamphora mit Reiter, die von M. B. Moore – M. Z. P. Philippides, Agora XXIII (1986) 124 f. Abb. 6 Taf. 21 in die Zeit um 550 v. Chr. datiert wird. – Über der älteren Ableitung und nahe der Südost-Krene wurden die Scherben T 474, T 475 und I 116 gefunden, Camp 86 Anm. 28. Alle Scherben aus der Erde der Ableitung unter der Pantainos-Bibliothek (Abb. 103) stammen nach T. L. Shear, Hesperia 4, 1935, 336 aus dem 6. Jh. v. Chr., kein einziges Fundstück aus dem 5. Jh.

295 vgl. Camp 85 f.; H. A. Thompson, Hesperia 22, 1953, 32 mit Hinweis auf den Alten Athenatempel und den älteren Tempel im Heiligtum für Dionysos Eleuthereus.

296 Ausführlicher R. Tölle-Kastenbein, AA 1983, 573 ff. Eine gewisse Herabsetzung spätarchaischer und frühklassischer Denkmäler vertreten auch A. W. Byvanck, Mnemosyne (NS) 1, 1948, 161 ff., bes. 193 ff.; E. B. Harrison, Agora XI (1965) 5 ff.; E. Simon, Die griechischen Vasen (1976) passim. Zu Datierungsfragen zuletzt P. Amandry, BCH 112, 1988, 591 ff.; J. Boardman, AA 1988, 423 ff., beide mit der zwischenzeitlich erschienenen Literatur.

297 Übereinstimmend hiermit datiert I. Scheibler, Griechische Töpferkunst (1983) 62 Abb. 23 die Hydria London, Br. Mus. B 332 (hier Tabelle 3 Nr. 1) ebenfalls gegen 500 v. Chr.

298 Aristoteles, AthPol 19. 2.

299 Vitruv VII praef. 15.

300 Von Herodot, Thukydides und Aristoteles wiederholt genannt, z. B. Aristoteles, AthPol 19. 1: «Das Ergebnis war, daß danach (nach der Ermordung des Hipparchos) die Tyrannis viel schlimmer wurde.»

301 Herodot III 146.

302 Herodot III 60; Aristoteles, pol. 1313b.

303 Plutarch, Solon 23, 5–6.

304 Auch U. Knigge, AA 1972, 621, 623 Anm. 66 verweist diese Rohrstrecke in nacharchaische Zeit; D. Levi 169 ff. sah sie hingegen in Zusammenhang mit der Erstanlage.

305 G. Gruben, AA 1964, 404, so auch U. Knigge, AA 1972, 612.

306 IG I² 54, vgl. Camp 323 f.; Glaser 168.

307 Thukydides II 17.

308 H. A. Thompson – R. L. Scranton, Hesperia 12, 1943, 301 ff., bes. 307, 312 ff., 346, 352 ff.

309 Agora T 405 – T 408, T 411, T 420, unpubliziert; zu den T-Nummern vgl. Anm. 294; Camp 132 Anm. 21 f.

310 Camp 127 f. Im Fundamentbereich wurde keine Keramik gefunden. Ein Kannenfragment (P 27562) blieb unpubliziert, es soll auf der Zeitstufe folgender Fragmente stehen: B. A. Sparkes – L. Talcott, Black and Plain Pottery,

Agora XII (1970) Nr. 945–947 (um 350 v. Chr.), Nr. 948–949 (um 350–325 v. Chr.) und Nr. 950 (um 325 v. Chr.). Gestützt wird dieser Ansatz durch die Fragmente einer Panathenäischen Amphora aus dem Fundamentbereich für die Südwand des Annex (P 27556) mit der Aufschrift ΠΥ[ΘΕ]ΑΣ ΗΡΧΕ. Das Archontenjahr des Pytheas 380/79 halten H. A. Thompson – R. E. Wycherley, Agora XIV (1972) 200 Anm. 45 für einen *terminus post quem.*

311 s. Anm. 217.

312 Hypereides, fr. 118; PsPlutarch, mor. 841 A ff.

313 Vgl. die Brüstungssäulen beispielsweise an den Krenai des 4. Jhs. in Korinth und Phigaleia, Glaser Nr. 17, 41, 44.

314 Der Kerameikos von Athen (1988) 75.

315 G. L. Cawkwell, JHS 83, 1963, 47 ff.

316 Ausführlicher J. M. Camp, Die Agora von Athen (1989) 175.

317 Demosthenes, Phormio 37; vgl. Herakleides 2.

318 W. Dörpfeld, AM 16, 1891, 44 f.

319 Dörpfeld 2, Taf. 37, 38 mit ausgesprochener Orientierung an dem großen Krenebecken in Megara.

320 AM 19, 1894, 505.

321 53 f., 36.

322 II (1893) 22 mit Skizze, u. ö.

323 Gräber 9 ff. Abb. 1–3 Taf. 1.

324 vgl. Glaser 21 Nr. 13.

325 Tagebuch I 85, 90; Gräber 14 f., 19, 35 Abb. 17. 19 Taf. 1.

326 vgl. Tagebuch I 85 (Skizze).

327 vgl. W. Dörpfeld, AM 17, 1892, 441.

328 V. Jacobshagen (Hrsg.), Geologie von Griechenland, Beiträge zur regionalen Geologie, Bd. 19 (Berlin-Stuttgart 1986).

329 S. Dürr, Das attisch-kykladische Kristallin, in: Jacobshagen (Anm. 328), 116–149.

330 Nach J. Bornovas / T. Rondogianni-Tsiambaou, Geological Map of Greece 1 : 500 000 (IGME), Athens 1983, triadisch-jurassisch.

331 J. Niedermeyer, Die geologische Karte von Athen 1 : 10 000. – Elleniki Geologiki Etairia, Athen 1972, 117–134.

332 J. Bornovas, Athinai – Piraievs Sheet. – Geological Map of Greece 1 : 50 000 (IGME), Athens 1982; G. Katsikatsos: Athinai – Elefsis Sheet. – Geological Map of Greece 1 : 50 000 (IGME), Athens 1986.

333 Wie Anm. 331.

334 Schneider, Bautabellen (Düsseldorf 1988[8]) 13, 19 f.

335 K. Hecht, Wasserwirtschaftliche Anlagen des antiken Pergamon – Zwei Aquädukte der Kaikosleitung, in: Mitteilungsheft des Leichtweiß-Instituts Nr. 45, Braunschweig 1975, 22.

336 H. Fahlbusch, Über Abflußmessung und Standardisierung bei den Wasserversorgungsanlagen Roms, in: S. I. Frontinus – Wasserversorgung im antiken Rom (München 1989[4]).

337 G. Garbrecht / G. Holtorff, Wasserwirtschaftliche Anlagen des antiken Pergamon – Die Madradagleitung, in: Mitteilungsheft des Leichtweiß-Instituts Nr. 37, Braunschweig 1973, 85 f.

Verzeichnis der Pläne

(Nachweis in Klammern; u. B. v. = unter Benutzung von)

Verzeichnis der Abbildungen

(Nachweis in Klammern)

Register

2. Orte, geographische Begriffe, Museen

3. Namen und Autoren